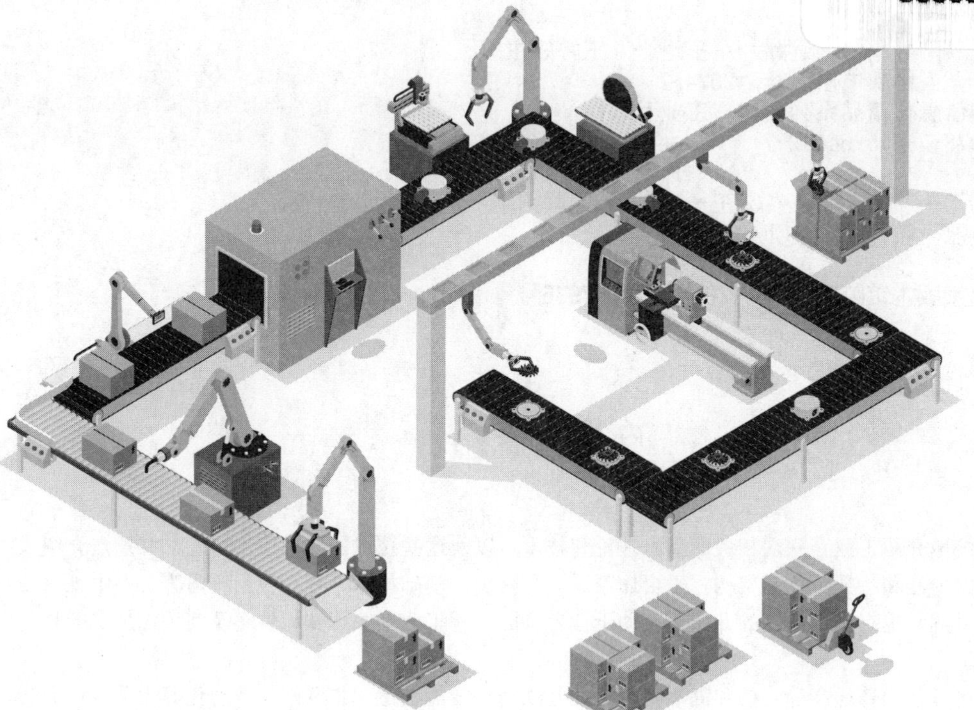

# 工业互联网导论

微课版

王道平 王婷婷◎主编

人民邮电出版社
北京

图书在版编目（CIP）数据

工业互联网导论 : 微课版 / 王道平, 王婷婷主编
. -- 北京 : 人民邮电出版社, 2024.7
工业和信息化精品系列教材. 工业互联网
ISBN 978-7-115-64142-7

Ⅰ. ①工… Ⅱ. ①王… ②王… Ⅲ. ①互联网络一应用一工业发展一教材 Ⅳ. ①F403-39

中国国家版本馆CIP数据核字(2024)第067936号

## 内容提要

本书系统地介绍工业互联网相关的基本理论和技术，以及这些技术的实际应用情况，并重点介绍工业互联网的内涵和特征、体系架构、平台体系、安全防护、基础技术、行业应用等内容。书中既有基本知识的讲解，也有实训演练的介绍，有助于读者全面了解工业互联网知识体系及其关键技术的具体应用。

本书既可以作为普通高等院校和高职院校工业互联网、智能制造、物联网、自动化等相关专业的教材，也可以作为从事工业互联网工作的人员的学习和参考资料。

◆ 主　　编　王道平　王婷婷
责任编辑　刘晓东
责任印制　王　郁　焦志炜

◆ 人民邮电出版社出版发行　　北京市丰台区成寿寺路 11 号
邮编　100164　　电子邮件　315@ptpress.com.cn
网址　https://www.ptpress.com.cn
固安县铭成印刷有限公司印刷

◆ 开本：787×1092　1/16
印张：14.75　　2024 年 7 月第 1 版
字数：377 千字　　2025 年 6 月河北第 3 次印刷

定价：59.80 元

读者服务热线：(010)81055256　印装质量热线：(010)81055316
反盗版热线：(010)81055315

# 前 言

党的二十大报告指出，“推动制造业高端化、智能化、绿色化发展”“促进数字经济和实体经济深度融合”。面对我国当前的经济发展形势，推动工业互联网进一步融合发展，对支撑建设制造强国、网络强国，提升产业链现代化水平，推动经济高质量发展和构建国内国际双循环发展格局具有十分重要的意义。

基于这样的背景，编者认为有必要编写一本能够反映新一代信息技术环境下工业互联网导论教材。在编写本书的过程中，编者结合多年的教材编写经验和专业教学实践，以国内外目前最新的研究成果和实践经验充实本书的内容，以系统论和方法论为指导，提升本书的科学性、系统性和完整性，注重对工业互联网相关的基本理论和技术以及这些技术的应用情况的讲解，并重点介绍工业互联网技术发展的最新状况，相信本书是适用于工业互联网相关专业教学的一部好书。

本书涵盖工业互联网体系架构、前沿理论、基础技术、行业应用等方面的内容，共8个项目。

项目1为工业互联网概述，主要介绍工业互联网的起源和发展、工业互联网的内涵和特征、工业互联网的发展现状和趋势等。

项目2首先介绍工业互联网技术架构的各个组成部分，其次介绍工业互联网体系架构中的网络体系、安全体系和标准体系，最后介绍我国以及美国、德国、日本的工业互联网参考架构。

项目3主要介绍工业互联网平台体系架构、应用场景和实例以及发展趋势等内容，重点是平台体系结构中边缘层、基础设施层、平台层、应用层的概念和作用以及各类平台的具体实例和行业应用。

项目4介绍工业互联网的6种基础技术，包括工业大数据技术、云计算技术、物联网技术、网络通信技术、数字孪生技术和人工智能技术，不仅介绍每种技术的概念、特征等，还介绍这些技术在工业互联网中的应用场景以及在企业中的实际应用案例。

项目5介绍工业互联网标识技术中的物体标识技术、场景记录技术、位置定位技术以及工业互联网标识技术应用场景。

项目6介绍边缘计算的概念和特征、边缘计算的发展历程、边缘计算参考架构3.0，以及边缘计算在工业互联网中的应用，其中重点介绍边缘计算架构的商业视图、使用视图、功能视图和部署视图等。

项目7介绍工业互联网安全的相关内容，包括工业互联网安全的概念、工业互联网安全防护内容和防护措施、工业互联网安全标准等内容。

项目8介绍工业互联网在一些行业的应用案例，包括重工行业三一重工、物流行业顺丰DHL、电力行业国网青岛供电公司、港口行业天津港、钢铁行业宝钢湛江钢铁等。

本书具有以下特点。

（1）既注重系统性和科学性，又注重完整性和实用性，全面介绍工业互联网涉及的体系、技术、安全、应用等方面的知识。

（2）各项目提供实训演练内容，既可以帮助读者巩固所学知识，又可以激发读者的学习兴趣和开阔读者的学习视野。

（3）各项目末尾都提供形式多样的练习题，便于教师授课和读者巩固所学知识。

本书由王道平和王婷婷担任主编，负责设计全书的结构、草拟写作提纲、组织编写工作和最后的统稿，参与本书编写的还有李明芳、郝玫、聂迎春、周玉、裴亦涵、孟祥骁、刘一帆、丰硕、杨颖等。

在编写本书的过程中，编者参考了大量的资料，在此向这些资料的作者表示衷心的感谢！由于编者水平有限，书中难免存在不足之处，敬请广大读者批评指正。

编　者

2024 年 4 月

# 目 录

# 项目1

# 工业互联网概述

## 【项目引入】

工业互联网是新一代信息通信技术与工业经济深度融合的新型基础设施，通过对人、机、物、系统等的全面连接，构建覆盖全产业链、全价值链的全新制造和服务体系，为工业乃至产业数字化、网络化、智能化发展提供实现途径。工业互联网作为新型基础设施，利用新一代信息技术，满足制造业提高效率、优化资产和运营的迫切需求，促进全产业链、全价值链的资源整合与优化，改变工业的生产模式，形成新型业务模式，在产品设计、制造、管理等方面提供关键的数据支持和伴随服务，有力地促进实体经济提质、增效、降本、绿色、安全发展。

## 【知识目标】

- 了解工业互联网的起源。
- 了解工业互联网的发展历程及发展动力。
- 理解工业互联网的定义和内涵。
- 掌握工业互联网的特征、价值和作用。
- 了解国内外工业互联网的发展现状。
- 掌握工业互联网的发展趋势。

## 【能力目标】

- 能描述工业互联网的起源和发展。
- 理解工业互联网的内涵和特征。
- 能叙述各国工业互联网的发展现状。

# 【素质目标】

- 通过对工业互联网相关概念的辨析，培养学生对比相关概念异同点的能力。
- 了解工业互联网的发展现状，加深对工业互联网的认识。
- 培养良好的团队协作能力和沟通能力。

# 【学习路径】

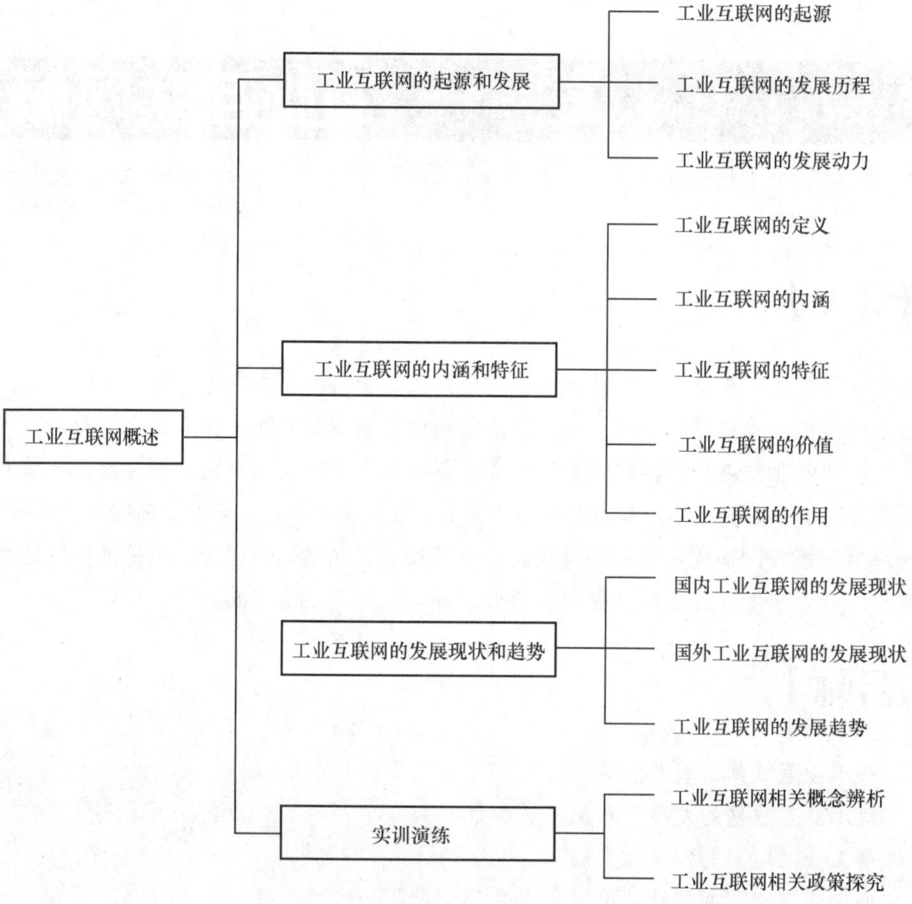


# 【知识准备】

## 1.1 工业互联网的起源和发展

"工业互联网"（Industrial Internet）一词最先由美国通用电气公司提出，之后许多国家都开始重视工业互联网的普及和应用，纷纷发布了适用于本国发展工业互联网的战略规划。与此同时，随着物联网、云计算、大数据、人工智能等新一代信息技术的不断发展以及与产业的融合，很多国家分别根据各自的优势产业沿着不同的演进路径迅速发展工业互联网技术。

## 1.1.1 工业互联网的起源

工业互联网的起源最早要追溯到 2006 年的美国次贷危机（次级房贷危机），在这场次贷危机中，因次级抵押贷款机构破产，投资基金公司被迫关闭，股市剧烈震荡。2007 年，这场危机开始席卷美国、欧盟和日本等主要金融市场，致使全球的主要金融市场都出现了流动性不足危机，引发了世界范围的金融危机。

美国次贷危机引起了发达国家对产业结构调整的深刻反思，新一轮的产业革命（第四次产业革命）也因此开始孕育和发展。这次产业革命使得全球的经济版图、各国的创新体系、产业的竞争格局、生产的组织方式都出现了颠覆性的变革。第四次产业革命的所有变革的核心就是工业经济数字化、网络化、智能化发展。

这场席卷全球的金融危机让许多国家对实体经济与虚拟经济的关系有了新的认识。在金融危机出现之前，美国、德国、日本等发达国家由于内需饱和，选择借助经济全球化的发展趋势将价值链中附加值较低的加工、组装等环节转移到劳动力成本较低的发展中国家进行，而将包括研发、关键零部件生产及品牌营销在内的高附加值环节放在本国进行，同时大力发展以金融业为代表的非实体经济。金融危机的爆发使这些发达国家逐渐意识到产业空心化的风险，意识到非实体经济要以实体经济为基础，以及实体经济对稳定就业和增加税收等方面的重要作用。

金融危机后，美国、德国等国家的经济之所以能够平稳复苏，是因为这些国家的制造业服务化程度比较高。具体来看，随着制造业服务化的不断发展，美国、德国等发达国家普遍存在“两个 70%”现象，即服务业产值占 GDP 比重的 70%、制造服务业产值占整个服务业产值比重的 70%。制造业的价值分布从制造环节向服务环节不断转移，服务正在成为制造企业利润的重要来源。

基于以上原因和背景，工业互联网应运而生。2012 年，美国通用电气公司在 *Industrial Internet: Pushing the Boundaries of Minds and Machines* 一书中指出：工业互联网汇集了工业革命和互联网革命的进步，有望推动经济增长，提供更好的就业机会，提高人们的生活水平；智能机器、高级分析和工作中的人是工业互联网的三大要素；其核心是利用智能设备采集数据，智能系统通过数据挖掘分析及可视化展现，形成智能决策，指导生产和工艺优化，提升设备的运转效率，减少停机时间和计划外故障。这就是工业互联网 1.0，它将人、智能机器、高级分析系统通过网络融合在一起，通过数据/信息、硬件、软件和智能分析/决策交互，提高创新能力、优化资产运营、提高生产效率、降低成本和减少废物排放，进而带动整个工业经济发展。

2014 年，美国通用电气公司联合 AT&T、Cisco、IBM、Intel 等世界知名 IT（Information Technology，信息技术）公司，组建了工业互联网联盟（Industrial Internet Consortium，IIC），该联盟致力于打破技术壁垒，开展工业互联网顶层设计与通用标准制定，促进物理世界和数字世界的融合。

尽管普遍认为最早提出工业互联网概念的是美国通用电气公司，但我国的上海可鲁系统软件有限公司在 2004 年就给出了工业互联网的概念，并一直尝试使工业设备通过工业互联网互联互通。我国工业互联网的起源主要是我国制造业面临着来自发达国家和其他发展中国家的双重压力，具体来说有以下 3 个原因。

（1）我国制造业的产出效率整体偏低，导致产品的附加值低。尽管我国制造业增加值总量排名世界第一，但是由于人口众多，人均制造业增加值并不高，仅为发达国家水平的三分之一左右。这样的数据反映了我国制造业经济产出效率和利润附加值都偏低，在全球产业链分工中也只能处于中游或下游的位置，始终不能处于全球产业链分工中的上游位置。

（2）我国缺少制造业核心零部件，正因如此，我国制造业的生产成本偏高。由于我国制造业中许多核心的零部件等都只能依赖进口，因此我国制造业的生产成本大大增加。不仅如此，原材料的价格不断上涨、社会资产价格上升以及融资成本的提升等都致使我国制造业的生产成本不断上升，这一情况对我国制造业的发展非常不利。

（3）在制造方面，我国的部分核心高端技术受制于人，尽管近年来我国不断增加对科技创新的政策支持和资金投入，研发费用在 GDP 中的占比也逐年提升，但是和发达国家相比还有一定的差距。除此之外，我国制造业服务化水平以及生产性服务发展也相对落后，同时，在科研人员的培养、科研创新能力的培养以及科研资金的合理使用上较发达国家略显不足。

以上原因使我国制造业面临严峻的挑战，只有推进产业转型升级，实现供给侧结构性改革，加速信息化与工业化融合，推进工业互联网创新发展战略，才能提高我国工业互联网在国际上的实力和竞争力。

### 1.1.2 工业互联网的发展历程

工业互联网的发展历程主要分为 3 个阶段，分别是起步发展阶段、快速发展阶段和稳步发展阶段，如图 1-1 所示。

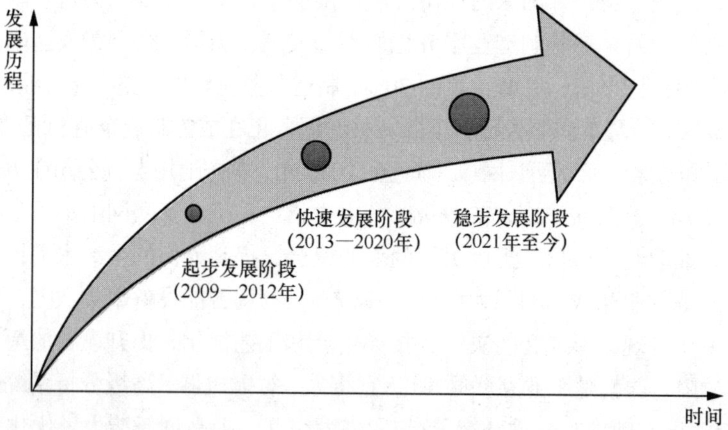


图 1-1 工业互联网的发展历程

#### 1. 起步发展阶段（2009—2012 年）

在这一阶段，工业互联网的概念还未被正式提出，但是已经出现了许多类似的理念、模式和技术，甚至在此之前也有一些相关的概念被提出，如前文提到的上海可鲁系统软件有限公司给出的概念。此外，2010 年北京市计算中心开始创建"工业云服务平台"（简称工业云）；2011 年工业云已成为北京市"祥云计划"重点示范工程项目之一。这一阶段在技术方面融合发展了现代信息化制造技术与云计算、物联网、服务计算、高性能计算等新兴信息通信技术，形成"网络化、服务化"的智能制造新模式和"泛在互联、共享服务、跨界融合"的新业态。

2. 快速发展阶段（2013—2020 年）

在这一阶段，工业互联网的概念被正式提出，经过上一阶段的发展，工业互联网技术取得了长足的进步，融合人工智能、3D 打印、智能机器人、智能制造装备等新兴智能化制造技术，形成以互联化（协同化）、服务化、个性化（定制化）、柔性化、社会化为主要特征的智能制造新模式，其业态在“泛在互联、共享服务、跨界融合”的基础上增加了“数据驱动、自主智慧、万众创新”的特征，形成“互联网+”新业态。

3. 稳步发展阶段（2021 年至今）

随着时代的进步，无论是技术还是需求都在不断发展，在技术越来越先进的同时，关于制造业的各种需求越来越多，这就意味着工业互联网技术必须与时俱进，只有这样才能跟上时代发展的脚步。2021 年以后，工业互联网进一步融合以大数据、人机混合智能、群体智能、跨媒体智能、无人自主智能等为主要方向的新一代人工智能技术，建模与仿真、数字孪生、边缘计算、5G、区块链等新通信技术以及新智能化制造技术，迈向了以互联化、服务化、个性化、柔性化、自主智能化为主要特征的新阶段。而在业态方面进一步突出了“智能+”时代“万物互联、智能引领、数据驱动、共享服务、跨界融合、公众创新”的新业态。

虽然工业互联网的发展历程只有短短的十几年，但是工业互联网的发展速度堪称迅猛，从概念的设想到提出，再到政策出台、技术实施、平台搭建，其速度非常快，而且伴随工业互联网的不断发展，其相关概念也在不断演化，如图 1-2 所示。可以预见，工业互联网将以更快的速度继续发展，工业互联网的应用前景也十分广阔。

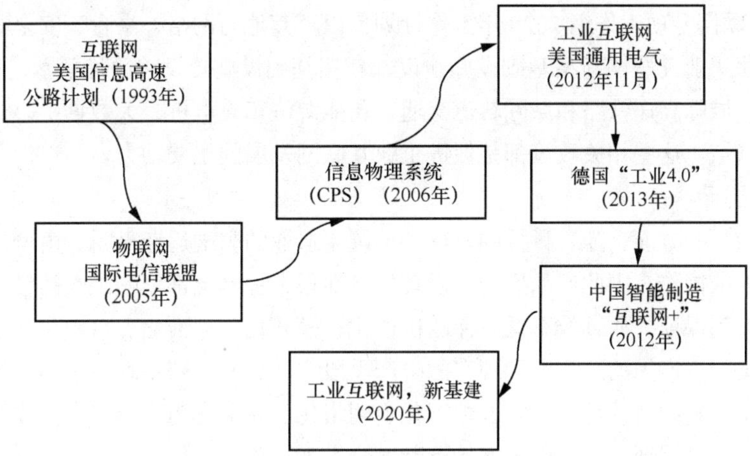


图 1-2　工业互联网相关概念的演化

### 1.1.3　工业互联网的发展动力

我国工业互联网发展迅猛，其产业增加值规模也逐年增大，具体数据如图 1-3 所示。工业互联网能够快速发展，其动力来源主要有 3 个方面，分别是国家层面、产业层面和技术层面。

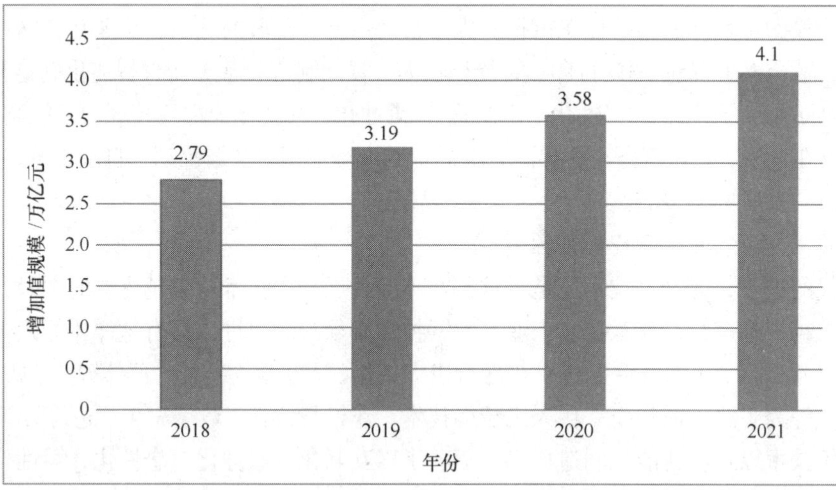


图 1-3　2018—2021 年我国工业互联网产业增加值规模

1. 国家层面

在国家层面，工业互联网的动力来源主要是政府出台相关政策对工业互联网发展和应用的大力支持。以我国为例，2017 年国务院印发《关于深化“互联网+先进制造业”发展工业互联网的指导意见》（后文简称《意见》），《意见》成为推动我国工业互联网发展的纲领性文件。之后工业和信息化部出台《工业互联网发展行动计划（2018—2020 年）》《关于推动工业互联网加快发展的通知》《工业互联网专项工作组 2020 年工作计划》以及其他与网络、平台、安全等相关的指导性文件，持续强化工业互联网新型基础设施建设。新型基础设施建设（简称新基建）主要包括 5G 基建、特高压、城际高速铁路和城际轨道交通、新能源汽车充电桩、大数据中心、人工智能、工业互联网七大领域。这些相关政策都是促进工业互联网发展的主要动力。

2. 产业层面

在产业层面，一方面，随着科技的发展，传统制造业的弊端逐渐显露。由于传统制造业的生产设备大都由工人操作，因此产品生产、设备检修在很大程度上都依赖工人的经验，这种依赖使得准确度无法得到保证，而且效率低。伴随机械化、模式化、标准化、自动化和信息化不断进入成熟阶段，人类对生产力的新需求和现有的生产手段之间出现了一系列突出的矛盾。另一方面，工业互联网展示出它独有的优势。它以数字化、网络化、智能化为主攻方向，改变了传统产业的发展理念。工业互联网通过与其他技术的不断融合发展，为产业创造新价值。

3. 技术层面

在技术层面，技术的发展突破为工业互联网加速发展提供了新动力。云计算、大数据、物联网、区块链和人工智能等新一代信息技术的迅猛发展，在推动信息产业为先导的新经济蓬勃发展的同时，加速了与经济社会各领域深度融合的进程，推动新业态、新模式、新产业加速成长。数字经济成为培育经济增长的新动能、实现新旧动能转换的重要引擎。世界各国加快了信息技术和应用融合的布局，新技术被广泛应用于工业领域，包括用户定制化的生产设计、复杂流程的管理、庞大的数据分析、决策过程的优化和策略的快速执行等场景，推动工业实现创新驱动的引领型发展，也促进工业互联网的快速发展。

# 1.2 工业互联网的内涵和特征

当前，世界各国的工业互联网都在蓬勃发展，但是工业互联网还没有一个权威的、统一的定义。从诸多的定义里了解工业互联网的内涵和特征，才能更好地理解工业互联网的价值和作用。

## 1.2.1 工业互联网的定义

自工业互联网的概念被提出以来，很多权威的组织机构和龙头企业都从不同角度给出了工业互联网的定义。具有代表性的定义如下。

（1）美国通用电气公司对于工业互联网的定义经历了一个发展变化，最初美国通用电气公司将工业互联网定义为：从机器上捕获数据，并将有价值的思想反馈给客户，以帮助客户优化资产分配和提高运营效率。后来美国通用电气公司将工业互联网的定义更改为：通过传感器、大数据和云平台，把机器、人、业务活动和数据连接起来，通过实时数据分析使得企业可以更好地利用机器的性能，以达到资产优化、运营优化的目的，并最终提高生产效率。

（2）美国工业互联网联盟则认为工业互联网是将“互联网思维”应用到工业环境中，覆盖物联网的非消费端，它将智能机器、设备和工作中的人连接起来，通过先进的数据分析，实现更好的决策，产生变革性的商业成果。

（3）中国工业互联网产业联盟（Alliance of Industrial Internet，AII）对工业互联网的定义是：通过人、机、物的全面互联，全要素、全产业链、全价值链的全面连接，对各类数据进行采集、传输、分析并形成智能反馈，推动形成全新的生产制造和服务体系，优化资源要素配置效率，充分发挥创造装备、工艺和材料的潜能，提高企业生产效率，创造差异化的产品并提供增值服务。

（4）中国工业互联网研究院对工业互联网的定义是：工业互联网是新一代信息技术与制造业深度融合的产物，是实现工业经济数字化、网络化、智能化发展的重要基础设施，通过对人、机、物的全面互联，构建起全要素、全产业链、全价值链全面连接的新型工业生产制造服务体系。

以上这些关于工业互联网相关定义的比较如表 1-1 所示。

表 1-1　工业互联网相关定义的比较

| 提出者 | 定义的侧重点 |
|---|---|
| 美国通用电气公司 | 把机器、人、业务活动和数据连接起来，最终提高生产效率 |
| 美国工业互联网联盟 | 将“互联网思维”应用到工业环境中 |
| 中国工业互联网产业联盟 | 通过人、机、物的全面互联，全要素、全产业链、全价值链的全面连接，提高企业生产效率，创造差异化的产品并提供增值服务 |
| 中国工业互联网研究院 | 信息技术与制造业深度融合的产物，新型工业生产制造服务体系 |

## 1.2.2 工业互联网的内涵

尽管一些组织联盟或企业给出的工业互联网定义各不相同，但是这些定义的基本内涵是一致的。从字面上看，工业互联网的核心有两个：一是“工业”；二是“互联网”。其中，“工业”是基本对象，工业是对自然资源开采和对各种原材料加工的社会物质生产部门，它是社会分工发展的产物，经历手工业、机器工业等几个发展阶段，是第二产业的重要组成部分；“互联网”是关键手段，指的是网络与网络之间所串联成的庞大网络，这些网络以一组通用的协议相连，形成逻辑上的巨大国际网络，这种将计算机网络连接在一起的方法可称为“网络互联”，在此基础上发展成覆盖全世界的全球性互联网，即互相连接在一起的网络结构。

下面从基本原理、核心技术和产业应用 3 个角度对工业互联网的内涵进行阐述。

（1）从基本原理看，工业互联网是关键网络基础设施，通过机器、数据和人的全面互联实现全要素、全产业链、全价值链的全面连接，对各类数据进行采集、传输、分析并形成智能反馈，推动形成全新的生产制造和服务体系，提高资源要素配置效率。在工业生产中，各种机器、设备组和设施通过传感器、嵌入式控制器和应用系统与网络连接，构建形成基于“云—网—端”的新型复杂体系架构。这也就意味着工业互联网尽管是依托现有互联网的，但是它的发展与推进还会反过来促进现有互联网的演进。

（2）从核心技术看，除了通信网络、云计算等基础设施，贯穿工业互联网始终的是工业大数据的综合运用。随着生产历程的推进，数据在体系架构内源源不断地产生和流动，通过对数据进行采集、传输、分析处理和运用，逐步实现数据的商业化应用、数据价值创造与向数据资产的转换。从原始的杂乱无章到最有价值的决策、操作控制信息，工业互联网技术经历了产生、采集、传输、分析、融合、管理、决策执行等阶段，需要集成应用各类相关的技术和软硬件，完成感知识别、远近距离通信、数据挖掘、分布式计算、智能算法、系统集成、平台应用等一系列任务。简言之，工业互联网技术是获得、处理、应用企业中的工业过程数据，并实现数据价值的系统集成技术。

（3）从产业应用看，工业互联网构建了庞大复杂的产品生产制造和服务生态系统，为企业提供全面的感知、移动的应用、云端的资源和大数据分析，实现各类制造要素和资源的信息交互及数据集成，释放数据价值。这有效驱动了企业在各方面不断创新，实现产业间的融合与产业生态的协同发展。这个生态系统为企业发展智能制造构筑了先进的组织形态，为社会化大协作生产搭建了深度互联的信息网络，为其他行业智慧应用提供了可以支撑多类信息服务的基础平台。工业互联网是新业态和新模式，虽然形式上与互联网和移动互联网相似，但是工业互联网是与工业生产相关的，而且有很多创新应用，是互联网从消费领域向生产领域、从虚拟经济向实体经济发展的核心载体，带动共享经济、平台经济、大数据分析等以更快的速度在更大范围向更深层次拓展，加快实体经济数字化转型进程。

### 1.2.3 工业互联网的特征

工业互联网产业联盟在 2020 年 4 月给出的《工业互联网体系架构（版本 2.0）》中，将工业互联网特征归纳为“泛在互联、全面感知、智能优化、安全稳固”，从工业互联网技术特性角度来看，其主要特征有互联互通、海量数据、模式创新、业态更新、软件定义、平台支撑、服务增值、智能主导和组织重构等。

1. 互联互通

随着信息技术的不断发展，万物互联的新时代也在逐步演进。互联互通是万物的互联互通，就是人、物、数据和应用通过网络连接在一起，具体包括人与人、人与设备、设备与设备、设备与产品、产品与用户、用户与厂家、用户与用户、厂家与厂家、虚拟与现实等的互联互通，通过万物互联重构整个社会的生产工具、生产方式和生产场景。其本质就是把传统的资源变成数字化的资源，并且在此基础上通过传统的纵向集成与现代的横向集成，以及互联网特色的端到端的集成等方式实现综合集成，打破资源壁垒，使这些数字化资源高效地流动起来。网络通信技术从固定网络到蜂窝移动网络，为互联互通提供基础保障，主要支撑工业数据的采集交换、集成处理、建模分析和反馈执行，是实现从单个机器、产线、车间到工厂的工业全系统互联互通的重要基础工具，是支撑数据流通的通道。正是因为有了万物的互联互通，数据才实现了更大范围、更宽领域的自动流动，这也反过来推动了工业互联网的发展演进。

2. 海量数据

工业互联网时代的企业竞争不再只限于设备和技术方面的竞争，在数据方面也会产生竞争。通过传感器采集数据，经网络信息平台处理，进而将经过分析的数据反馈到原有的设备并进行更好的管理，甚至创造新的商业模式，这将成为企业新的核心能力之一。另外，企业竞争的核心是科学、高效和精准的决策。而决策越来越依赖于数据的自动流动，就是要把正确的数据以正确的方式在正确的时间传递给正确的人和机器。数据作为新型生产要素，决定着制造资源的优化配置效率，带领着生产方式和产业模式的变革。数据是新一代信息技术的关键，也是新工业革命创新变革的源泉。海量数据通过生产制造全过程、全产业链、产品全生命周期数据的自动流动不断优化制造资源的配置效率，就是要实现提质、增效、降本，就是要提高制造业全要素生产效率，这将带来数据驱动的创新、生产和决策。

3. 模式创新

相较于传统的企业，工业互联网进行了商业模式的创新和管理的创新。传统企业最关注的是财务绩效或投资收益率，工业互联网技术能在短期内为企业产生直接可量化的效益，是企业采用这种新技术的主要动力，也是让更多人接受工业互联网的关键步骤。在此基础上，企业会逐步考虑用工业互联网技术来重塑原有的商业模式，甚至进一步创造新的商业模式，并创新与之相适应的管理模式，进而颠覆原有的市场格局。这种情况使更多通过跨界的方式进入原有行业的颠覆者出现，是有中国特色的工业化与信息化深度融合的“互联网+”发展模式。

4. 业态更新

目前，互联网已经不只作为一种技术和基础设施，更是一个时代的特征，“互联网+”是时代发展的必然产物。各种因素的综合作用，使得业态更新成为必然，使新业态逐渐形成。对于制造业而言，以生产性服务业、科技服务业等为典型的服务化制造业已经成为业态更新的重要方向。越来越多的制造企业已经从传统的制造“产品”转型为提供“产品+服务”。

5. 软件定义

软件定义是新工业革命的重要标志，通过软件定义推动技术进步和产业发展已在业内逐渐成为共识。软件定义的本质是构建一套数据自动流动的规则体系，基于软件打造“状态感知—实时分析—科学决策—精准执行”的数据闭环，解决研发设计、生产制造、运营管理乃至生产制造全过程中的复杂性和不确定性问题，提高资源配置效率。工业互联网利用软件为硬件赋能，赋予硬件更多的应用功能和使用价值，进而实现智能化，同时孕育新的商业模式。软件定义正在加速驱动制造业的数字化，软件定义产品、软件定义企业管理流程、软件定义生产方式、软件定义企业新型能力、软件定义商业模式、软件定义产业生态等正在成为全球制造业发展的新特征。

6. 平台支撑

信息通信技术和制造业的不断融合发展，使得以平台为核心的产业竞争从消费领域向制造领域拓展，工业互联网平台成为全球领军企业竞争的新赛道、产业布局的新方向和制造大国竞争的新焦点。工业互联网平台是面向制造业数字化、网络化、智能化需求，构建基于云边协同的海量数据采集、汇聚、分析服务体系，进而支撑制造资源泛在连接、弹性供给、高效配置的载体。在软件定义方面，工业互联网平台为工业知识数字化模型的工业 App 开发、应用和迭代提供支撑，成为工业知识沉淀、传播、复用和价值创造的重要载体；在海量数据方面，海量工业数据通过工业互联网平台采集，进行清洗、存储、分析和应用，驱动制造业转型升级；在服务增值方面，基于工业互联网平台实现面向各个复杂工业场景的系统化服务和综合解决方案的增值；在智能主导方面，工业互联网平台成为制造资源集聚与协同的载体，智能主导的新工业革命最终要依靠工业互联网平台支撑其不断发展。

7. 服务增值

服务增值是指企业通过在产品上增加智能模块，实现产品联网与运行数据采集，并利用大数据分析提供多样化智能服务，实现由卖产品向卖服务拓展，有效延伸价值链条，扩展利润空间。新工业革命中的互联网、新一代信息技术等核心技术在第二产业中萌芽和出现，从卖产品到卖服务、从提供标准服务到提供增值服务的转变趋势，在新工业革命到制造业的变革中深刻体现。随着制造和服务之间的界限越来越模糊，以产品制造为核心的传统发展模式正在向提供产品服务的系统转变，服务型制造将是未来工业的重要方向之一。工业互联网构建的服务体系，驱动经营方式由传统的以产品为中心向以服务为中心转变，智能化服务平台和智能化服务成为新的业务核心，以摆脱对资源、能源等要素的投入，拓展服务增值，实现服务效益最大化，不断提高研发设计、生产制造、运营管理等资源配置效率，形成资源富集、多方参与和协同演进的制造业新业态。

8. 智能主导

新工业革命的核心技术不仅可以满足制造业多种不同场景的智能化分析需求，还可以面向制造企业智能化运营决策，以及企业间的制造资源与供应链的智能化协同。智能的本质是以数据在闭环系统的自动流动，实现要素资源配置的优化。智能的核心是以信息流提高物质世界的资源配置效率。制造业转型升级的最终目的是实现从数字化、网络化到智能化。新工业革命的理念、技术和应用服务，也是以智能化为方向和目的的。工业智能使工业系统中的隐形问题显性化，进而通过对隐形问题的管理避免问题的发生，实现知识的积累、传承和规模化应用。其中，软件定义工业知识和机理可以获得比传统工业软件提供的可视化分析或简单指标分析更为显著的智能化效果，数据驱动可以基于海量工业数据和各种复杂数据挖掘技术进行多领域数据的综合集成分析，平台支撑可以向下连接和汇聚海量的工业资源，向上承接和提供各种智能化应用服务，同时进一步实现智能化服务增值，满足制造企业的智能化转型升级需求。

9. 组织重构

所谓组织重构，是指进入数字经济时代后，数据作为新的管理要素，与传统技术、业务流程、组织结构相互影响、相互作用，极大地变革不同群体的交流方式、交易方式，有效提升交易的速率和质量，进而使企业内外部交易成本呈现明显的下降趋势，推动组织向虚拟化、扁平化和生态化方向发展。

（1）组织虚拟化是指工业互联网通过集成先进的信息通信和自动控制等技术，构建了物理空间与信息空间中人、机、物、环境、信息等要素相互映射、适时交互、高效协同的复杂系统，突破了时空界限，实现系统内资源配置和运行的按需响应、快速迭代、动态优化。

（2）组织扁平化是指在数字经济时代，面对快速变化的市场需求、新技术和新业态的兴起、日益复杂的供应链体系及柔性化的生产模式，企业组织网络化步伐不断加快，决策分散化、团队微型化、管理平台化的趋势日益显现。

（3）组织生态化是指万物智能、泛在互联推动了平台与依托群体的崛起，构建一个复杂的产业生态系统。工业互联网平台具备开放、共享、协同、去中心化的特征，使得企业不断突破地域、领域、技术的界限，加快汇聚技术、资金、人才等创新要素，生产协同由企业内部扩大到全供应链条甚至跨供应链条。在各类工业互联网平台的不断演化中，企业间形成了服务与被服务、管理与被管理、协作与共生等新的组织关系。组织生态化正在重新定义企业的边界，不断重塑企业间的关系，这一新的企业间组织关系随着组织生态化步伐的加快而不断扩散，构建多方参与、高效协同、合作共赢的产业生态。

### 1.2.4 工业互联网的价值

工业互联网如今已经发展到第三阶段，而且随着工业互联网技术的不断发展与演进，其发挥的作用和展现的价值会越来越大。首先，工业互联网带动了投资。工业互联网的快速发展带动了大量资本投入工业互联网领域，国家相关支持政策密集落地，各地以工业互联网为代表的新基建投资如火如荼，各企业工业互联网领域的融资规模快速扩大，融资活动也越来越多，产业、科技、金融良性互动的生态加快建立，同时工业互联网在工业领域的快速渗透也加快了制造业数字化转型的步伐，带动了工业企业在信息化、数字化等方面的投资。其次，工业互联网带动了消费。在生活消费方面，工业互联网通过供应链柔性生产、定制化生产能力迎合个性化、多元化的消费需求，通过对消费者的深刻了解，实时改进产品设计，最终带动消费需求增长，工业互联网还改变了传统的消费模式。最后，工业互联网带动了对外贸易。无论是制造业出口，还是服务外包，甚至是全球物流运输，工业互联网都对其产生了积极正向的影响。此外，工业互联网的价值还体现在国家战略层面、产业发展层面和企业竞争层面。

1. 国家战略层面

工业互联网的发展有助于推进互联网、大数据、人工智能和实体经济的深度融合，形成工业互联网的叠加效应、聚合效应和倍增效应，推动传统产业转型升级，抢占国际竞争制高点，驱动工业数字化、网络化、智能化发展。工业互联网构建覆盖数据流动全生命周期的数据管理和服务能力，推动智能化生产、网络化协同、个性化定制、服务化延伸等新模式不断涌现，促进供应链金融、产能共享等新业态不断成熟。数据驱动的实时分析、智能优化和科学决策，将推动制造业数字转型，促进产业结构向高端化、智能化发展，为经济高质量发展提供新动能。

2. 产业发展层面

把握数字化、网络化、智能化融合发展的契机，以信息化、智能化为杠杆，依托工业互联网日渐丰富的应用场景，有助于推动制造业产业模式和企业形态发生根本性转变，促进行业发展的新旧动能转换。工业互联网通过跨企业、跨领域、跨产业的广泛互联互通，促进制造资源的在线化汇聚、平台化共享和智能化应用，实现云端协同、产业协同、跨界协同，将赋予产业全新的价值创造模式。依托工业互联网平台，将实现创新资源的集成和制造能力的共享，推动大、中、小企业融通发展。除此之外，工业互联网不受时间和空间的限制，有利于更大范围、更深层次地开展资源有效配置、供需精准对接、线上线下互动，支撑构建新型产业集群生态。

3. 企业竞争层面

工业互联网关系到企业生产经营的各个环节，成为企业获取长久竞争优势的必要条件和发展方向。发展工业互联网，有助于企业实现提质增效，提升市场竞争力。工业互联网将人、机器、物料、系统等生产要素全面互联，实现工业环境中的数据闭环，促进数据端到端的流通和集成，打破组织界限和“信息孤岛”，通过工业设备改造和工艺流程优化，建立物理现场与虚拟空间的映射关系，形成虚拟的工业全景和智能的知识图谱，帮助企业加速构建软件定义、智能主导的新型工业生产体系。

### 1.2.5 工业互联网的作用

工业互联网是时代发展的必然产物，是全球产业升级的必经之路，是全球工业化发展的必然阶段。通过互联网将工业系统中的人、机、物互联，采集和分析海量数据，用于升级机器性能，并提升整个系统和网络的效率，针对不同的场景构建大量的模型，结合大数据、云计算技术，实现生产智能化和资源优化配置，提高效率与生产力。工业互联网的灵活性、透明性，让制造工厂的制造过程与管理过程实现柔性一体化。工业互联网的灵活性，可以通过商业环境和工艺流程的动态结合，让工业制造生产量根据需求动态变化。工业互联网的透明性，使终端用户可以参与整个制造流程，优化商业决策。工业互联网还可以利用云计算，根据社会资源与人口因素，有效组织整个价值链的资源以提升效率。工业互联网将彻底改变制造业的产业模式。

1. 制造生产设计的作用

制造生产设计将实现从物理空间到数字空间的转型升级。利用数字孪生、边缘计算、计算机网络等设计技术，构造具有数字化、智能化、海量数据库且面向产品全生命周期特征的制造系统，在大数据、云计算等平台技术的支持下实现产品的设计数字化、功能模块化，提高产品生产质量和生产效率，缩短产品生产周期，降低制造成本，提升产品市场竞争力。产品开发数字化将有利于制造业多样化创新发展。

2. 制造模式的作用

制造模式将由大规模生产标准化产品向按需生产、个性化定制生产转变。未来制造业将建立在物理实体和数字虚拟融合（如智能工厂）的基础上，实现制造产品的智能化和网络化，优化产品生产过程，实现生产过程自动化，节约人力成本，提高产品生产效率，使得传统制造系统向智能制造系统、数字化车间方向发展。智能生产模式将生产过程转变为具有产品模块化、产线柔性自动化、供应链透明化、用户中心化以及平台化等特征的个性化生产。

3. 制造价值呈现形式的作用

制造价值的呈现形式将由生产有形产品向提供整体解决方案转变。制造业与信息技术、操作技术的融合发展，使得制造企业实现产品柔性化管理，提高企业的市场灵敏度，并且以客户需求为导向，提供最优的解决方案。新的制造模式为客户与企业提供了更加高效、便捷的沟通渠道，使得企业能够更加全面、及时地了解客户对产品各方面的不同需求。

## 1.3 工业互联网的发展现状和趋势

全球主要的经济大国、制造业大国都在积极推动制造业转型升级，新一轮科技革命和产业变革正在进行。工业互联网作为新一代信息技术与制造业深度融合的产物，日渐成为新工业革命的关键支撑，对未来工业发展产生全方位、深层次、革命性的影响。工业互联网已经成为大多数国家实现智能制造、寻求国家经济新增长点的共同选择。

## 1.3.1 国内工业互联网的发展现状

1. 我国工业互联网的提出

2015 年，第十二届全国人民代表大会第三次会议政府工作报告中首次提出“互联网+”计划，推动互联网、大数据、物联网与云计算和现代制造业的结合，发展新经济，实现从制造大国向制造强国的转变。为了实现从制造大国到制造强国的转变，我国对制造业发展做出战略安排，明确指出，将工业互联网作为实现智能制造变革的关键共性基础。为落实相关战略，在工业和信息化部的大力支持和指导下，中国信息通信研究院联合制造业、通信业、互联网等相关企业于 2016 年 2 月 1 日共同发起成立工业互联网产业联盟，在工业互联网顶层设计、技术研发、标准研制、测试床、产业实践、国际合作等多方面开展工作，加快推进工业互联网的发展。

2017 年 11 月，《意见》明确了我国工业与互联网融合的长期发展思路，已经成为我国工业互联网建设的行动纲领。《意见》指出，工业互联网作为新一代信息技术与制造业深度融合的产物，日益成为新工业革命的关键支撑和深化“互联网+先进制造业”的重要基石，对未来工业发展产生全方位、深层次、革命性的影响。工业互联网通过系统构建网络、平台、安全三大功能体系，打造人、机、物全面互联的新型网络基础设施，形成智能化发展的新兴业态和应用模式，是推进制造强国和网络强国建设的重要基础。

《意见》提出工业互联网的 3 个阶段性目标：到 2025 年，覆盖各地区、各行业的工业互联网网络基础设施基本建成；到 2035 年，建成国际领先的工业互联网网络基础设施和平台；到 21 世纪中叶，工业互联网创新发展能力、技术产业体系以及融合应用等全面达到国际先进水平，综合实力进入世界前列。《意见》部署了以下 7 项重点工程。

（1）工业互联网基础设施升级改造工程：组织实施工业互联网工业企业内网、工业企业外网和标识解析体系的建设升级，支持工业企业以 IPv6、工业无源光网络（PON）、工业无线等技术改造工业企业内网，以 IPv6、软件定义网络（SDN）以及新型蜂窝移动通信技术对工业企业外网进行升级改造。

（2）工业互联网平台建设及推广工程：开展 4 个方面的建设和推广，分别是工业互联网平台培育、工业互联网平台试验验证、百万家企业上云、百万工业 App 培育。

（3）标准研制及试验验证工程：面向工业互联网标准化需求和标准体系建设，开展工业互联网标准研制。

（4）关键技术产业化工程：加快工业互联网关键网络设备产业化；研发推广关键智能网联装备，围绕数控机床、工业机器人、大型动力装备等关键领域，实现智能控制、智能传感、工业级芯片与网络通信模块的集成创新，形成一系列具备联网、计算、优化功能的新型智能装备；开发工业大数据分析软件，聚焦重点领域。

（5）工业互联网集成创新应用工程：鼓励大型工业企业实现内部各类生产设备与信息系统的广泛互联以及相关工业数据的集成互通；开展面向高价值智能装备的网络化服务，并开展协同设计、众包众创、云制造等创新型应用，实现各类工业软件与模块化设计制造资源在线调用。在智能联网产品应用方面，重点面向智能家居、可穿戴设备等领域，融合 5G、深度学习、大数据等先进技术，满足高精度定位、智能人机交互、安全可信运维等典型需求。在标识解析集成应用方面，实施工业互联网标识解析系统与工业企业信息化系统集成创新应用，支持企业探索基于标识服务的关键产品追溯、多源异构数据共享、全生命周期管理等应用。

（6）区域创新示范建设工程：建设工业互联网创新中心，重点开展行业领域基础和关键技术研发、成果产业化、人才培训等；在互联网与信息技术基础较好的地区，以工业互联网平台集聚中小企业，打造新应用模式，形成一批以互联网产业带动为主要特色的示范基地。

（7）安全保障能力提升工程：打造工业互联网安全监测预警和防护处置平台、工业互联网安全核心技术研发平台、工业互联网安全测试评估平台、工业互联网靶场等。

### 2. 我国工业互联网产业相关政策

自 2015 年以来，我国政府为推动工业互联网发展，先后出台了一系列产业政策，如表 1-2 所示。

表 1-2 工业互联网产业政策

| 年份 | 政策文件名称 | 主要内容 |
| --- | --- | --- |
| 2015 | 《国务院关于积极推进“互联网+”行动的指导意见》 | 推动互联网与制造业融合，提升制造业数字化、网络化、智能化水平，加强产业链协作 |
| 2016 | 《国务院关于深化制造业与互联网融合发展的指导意见》 | 充分释放“互联网+”的力量，改造提升传统动能，培育新的经济增长点，发展新经济，加快推动“中国制造”提质增效升级，实现从工业大国向工业强国迈进 |
| 2017 | 《国务院关于深化“互联网+先进制造业”发展工业互联网的指导意见》 | 提出加快建设和发展工业互联网，推动互联网、大数据、人工智能和实体经济深度融合，发展先进制造业，支持传统产业优化升级 |
| 2018 | 《工业互联网发展行动计划（2018—2020 年）》 | 提出到 2020 年年底，我国将初步建成工业互联网基础设施和产业体系的行动目标 |
| | 《工业互联网平台建设及推广指南》 | 提出到 2020 年，培育 10 家左右的跨行业、跨领域工业互联网平台和一批面向特定行业、特定区域的企业级工业互联网平台的总体要求 |
| | 《工业互联网网络建设及推广指南》 | 提出到 2020 年初步建成工业互联网基础设施和技术产业体系，形成先进、系统的工业互联网网络技术体系和标准体系等的工作目标 |
| 2020 | 《工业和信息化部办公厅关于推动工业互联网加快发展的通知》 | 加快新型基础设施建设；加快拓展融合创新应用；加快健全安全保障体系；加快壮大创新发展动能；加快完善产业生态布局；加大政策支持力度 |

### 3. 我国工业互联网的发展现状

近年来，随着国家的大力支持，我国工业互联网应用实现了快速发展，工业与互联网融合应用发展是国内制造业和互联网行业的共同发展方向。自 2017 年《意见》发布以来，我国在工业互联网建设和应用中取得了巨大的进展。

（1）工业互联网新型基础设施建设体系化。工业互联网网络覆盖范围及规模扩张。基础电信企业积极构建面向工业企业的低时延、高可靠、广覆盖的高质量外网，延伸至全国各地。“5G+工业互联网”探索推进，时间敏感网络（Time-Sensitive Networking，TSN）、边缘计算、5G 工业模组等新产品在内网改造中探索应用。标识解析国家顶级节点功能不断增强。平台连接能力持续增强。工业互联网平台数量持续增加，跨行业、跨领域平台的引领作用显著。国家工业互联网大数据中心启动建设。

（2）工业互联网与实体经济的融合持续深化。当前工业互联网已渗透应用到包括工程机械、钢铁、石化、采矿、能源、交通、医疗等在内的国民经济重点行业。智能化生产、网络化协同、个性化定制、服务化延伸、数字化管理等新模式活跃，有力推动了工业互联网的转型升级，催生了新增长点。典型大企业通过集成方式，提高数据利用率，形成完整的生产系统和管理流程应用，智能化水平大幅提升。中小企业则通过工业互联网平台，以更低的价格、更灵活的方式补齐数字化能力短板。大中小企业、第一产业、第二产业和第三产业融通发展的良好态势正在加速形成。

（3）工业互联网产业新生态快速壮大。在国家政策引导下，各省市陆续发布地方工业互联网发展政策文件。各地加大投入力度，支持企业上云、上平台和开展数字化改造，推动建立产业投资基金。北京、长江三角洲地区、粤港澳大湾区已成为全国工业互联网发展的高地，东北老工业基地和中西部地区则注重结合本地优势产业，积极探索各具特色的发展路径。工业互联网产业联盟不断壮大，推进标准技术、测试验证、知识产权、产融对接等多方面的合作。

（4）工业互联网安全保障能力显著提升。构建了多部门协同、各负其责、企业主体、政府监管的安全管理体系，通过监督检查和威胁信息通报等举措，企业的安全责任意识进一步增强；建设国家、省、企业三级联动安全监测体系，服务工业企业、工业互联网平台，协同处置多起安全事件，基本具备工业互联网安全监测预警处置能力。通过试点示范等举措，带动一批企业提升安全技术攻关创新与应用能力。

### 1.3.2　国外工业互联网的发展现状

自工业互联网出现以来，许多国家都积极发展工业互联网，其中美国、德国、日本的工业互联网发展相对较快，以下主要介绍这3个国家的工业互联网发展现状。

#### 1. 美国工业互联网的发展现状

自20世纪80年代以来，随着经济全球化、国际产业转移及虚拟经济的不断深化，美国制造业的产业结构发生了巨大的变化，制造业日益衰退，“去工业化”趋势明显，虽然美国制造业增加值逐年提高，但制造业增加值占GDP的比重却在逐年降低。2008年金融危机后，美国意识到发展实体经济的重要性，提出了“再工业化”的口号，主张发展制造业，减少对金融业的依赖。

2014年，美国通用电气公司联合AT&T、Cisco、IBM和Intel等公司组建了工业互联网联盟（IIC），合力进行工业互联网的推广以及标准化工作。工业互联网联盟开发了9种旨在展示工业互联网应用的“Testbed”测试平台以推广工业互联网应用，为各企业提供测试工业互联网技术的有效工具。工业互联网联盟同时开发了工业互联网参考架构模型和标准词库，为标准化的发展奠定了基础。同时，工业互联网联盟致力于构建覆盖工业界、信息与通信技术领域和其他相关方的产业生态，推动传感、连接、大数据分析等在工业领域的深度应用，协助其他机构尤其是国际标准组织解决标准规范问题。工业互联网联盟以参考架构、测试床、应用案例为抓手，从企业案例阶段向产业推广阶段快速推进，强化工业互联网在大型工业产业中广泛开展应用，同时建立面向行业的测试床，以此为基础在全球范围内开展产业辐射与标准推广。

2019年6月，工业互联网联盟公布了1.9版工业互联网参考架构（Industrial Internet Reference

Architecture，IIRA），进一步完善了工业互联网标准化体系建设，该参考架构对工业互联网关键属性和跨行业共性的架构问题及系统特征进行了分析，并将分析结果通过模型等方式表达出来，因此该参考架构被广泛应用于各个行业。

美国在工业互联网相关领域的战略布局及重点内容如表 1-3 所示。

表 1-3　美国在工业互联网相关领域的战略布局及重点内容

| 战略名称 | 发布时间 | 重点内容 |
| --- | --- | --- |
| 《数字战略 2020—2024》 | 2020 年 4 月 | 美国国际开发署发布该战略的目的之一是加强国家级数字生态系统的开发性、包容性和安全性，在目标国家中将互联网普及率平均提高 30%，并“利用数字技术取得重大发展成果” |
| 《国家制造业创新网络宪章》 | 2020 年 1 月 | 将人、想法和科技联系起来，突破与先进制造业相关的各种挑战，从而提高工业竞争力，促进经济增长，并加强美国国家安全 |
| 《开放政府数据法案》 | 2018 年 12 月 | 该法案要求美国所有的政府机构自动公开其拥有的公共数据，仅在少数涉及国家安全和其他特殊原因时才可以不公开 |

## 2. 德国工业互联网的发展现状

德国是在装备制造业方面极具竞争力的国家之一，长期专注于复杂工艺流程的管理和创新，其在信息技术方面也有极强的竞争力，在嵌入式系统和自动化工程方面处于世界领先地位。为了巩固其工业强国的地位，德国对本国工业产业链进行了研究和探索，“工业 4.0”构想由此产生。德国“工业 4.0”和美国工业互联网虽然在说法上不同，但两者在本质上具有一致性，强调的都是加强企业信息化、智能化和一体化建设。“工业 4.0”的内涵如图 1-4 所示。

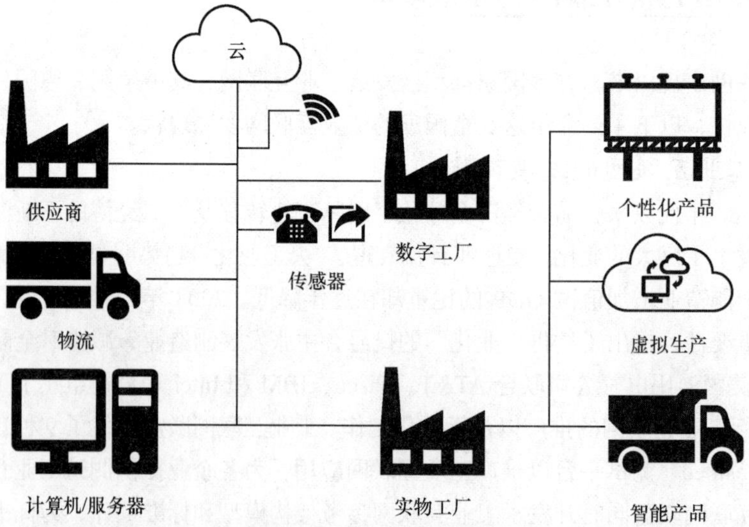


图 1-4　“工业 4.0”的内涵

“工业 4.0”提出基于信息物理系统（Cyber-Physical Systems，CPS）实现工厂智能化生产，让工厂直接与消费需求对接。CPS 是一个综合计算、通信、控制技术的多维复杂系统。CPS 将物理设备连接到互联网上，让物理设备具有计算、通信、精确控制、远程协调和自治 5 个功能，从而实现虚拟网络世界与现实物理世界的融合。CPS 可将资源、信息、物体以及人紧密联系在一起，如图 1-5 所示。“工业 4.0”将无处不在的传感器、嵌入式终端系统、智能控制系统、通信设施通过 CPS 形成智能网络，使人与人、人与机器、机器与机器以及服务与服务之间能够互联，从而实现纵向集成、数字化集成和横向集成。

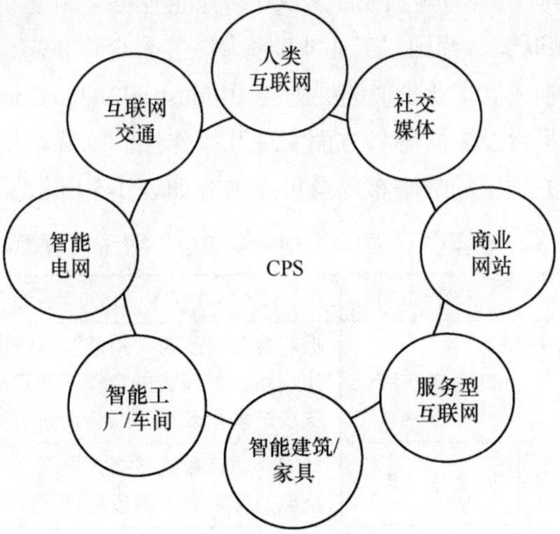


图 1-5　CPS 网络结构

德国为了推动“工业 4.0”战略并协调跨部门的实施，专业协会共同组建了“工业 4.0 平台”组织，同时一些企业参与到“工业 4.0 平台”。该组织向德国政府提交了平台工作组的最终报告——《保障德国制造业的未来——关于实施工业 4.0 战略的建议》，明确了德国在向“工业 4.0”前进的过程中要采取双重策略，即成为智能制造技术的主要供应商和 CPS 的领先市场。德国“工业 4.0 平台”的产业发展模式重点以西门子、博世等著名骨干企业的“工业 4.0”关键部件产品与工业软件系统为抓手，在全球大量输出“工业 4.0”核心产品与整体解决方案，同时高度重视技术标准推广与合作，广泛开展与美国、中国等国家的工业互联网标准对接和整合。

德国在工业互联网相关领域的战略布局及重点内容如表 1-4 所示。

表 1-4　德国在工业互联网相关领域的战略布局及重点内容

| 战略名称 | 发布时间 | 重点内容 |
|---|---|---|
| 《国家工业战略 2030》 | 2019 年 11 月 | 德国有关部门提出巩固工业在德国国民经济中的核心地位，加强国家对经济事务的干预，推动德、欧产业政策改革等一系列建议，呈现对内加大扶持力度、放松监管，对外加强戒备、划清界限的特点 |
| 《高科技战略 2025》 | 2018 年 9 月 | 该战略旨在加大促进科研和创新，加强德国核心竞争力，保证可持续发展，确保国更富、民更强。到 2025 年，实现科研支出占国内生产总值 3.5%的目标 |

### 3. 日本工业互联网的发展现状

因制造业面临各种竞争压力，日本于 2017 年 3 月在德国汉诺威消费电子、信息及通信博览会上正式提出“互联工业”的概念。作为日本国家战略层面的产业愿景，“互联工业”强调通过各种关联，创造新的附加值的产业社会，包括物与物的连接、人和设备及系统之间的协同、人和技术的相互关联、已有经验和知识的传承，以及生产者和消费者之间的关联。与美国、德国等国家类似，日本也在动员各方力量推动本国工业互联网技术的发展和应用，但与美国工业互联网和德国

“工业 4.0”更关注企业内部的互联与智能化不同的是，日本“互联工业”更关注企业之间的互联互通，从而提升全行业的生产效率。2015 年 5 月，由日本政府支持的日本机器人革命促进会正式成立，该促进会下设物联网升级制造模式工作组，搜集研究物联网升级新制造模式的示范案例，调研 CPS 在制造工厂中的应用潜力等。随后，2000 多家企业参与组建物联网推进联盟，并于 2016 年 10 月与美国工业互联网联盟、德国“工业 4.0 平台”签署合作备忘录，希望联合推进物联网标准合作。2015 年 6 月，日本成立工业价值链促进会（Industrial Value Chain Initiative，IVI），从应用程序到设备、基础架构、平台及工具等各方面实现互操作性，为终端用户提供价值。

日本在工业互联网相关领域的战略布局及重点内容如表 1-5 所示。

表 1-5　日本在工业互联网相关领域的战略布局及重点内容

| 战略名称 | 发布时间 | 重点内容 |
| --- | --- | --- |
| 《集成创新战略》 | 2018 年 6 月 | 把“综合”改为“集成”，强调要推动跨领域、跨部门的合作创新，加强官民合作，夯实不同领域之间的数据基础，加快推进大学改革，改善创新创业环境，加强 AI 人才培养等 |
| 《第五次能源基本计划》 | 2018 年 7 月 | 日本能源转型战略将大量采用人工智能、物联网、大数据以及电力需求自动响应等技术 |
| 《日本制造业白皮书（2018）》 | 2018 年 6 月 | 发展“互联工业”，构建基于机器人、物联网和工业价值链的顶层体系 |

### 1.3.3　工业互联网的发展趋势

工业互联网作为新型基础设施，利用新一代信息技术，满足了制造业提升效率、优化资产和运营的迫切需求，促进了全产业链、全价值链的资源整合与优化，改变了工业的生产模式，形成了新型业务模式，在产品设计、制造、管理等方面提供了关键的数据支持和伴随服务，对社会经济的影响也越来越深远。工业互联网的发展趋势概括起来有交互智能化、产品个性化、制造服务化、组织分散化和网络生态化 5 个方面。

#### 1. 交互智能化

信息智能交互技术将成为未来工业互联网发展的重要模式。智能交互为产品和其制造过程带来了智能化变革。智能平台以数据为核心，采用数据流、软件、硬件等不同层级的智能交互技术。在设备层，应用智能设备和网络采集数据，对设备和系统的运行状态进行分析，并将分析后的结果按需要用于执行或将反馈数据存储于设备中以备比较。在软件层，采用大数据分析技术开展海量数据挖掘，将生产过程数据进行可视化处理以支撑决策判断。企业可通过建设专用数据中心，形成对生产过程管理软件的数据支持，达到对底层设备资源的优化使用；产业体系可基于数据分析与趋势预测，为产业发展规划提供实时的决策依据。采用智能协同技术，跨时空整合不同专业背景的人员，让更多利益相关和责任相关的人员参与生产和管理过程。智能交互产品基于软件控制、嵌入式硬件技术，可实现对产品功能的开启、关闭以及对操作过程的智能化、远程化管控，在企业生产层面可支持制造生产全过程的智能化。

#### 2. 产品个性化

在工业互联网时代，客户对产品的需求呈现出多样化特征，并且不断发展变化，这使得产品创新过程表现出客户直接参与的特点，而形式上体现在客户直接参与下的“共创”和新产品开发的快速迭代两个方面。通过对产品和工业系统的设备信息、装备信息进行采集，企业可以分析产品的运行状况、客户的使用习惯及故障出现的频次和地点等，并通过深入的数据分析，了解和掌握客户的潜在需求，从而对产品的设计进行改进。在互联网时代，与客户共创的重点环节是客户消费习惯大数据挖掘、商品销售和服务中的客户意见反馈、产品定制化过程的互动和定制产品设计、生产系统的智能控制。客户共创和客户使用的结果是智能设备本身升级和产品进一步改进的依据，定制产品开发需要通过客户的反馈对产品进行修改，快速迭代修正问题及完善产品功能，其成功与否取决于企业对整个过程理解的深度、生产制造系统柔性化可重构的程度和互联网络的便捷性。

3. 制造服务化

由于市场上竞争的越发激烈和产品同质化严重，产品本身已经不能够完全满足客户的需求，更重要的是通过产品的最终价值来吸引客户。工业互联网和软件技术的介入可以形成原有产品的增值服务，在工业产品制造过程的全生命周期中，要为客户不断创造新的商业价值。最终，企业的营利模式将不再依靠设备和产品，而是依靠服务，企业出售的产品和设备也将被服务替代。所有工业互联网产品的设计，开始可能是软件和硬件的组合，而最终都会以服务的方式交付出去。产品和软件的服务交付是未来的大势所趋，任何一家企业在设计和思考工业互联网新型商业模式的时候，必须将服务创新纳入其中。

4. 组织分散化

在工业互联网时代，带有强烈的分散化和个体化行动特征的创客方式兴起，使传统工作和协同的方式发生了革命性变化。生产方式由大规模集中转向分布式，中小企业获得广阔的发展空间，个体制造正在借助互联网崛起。工业互联网广泛应用于各种产业供应链，在付费合理的商务协议下,可以为个体和资源短缺的中小企业提供丰富的网络在线生产供应链物资和共享设备硬件资源，通过购买服务的方式组建新的网络组织，形成虚拟企业集群。中小微实体企业分散在工业互联网可及的地方，虚拟企业集群可以按照行业、区域、产品类别等聚集成产业群，能够逐步发展成新的虚拟企业运行模式。在资源整合过程中，企业和个人都可以通过建立分类标准，逐步积累质量控制和成本管控的经验，不断提升协同创新能力和自主发展能力。

5. 网络生态化

工业互联网通过系统结构的搭建和资源的汇聚，形成面向不同行业的产业整合、面向不同企业的产业链整合、跨越时空地域的产业布局、跨越行业的融合创新，最终实现社会资源的高效利用。网络生态系统的发展更依赖雄厚的设计资源和开发资源，这些资源以合适的生态结构分布在互联网上。未来，这些资源分布在行业云端，就可以被其他设计者共享，设计者可以根据不同的产品、开源的模型对其进行改造，然后创造新的产品。在工业互联网构筑的生态圈中，客户可以利用平台网络与工厂直接相连，生产拥有个性化色彩的产品。定制产品的小型客户可以创造更高的利润，而产品竞争也随之减小，这个市场就是长尾市场。创客式的生产方式正在解构原有的生产体系，客户的需求可以得到高效的匹配。工业互联网在制造业的渗透不仅直接催生了智能制造、个性化定制、网络协同、服务型制造等制造新模式，而且为交通、能源、医疗、农业等各个行业的数字化转型升级提供了网络连接和计算处理平台。同时，包括金融、教育、物流在内的服务业都在探索利用工业互联网平台进行服务模式创新，如基于数据的信贷服务、押品管理、保险定价、设备增信等产融结合模式，以及基于工业互联网平台、实训基地、真实与虚拟结合场景和新教具开展的产教融合模式等。

# 【实训演练】

## 实训1　工业互联网相关概念辨析

【实训目的】

了解互联网、工业互联网以及物联网的概念，理解三者之间的区别与联系，理解工业互联网的定义和内涵。

【场景描述】

互联网又称为国际网络，是指网络与网络之间所串联成的庞大网络，这些网络以一组通用的协议相连，形成逻辑上的单一巨大国际网络。互联网始于1969年美国的阿帕网。通常internet泛指互联网，而Internet则特指因特网。这种将计算机网络互相连接在一起的方法称为网络互联，在此基础上发展成为覆盖全世界的互联网络，称为互联网，即互相连接在一起的网络结构。互联网并不等同于万维网，万维网只是一个基于超文本相互链接而成的全球性网络，且是互联网所能提供的服务之一。

工业互联网是互联网和新一代信息技术与工业系统全方位深度融合形成的产业和应用形态，是工业智能化发展的关键综合信息基础设施。工业互联网将智能机器、设备和工作中的人连接起来，通过先进的数据分析，实现更好的生产和经营决策。

物联网是一个基于互联网、传统电信网等的信息承载体，广泛应用于网络的融合中，也被称为继计算机、互联网之后世界信息发展的第三次浪潮。物联网本质上是指通过各种信息传感器、射频识别技术、全球定位系统、红外感应器、激光扫描等信息感知装置与技术，实时采集任何需要监控、连接、互动的物体或过程的相关信息，包括声、光、热、电、力学、化学、生物、位置等信息，并通过与各类网络的接入，实现物与物、物与人的泛在连接，以及对物品和过程的智能化感知、识别和管理，从而让所有能够被独立寻址的普通物理对象形成互联互通的网络。

【实训步骤】

（1）采用查找资料和文献的方法，详细了解互联网、工业互联网以及物联网的概念和内涵。

（2）通过对比，分析这3个名词之间的区别和联系。

（3）根据查找的资料和自己的了解撰写报告，并以学习小组的方式进行交流讨论。

## 实训2　工业互联网相关政策探究

【实训目的】

阅读下面3份有关工业互联网的政策文件，了解我国在工业互联网方面的政策深化发展，深刻认识我国积极发展工业互联网并制定相关政策的重要性。

【场景描述】

2016年5月，国务院发布了《关于深化制造业与互联网融合发展的指导意见》，明确提出，到2018年年底，工业云企业用户比2015年年底翻一番；深化工业云、大数据等技术的集成应用，汇聚众智，加快构建新型研发、生产、管理和服务模式；加快构筑自动控制与感知、工业云与智能服务平台、工业互联网等制造新基础。

2017年11月，国务院发布了《关于深化“互联网+先进制造业”发展工业互联网的指导意见》，明确指出，要促进工业互联网与“中国制造2025”协同推进；设立工业互联网战略咨询专家委员会，开展工业互联网前瞻性、战略性重大问题研究，对工业互联网重大决策、政策实施提供咨询评估；制定发布《工业互联网发展行动计划（2018—2020年）》，建立工业互联网发展情况动态监测和第三方评估机制，开展定期测评和滚动调整。

2020年3月，工业和信息化部发布了《关于推动工业互联网加快发展的通知》，提出从加快新型基础设施建设、加快拓展融合创新应用、加快健全安全保障体系、加快壮大创新发展动能和加快完善产业生态布局等方面着力，加快推动工业互联网的发展。

【实训步骤】

（1）班内分组，团队协作完成任务。

（2）采用网上调研方式，阅读上述政策文件。

（3）重点阅读《关于推动工业互联网加快发展的通知》，了解加快新型基础设施建设、加快拓展融合创新应用、加快健全安全保障体系、加快壮大创新发展动能和加快完善产业生态布局等对加快推动工业互联网发展的作用，认识我国积极发展工业互联网的重要性。

（4）可以再阅读其他相关政策文件，形成调研分析报告，增强说服力。

（5）每组制作调研分析报告和总结PPT进行汇报展示，组织小组自评和组间互评。

## 【项目小结】

本项目首先介绍了工业互联网的起源和发展；其次介绍了相关组织和联盟给出的关于工业互联网的定义并阐述了其内涵；再次阐述了工业互联网的9个特征和工业互联网在国家战略层面、产业发展层面以及企业竞争层面的价值与作用；最后介绍了国内外工业互联网的发展现状和未来的发展趋势。另外，实训演练中的概念辨析能够加强读者对工业互联网的理解，相关政策解读能够帮助读者深刻认识发展工业互联网对我国经济发展的重要性。

## 【练习题】

1. 名词解释

（1）工业互联网　（2）工业互联网联盟　（3）信息物理系统　（4）互联工业

（5）交互智能化　（6）网络生态化　（7）互联网　（8）物联网

2. 单选题

（1）工业互联网的快速发展阶段是（　　）。

A. 2009—2012年　　B. 2013—2020年

C. 2013年至今　　D. 2021年至今

（2）工业互联网联盟成立于（　　）年。

A. 2012　　B. 2014

C. 2013　　D. 2015

（3）2015 年第十二届全国人民代表大会第三次会议政府工作报告中首次提出（　　）计划。

A. 工业互联网　　B. “互联网+”

C. 物联网　　D. 互联网

（4）国务院发布的《关于深化制造业与互联网融合发展的指导意见》中明确提出到（　　）年年底，工业云企业用户比 2015 年年底翻一番。

A. 2018　　B. 2020

C. 2025　　D. 2022

3. 多选题

（1）美国通用电气公司联合（　　）公司共同组建了工业互联网联盟。

A. AT&T　　B. Cisco

C. IBM　　D. Intel

（2）（　　）是工业互联网具备的特征。

A. 海量数据　　B. 软件定义

C. 平台支撑　　D. 服务增值

（3）工业互联网的发展趋势包括（　　）。

A. 交互智能化　　B. 产品同质化

C. 组织集中化　　D. 网络生态化

（4）（　　）是我国的工业互联网产业政策。

A.《工业互联网平台建设及推广指南》　　B.《工业互联网网络建设及推广指南》

C.《工业互联网参考体系架构》　　D.《国家工业战略 2030》

（5）工业互联网的发展阶段包括（　　）。

A. 快速发展阶段　　B. 起步发展阶段

C. 稳步发展阶段　　D. 蓬勃发展阶段

4. 判断题

（1）2008 年金融危机后，全球的主要工业化国家逐渐意识到“去工业化”带来的“产业空心化”问题。（　　）

（2）工业互联网的起步发展阶段是 2009—2012 年。（　　）

（3）德国“工业 4.0”强调的是加强企业信息化、智能化和一体化建设，而美国工业互联网不是，两者本质上是不同的。（　　）

（4）提出到 2020 年年底，培育 10 家左右的跨行业、跨领域工业互联网平台和一批面向特定行业、特定区域的企业级工业互联网平台的政策文件是《工业互联网网络建设及推广指南》。（　　）

（5）中国信息通信研究院联合制造业、通信业、互联网等相关企业于 2016 年 2 月 1 日共同发起成立工业互联网产业联盟。（　　）

5. 填空题

（1）工业互联网的概念由__________公司首先提出。

（2）中国工业互联网研究院对工业互联网的定义是：工业互联网是新一代__________与________深度融合的产物。

（3）工业互联网的发展趋势概括起来有________、________、________、________和________5个方面。

（4）网络与网络之间所串联成的、以一组通用的协议相连的庞大网络称为________。

6. 简答题

（1）什么是工业互联网？请列举3个不同产业联盟或公司给出的定义。

（2）简述工业互联网的发展历程。

（3）工业互联网具有哪些特征？至少说出5点并作简要。

（4）选择工业互联网的3个特征进行阐述。

（5）简述我国工业互联网的发展现状，并与美国、德国等国家进行对比。

## 【拓展演练】

国务院新闻办公室于2023年1月18日举行新闻发布会，会中介绍了2022年工业和信息化发展情况。请上网查阅新闻发布会相关内容，了解工业互联网的最新发展现状以及其对我国工业和信息化发展的作用。

# 项目2

# 工业互联网架构

## 【项目引入】

工业互联网技术架构在很大程度上借鉴了物联网体系结构，由感知层、网络层、平台层和应用层4层组成；我国《工业互联网综合标准化体系建设指南》明确了工业互联网的体系架构，包括网络、平台、安全3个功能体系；对于工业互联网参考架构，不同国家给出了不同的设计，我国工业互联网参考架构包括业务视图、功能架构、实施框架3个模块，形成了以商业目标和业务需求为牵引，进而明确系统功能定义与实施部署方式的设计思路，自上向下层层细化和深入。

## 【知识目标】

- 了解工业互联网技术架构的4个层次。
- 掌握工业互联网技术架构中的网络层。
- 掌握工业互联网体系架构中的网络体系。
- 了解工业互联网安全体系。
- 熟悉工业互联网标准体系3.0的6项建设内容。
- 掌握我国的工业互联网参考架构。
- 了解其他国家的工业互联网参考架构。

## 【能力目标】

- 能描述工业互联网技术架构4个层次的内容和意义。
- 能简述工业互联网技术架构的网络层和平台层。

- 能描述工业互联网网络体系中的关键技术。
- 熟知工业互联网安全体系的重要意义。
- 能描述工业互联网标准体系的架构。
- 能描述国内外工业互联网参考架构的基本概念。

## 【素质目标】

- 学习工业互联网安全体系，增强社会责任感和行为责任心。
- 了解我国工业互联网参考架构，增强民族自信心和自豪感。
- 通过对比各国的工业互联网参考架构，培养对比相关概念异同点的能力。

## 【学习路径】

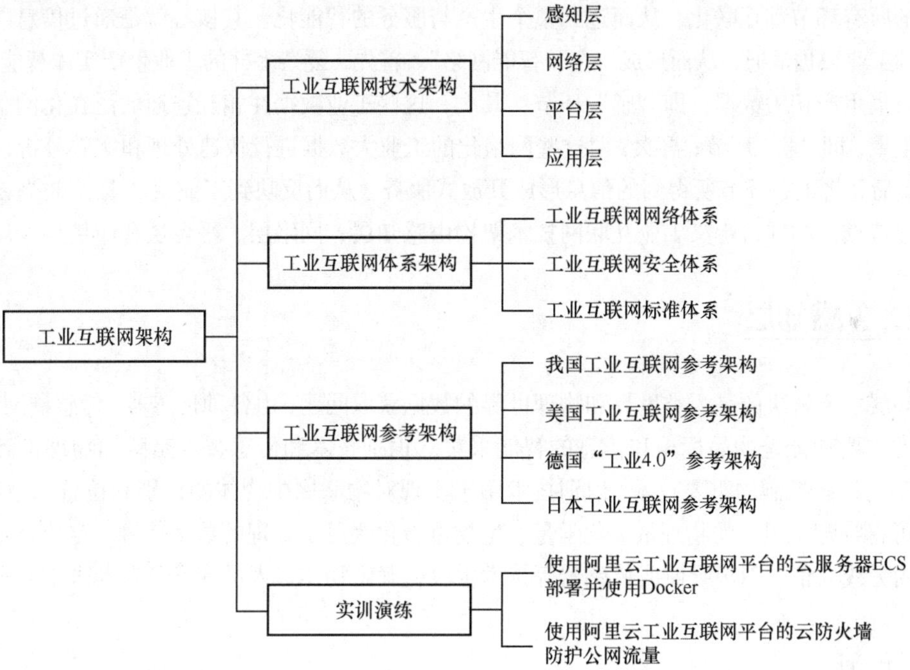


## 【知识准备】

# 2.1　工业互联网技术架构

工业互联网技术架构在很大程度上借鉴了物联网体系结构研究的成果，由感知层、网络层、平台层和应用层组成。感知层实现对物理世界的智能感知识别、信息采集处理和自动控制，并通过通信模块将物理实体连接到网络层和应用层；网络层主要实现信息的传递、路由器的控制，包括延伸网、接入网和核心网，既可依托公众电信网和互联网，也可依托行业专用通信资源；应用层包括应用基础设施/中间件和各种物联网应用，其中应用基础设施/中间件为物联网应用提供信息处理、计算等通用基础服务设施、能力及资源调用接口，以此为基础实现物联网在众多领域的各种应用。

根据对数据流和控制流处理的功能，IIRA 提出了 3 层工业互联网体系结构模式，分为边缘层、平台层和企业层，它是工业互联网实现视角模型中的一个简化的抽象模型。边缘层从工业控制系统采集数据，传送给平台层；同时，边缘层从平台层接收对工业控制系统的控制命令。平台层从企业层接收、处理信息，并且向边缘层转发控制命令；同时，平台层从边缘层汇聚、处理信息，并且向企业层转发数据。企业层实现特定领域的应用、决策支持系统，并且向终端用户提供应用接口。其中，边缘层侧重依托边缘网关对数据进行采集、转换、传输，平台层完成对数据的分析处理，并且将分析的结果发送到企业层的各个领域的应用，形成决策与行动建议，并最终反馈给边缘层，优化边缘侧设备的运行性能。

互联和智能是工业互联网最基本的要求和最重要的特征。工业互联网的目标是使已有的制造机器、生产设备和机械机组等更加智能，建立开放性的网络平台，让生产过程中的各类机器和价值链上的所有环节都互联化，从而达到整个生产与服务的智能化。其核心就是通过信息网络使原本割裂的工业数据流通，从而形成一个“智能网络”。首先，复杂多样的工业生产实体智能地识别、认知和采集生产相关数据，即“感”环节；其次，这些工业数据在相互连通的泛在化网络上进行传输和汇聚，即“联”环节；再次，对这些网络化的工业大数据进行快速处理和实效分析，即“知”环节；最后，将上一环节所得到的信息形成开放式服务，从而反映到工业生产上，即“控”环节。根据上述特点，本项目定义工业互联网技术架构由感知层、网络层、平台层和应用层 4 层组成。

### 2.1.1 感知层

感知层主要解决的是人类世界和物理世界的数据获取问题，由各种传感器、传感器网关构成。感知层的主要功能是物品标识和信息的智能采集。识别技术和传感技术是感知物理世界、获取信息和实现物体控制的重要技术。识别技术用于实现对物联网中物体的识别和位置信息的获取。传感器可将物理世界中的物理量、化学量、生物量转化为可供处理的数字信号。定位技术则是指通过使用无线通信、卫星导航或传感器等技术手段，确定物体、人员或设备在地理空间中位置的技术。

1. 识别

数据采集方式的发展主要经历了人工采集和自动采集两个阶段。对于数据自动采集，针对不同的应用领域，在不同的历史阶段有不同的技术手段。对物品进行有效的、标准化的编码是信息化的基础工作，目前数据自动采集主要使用条形码、IC 卡、射频识别、光符号识别、语音识别、生物计量识别、遥感遥测、机器人智能感知等技术，根据标识对象的不同可以概括为物理识别和生物识别。

（1）物理识别

物理识别是指对目标物的物理、化学和生物学的量化认识。例如，视觉包括明暗、色彩、大小、形状、远近、运动状态等；听觉包括声音的大小、频率、方位、波形等；触觉包括温度、硬度、湿度、状态等；嗅觉和味觉包括物质的组成及化学成分。现在科技（传感器）与计算机相结合，在识别范围和识别精度方面已经超过人自身的能力，而且可以程序化。

例如，条形码是由黑白相间的条纹组成的图案，黑色部分称为“条”，白色部分称为“空”，条和空代表二进制的 0 和 1，进行编码即可组合出不同粗细间隔的黑白图案，可以代表数字、字符和符号信息。

（2）生物识别

生物识别技术，是指通过计算机与光学、声学、生物传感器和生物统计学原理等高科技手段的密切结合，利用人体固有的生理特性（如指纹、面部、虹膜等）和行为特征（如笔迹、声音、步态等）来进行个人身份的鉴定。

例如，虹膜识别技术是基于眼睛中的虹膜进行身份识别，应用于安防设备（如门禁等），以及有高度保密需求的场所。人的眼睛结构由巩膜、虹膜、瞳孔晶状体、视网膜等部分组成。虹膜是位于黑色瞳孔和白色巩膜之间的圆环状部分，其包含很多相互交错的斑点、细丝、冠状、条纹、隐窝等细节特征，而且虹膜在胎儿发育阶段形成后，在人的整个生命历程中将保持不变，这些特征决定了虹膜的唯一性，同时决定了身份识别的唯一性。因此，眼睛的虹膜可以作为每个人的身份识别标准。

### 2. 传感

国际电工委员会对传感器的定义：传感器是测量系统中的一种前置部件，它将输入变量转换成可供测量的信号。我国国家标准（GB/T 7665—2005）对传感器的定义：感受被测量并按照一定的规律转换成可用输出信号的器件或装置。考虑到电子信息处理的普遍性，可以认为传感器是一种能把物理量或化学量转换成便于利用的电信号的器件。传感器技术作为信息获取的重要手段，与通信技术和计算机技术并称为信息技术的 3 个支柱。传感器利用物理效应、化学效应、生物效应，把被测的物理量、化学量、生物量等转换成符合需要的电量。传感器技术也因此可以分为物理传感器、化学传感器和生物传感器。

（1）物理传感器利用力、热、声、电、磁等物理效应，将被测信号转换为电信号。从而，物理传感器也可进一步分为力传感器、热传感器等。

（2）化学传感器可将化学吸收、电化学反应中的被测信号转换为电信号。按照检测对象将其分为气体传感器、离子传感器、湿度传感器。

（3）生物传感器应用生物机理，如生物体、组织、细胞、酶、核酸或有机物分子，利用不同的生物敏感元件对光信号、热量、声音、压力的感应特性进行物理量测量。例如，使用对光敏感的生物敏感元件能够将光信号转变为电信号，使用热敏感的生物敏感元件能够将热量转换为电信号。

### 3. 定位

定位技术，顾名思义，就是测定某个物体在某参考坐标系下具体位置的技术。近年来，导航定位技术与人们的日常生活联系愈加紧密，位置信息也体现出越来越大的价值，定位技术在医疗服务、物流管理、救援抢险、航海航空等领域都得到广泛的应用。而定位技术的发展是位置信息精准获取的必要条件。由于室内和室外的环境存在很大差异，定位技术也主要分为两大类：室外定位技术和室内定位技术。目前室外的卫星定位系统主要有我国的北斗卫星导航系统（Beidou Navigation Satellite System，BDS）、美国的全球定位系统（Global Positioning System，GPS）、俄罗斯的格洛纳斯卫星导航系统（GLObal NAvigation Satellite System，GLONASS）和欧洲的伽利略（Galileo）卫星导航系统，将在项目 5 中详细介绍 BDS 和 GPS。此外，还有基于 GSM、WCDMA 和 CDMA2000 等网络的定位系统，其服务对象一般是手机。然而，室外条件下的定位技术一般都是视距的，如 GPS 在室外环境中的定位准确度可达到米级，但在室内条件下，由于环境复杂，存在各种干扰源，如室内设备、人员和墙壁等，其准确度急剧下降，无法满足室内定位的要求。目前，国内外的研究人员结合室内环境，提出多种解决方案，主要分为7类：红外线技术、超声波技术、无线局域网技术、超宽带技术、蓝牙技术、计算机视觉技术，以及射频识别技术的室内定位系统。

## 2.1.2 网络层

工业内部网络具有灵活性和友好性。灵活性指的是工业内部网络对客户端业务的快速应变能力，它能够根据个性化定制等业务，快速调整工业生产环境。友好性指的是网络管理界面将复杂的工业管理网络简洁化，随着数据互联和软件应用的发展，网络管理界面对于操作人员而言更为简便。

### 1. 计算机网络

计算机网络是指在网络操作系统、网络管理软件及网络通信协议的管理和协调下，通过通信线路将多台不同地理位置、具有独立功能的计算机及其外部设备连接起来，实现资源共享和信息传递的计算机系统。通信技术与计算机的结合形成了计算机网络系统，实现了诸如数据通信、资源共享、集中管理和分布式处理等功能，对计算机系统的组织方式和功能产生了深远的影响。计算机网络由四部分组成：计算机、网络操作系统、传输介质及相应的应用软件。根据通信模式的不同，可以分为单播、广播和组播。

（1）单播

单播（Unicast）实现发送者和每个接收者之间的点对点网络连接。当一个发送者同时向多个接收者发送相同的数据时，必须复制同一数据包的多个副本，如果有大量主机希望获取数据包，发送者将面临负担沉重、时延高、网络拥塞等问题，需增加硬件和带宽，以保证一定的服务质量。单播可以理解为一个人对另一个人说话，信息的接收和传递只在两个节点之间进行。

单播的优点：①服务器可以及时响应客户端请求；②服务器针对每个客户端的不同请求发送不同的数据，从而轻松实现个性化服务。单播的缺点是服务器在大量客户端和每个客户端流量大的流媒体应用中不堪重负。

（2）广播

广播（Broadcast）是指在子网内广播数据包，子网内部所有的主机都将接收这些数据包而不论这些主机是否愿意。因此，广播的使用范围很小，仅在本地子网内有效，且广播传输由路由器和交换机网络设备控制。广播可以理解为一个人通过扬声器对在场的所有人讲话，这样做的好处是通话效率高。

广播的优点：①网络设备简单，维护简单，网络部署成本低；②由于服务器不需要单独向每个客户端发送数据，因此服务器流量负载非常低。广播的主要缺点在于无法针对客户的特定要求和时间及时地提供个性化服务。广播一般只在子网内部使用，互联网一般禁用广播。

（3）组播

组播（Multicast）实现了发送者和每个接收者之间的点对多点网络连接。如果一个发送者需同时将同一数据发送给多个接收者，就只需一个相同数据包的副本。它提高了数据传输的效率，减少了骨干网络拥塞的可能。

组播可以理解为一个人与多个人（但并非在场的所有人）交谈，这可以提高通话的效率。如果想将同一件事情通知给特定的某些人，但又不想让其他人知道，使用电话逐个通知非常麻烦，而使用扬声器广播通知无法达到只通知特定的某些人的目的，此时使用组播将非常方便，但是现实生活中组播设备并不常见。

组播的优点：①需要相同数据流的客户端加入同一组共享数据流，既减轻了服务器的负载，又具有广播的优点；②由于组播是根据接收者的需求复制并转发数据流的，因此服务器的总服务带宽不受客户接入端带宽的限制，IP 允许有 2000 多亿个组播，所以其提供的服务可以非常丰富；③组播和单播一样，允许在互联网上传输。

组播的缺点：①与单播相比，没有纠错机制，难以避免丢包和错包，但是可以通过一定的容错机制和服务质量（Quality of Service，QoS）来弥补；②尽管现行网络均支持组播传输，但在用户认证、QoS 等方面仍需改进。

### 2. 有线网络

有线网络在应用中需要传输介质，在实际传输过程中有许多物理介质可供选择。根据传输介质是否有形，计算机网络可分为有线网络和无线网络。有线网络通常使用双绞线、同轴电缆和光纤等来连接计算机。无线网络利用空间信道进行传输，不需要架设或铺埋电缆。常用的技术包括无线电波、微波、红外线和激光等。每种传输介质在带宽、时延、成本及安装和维护的难易程度方面都有其特性，并且有其适用的场合。

（1）双绞线

有线网络常用的传输介质是双绞线（Twisted Pair，TP），它由两条直径约为 1 mm 的、相互绝缘的铜线组成。两根铜线螺旋绞在一起，不同电线产生的干扰波相互抵消，从而大大减小了电线的辐射。双绞线的最大带宽为 10 Gbit/s。双绞线可分为非屏蔽双绞线（Unshielded Twisted Pair，UTP）和屏蔽双绞线（Shield Twisted Pair，STP）

（2）光纤

光是一种电磁波，在不同介质中的传播速度不同。因此，当光从一种介质入射到另一种介质时，在交界面处会产生折射和反射。折射光的角度会随入射光角度的变化而变化。当入射光的角度达到或超过一定角度时，折射光就会消失，所有入射光都会被反射回来，这就是光的全反射。光纤利用光的全反射，利用玻璃作波导，以光的形式传输信息。

不同的物质有不同的光折射率，相同的物质对不同波长的光具有不同的折射效果。可见光的波长范围是 390～780 nm。光纤通信中使用的光是近红外光，典型波长为 800～1600 nm。由于光纤损耗直接影响传输距离和中继站的间隔距离，因此光纤通信需要尽可能地减少光纤的损耗。光纤通信使用 3 个低损耗窗口，分别是 850 nm 波段、1310 nm 波段和 1550 nm 波段。长距离、大容量的光纤通信系统多工作在 1310 nm 和 1550 nm 波段，尤其是 1550 nm 波段。1986 年光纤损耗已降低到 0.154 dB/km，接近光纤最低损耗的理论极限。

### 3. 无线网络

无线网络利用无线电波进行信息传输，根据所使用的通信技术类型，无线通信网络可分为无线广域网（WWAN）、无线城域网（WMAN）、无线局域网（WLAN）和无线个域网（WPAN）。从分类可以看出，无线通信技术主要是根据被覆盖范围或通信的距离进行分类的，无线通信技术大致可分为短距离宽带通信技术和长距离宽带通信技术，其中长距离宽带通信一般采用蜂窝无线通信技术。

近年来，随着物联网的兴起，低功耗广域网络（Low-Power Wide-Area Network，LPWAN）

受到广泛关注。与蜂窝无线通信技术相比，LPWAN 通常采用窄带通信实现非常低的功耗；与传统的短距离无线通信技术（如 Wi-Fi）相比，LPWAN 可以实现远程数据传输。因此，LPWAN 能以极低的功耗提供最大的覆盖范围。低电量需求、低比特率与使用时机是 LPWAN 与传统长距离宽带通信技术的主要区别，因此 LPWAN 通常称为长距离低功耗无线通信技术。本节将首先介绍无线通信的传输介质，即无线电频谱资源，然后分别介绍蜂窝无线通信技术、长距离低功耗无线通信技术和短距离无线通信技术。

网络是工业互联网的核心之一，复杂的自动化系统，如组装生产线，需要有组织地控制网络系统才能运转。如图 2-1 所示，工业互联网的网络可以分为工厂内的网络和工厂外的网络。工厂内的网络主要承担管理控制、数据采集和信息交互等业务；工厂外的网络主要支持工业生命周期内的各种活动，如连接企业上下游、企业与智能产品、企业与用户。网络贯穿工业生产的整个流程。

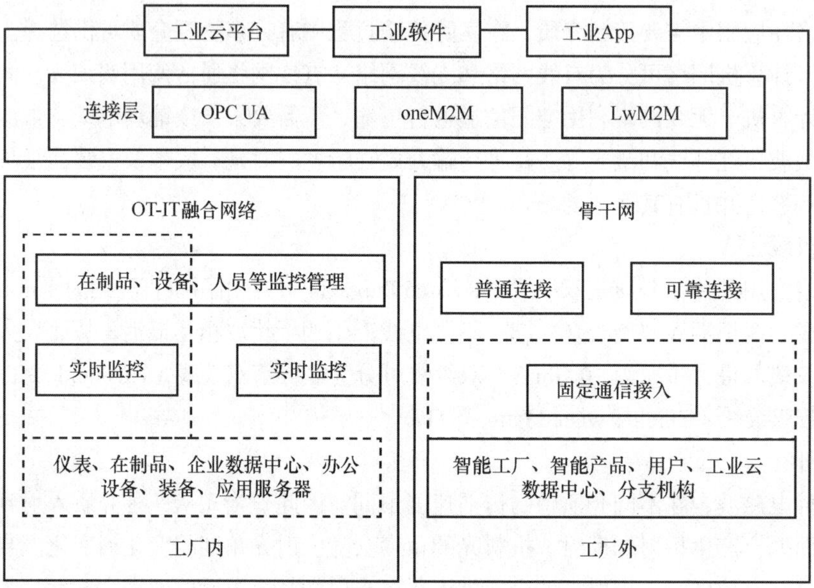


图 2-1　工业互联网网络连接框架

### 2.1.3　平台层

工业互联网平台作为工业智能化趋势的关键，能够实现海量异构数据的汇聚与建模分析、工业经验知识软件化与模块化、各类创新应用开发与运行，从而支撑生产的智能决策、业务模式创新、资源优化配置、产业生态培育。

工业互联网平台满足制造工业的需求，让其操作流程变得智能化、简洁化；打造以云数据为基础的服务体系，让其采集、分析数据变得便利化；建立制造资源的泛在连接，让其供给、配置变得高效化。工业互联网平台采用物联网、人工智能、大数据等诸多技术，实现了比传统平台更贴合时代发展需求的数据采集系统。

工业互联网平台涉及 7 类关键技术，分别为数据集成和边缘处理技术、IaaS 技术、平台使能技术、数据管理技术、应用开发与微服务技术、工业数据建模与分析技术、安全技术。

### 1. 数据集成和边缘处理技术

数据集成和边缘处理技术设备接入基于工业以太网、工业总线等工业通信协议，以太网、光纤等通用协议，3G/4G、NB-IoT（窄带物联网）等无线协议将工业现场设备接入平台层。其协议转换一方面运用协议解析、中间件等技术兼容 Modbus、Profibus 等各类工业通信协议和软件通信接口，实现数据格式转换和统一；另一方面利用超文本传送协议（Hypertext Transfer Protocol，HTTP）、消息队列遥测传输（Message Queuing Telemetry Transport，MQTT）等方式从边缘侧将采集到的数据传输到云端，实现数据的远程接入。

边缘数据处理基于高性能计算芯片、实时操作系统、边缘分析算法等技术支撑，在靠近设备或数据源头的网络边缘侧进行数据预处理、存储以及智能分析应用，提升操作响应灵敏度、消除网络拥塞，并与云端分析形成协同。项目 6 将详细介绍边缘计算技术。

### 2. IaaS 技术

基础设施即服务（Infrastructure as a Service，IaaS）是指把 IT 基础设施作为一种服务通过网络对外提供，并根据用户对资源的实际使用量或占用量进行计费的一种服务模式。在这种服务模式中，普通用户不用自己构建一个数据中心等硬件设施，而是通过租用的方式，利用 Internet 从 IaaS 服务提供商获得计算机基础设施服务，包括服务器、存储和网络等服务。

在使用模式上，IaaS 与传统的主机托管有相似之处，但是在服务的灵活性、可扩展性和成本等方面具有很强的优势。它是最简单的云计算交付模式，它用虚拟化操作系统、工作负载管理软件、硬件、网络和存储服务的形式交付计算资源，也可以包括操作系统和虚拟化技术到管理资源的交付。

IaaS 能够按需提供计算能力和存储服务，不是在传统的数据中心购买和安装所需的资源，而是根据公司需要，租用这些所需的资源。这种租赁模式可以部署在公司的防火墙之后或通过第三方服务提供商实现。虚拟化经常作为云计算的基础，从物理底层交付环境中分离资源和服务。通过这种方法，你可以在单一的物理系统内创建多个虚拟系统。虚拟化的驱动因素来自服务器的合并，它可为组织提供效率和潜在成本的节约。

### 3. 平台使能技术

一般而言，使能技术是指一项或一系列的应用面广、具有多学科特性、为完成任务实现目标的技术。国内外对于使能技术没有明确的定义，主要是由于使能技术具有明显的层次特征，其内涵由使能技术创新的目标决定。从技术创新链的角度出发，使能技术处于基础研究和产品研发之间，属于应用研究的范畴，其使命是通过使能技术的创新，推动创新链下游的产品开发、产业化等环节的实现。使能技术能够被广泛地应用在各种产业上，并能协助现有科技做出重大的进步，而且在政治和经济上产生深远影响。

使能技术之间是有差异的，主要表现在以下 3 个方面。一是地域差异，各国根据自身经济、科技、产业基础，结合国家发展目标，认定本国所需重点发展的“使能技术”，因此各国的关键使能技术是不同的。二是层次差异，如有多项“使能技术”支撑信息技术，而在宏观角度，信息技术本身就是“使能技术”。三是领域差异。

此外，“使能技术”之间具有关联性，会交织，或者部分重叠，越是在宏观层面，这一特点越明显。

### 4. 数据管理技术

数据管理是指对数据进行分类、编码、存储、检索和维护，它是数据处理的中心问题。随着计算机技术的不断发展，在应用需求的推动下，在计算机硬件、软件发展的基础上，数据管理技术经历了人工管理、文件系统、数据库系统 3 个阶段，每一阶段的发展以数据存储冗余不断减小、数据独立性不断增强、数据操作更加方便和简单为标志，各有各的特点。

5. 应用开发与微服务技术

微服务技术支持 Java、Python、JavaScript、Ruby 和 PHP 等多种语言编译环境，并提供 Eclipse、JBoss Developer Studio、Git 和 Jenkins 等各类开发工具，构建高效便捷的集成开发环境。

该技术提供涵盖服务注册、发现、通信、调用的管理机制和运行环境，支撑基于微型服务单元集成的“松耦合”应用开发和部署，通过类似 LabVIEW 的图形化编程工具，简化开发流程，支持用户采用拖曳方式进行应用创建、测试、扩展等。

6. 工业数据建模与分析技术

工业数据建模与分析，是工业大数据构建制造业快速迭代、持续优化、数据驱动的新方式，解决发生了什么、为什么发生、下一步发生什么、如何改进优化 4 个问题，优化制造资源的配置效率。运用数学统计、机器学习及最新的人工智能算法实现面向历史数据、实时数据、时序数据的聚类、关联和预测分析。该技术利用机械、电子、物理、化学等领域的专业知识，结合工业生产实践经验，基于已知工业机理构建各类模型，实现分析应用。

7. 安全技术

安全技术可分为数据接入安全、平台安全、访问安全。它通过工业防火墙技术、工业网闸技术、加密隧道传输技术，防止数据泄露、被监听或被篡改，保障数据在源头和传输过程中的安全；建立统一的访问机制，限制用户的访问权限和所能使用的计算资源与网络资源，实现对云平台重要资源的访问控制和管理，防止非法访问。

### 2.1.4 应用层

应用层用于对平台层的采集信息进行分析、建模，利用信息来操控生产，该层提供针对性功能，解决信息处理和人机界面的问题。典型应用包括质量管理、能源管理、制造执行、设备运行优化等。根据设计研发、资源管理、制造执行和商务的流程，应用层大致可以概括为以产品数据管理（Product Data Management，PDM）为核心的设计研发层、以企业资源计划（Enterprise Resource Planning，ERP）为核心的资源管理层、以制造执行系统（Manufacturing Execution System， MES）为核心的制造执行层和以电商平台为核心的商务层。

1. 以 PDM 为核心的设计研发层

PDM 在 20 世纪被官方定义为一种帮助工程师和其他人员管理产品数据与产品研发过程的工具。PDM 为产品的制作提供必要的数据信息，及时跟踪产品的运行过程，继而支持和维护产品。

从产品及数据来看，PDM 可以便捷地找出产品相关的存档数据，对产品设计、产品结构及跟踪产品的设计概念具有实际意义。从过程来看，PDM 可使产品生命周期内的一系列过程事件协调化，如设计审查、批准、变更、工作流优化及产品发布等事件。PDM 的体系架构如图 2-2 所示。

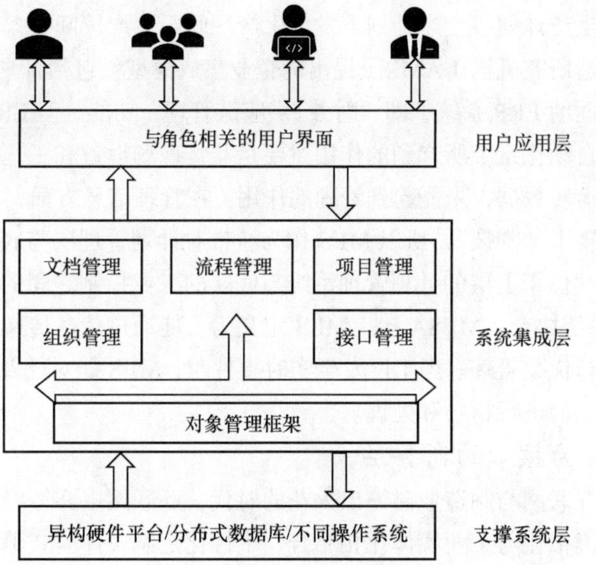


图 2-2　PDM 的体系架构

从软件来看，PDM 是一种中介型的框架软件系统，缔结了基础信息结构软件和应用软件之间的联系。以此框架为基础，建立各种应用软件高度集成化的系统，可为使用者提供全方位管理、实时化跟踪、程序化控制、应时性调取产品生命周期内数据的功能。PDM 明确定位为面向制造企业，以产品为管理的核心，以数据、过程和资源为管理信息的 3 个要素。PDM 进行产品管理的两大干线，分别是静态的产品结构和动态的产品设计流程，以产品信息数据为辅助，推动定向的产品设计流程，最终达到设计产品结构的目的。这也是 PDM 系统和其他的信息管理系统[如管理信息系统（MIS）、制造资源计划（MRP Ⅱ）、企业资源计划（ERP）]的最大区别。

### 2. 以 ERP 为核心的资源管理层

ERP 是由美国加特纳公司在 20 世纪 90 年代初首先提出的，当时的解释是根据计算机技术的发展和供应链管理，推论各类制造业在信息时代管理信息系统的发展趋势和变革。随着人们认识的不断深入，ERP 已经被赋予了更深的内涵。ERP 是指建立在信息技术基础上，以系统化的管理思想，为企业决策层员工提供决策运行手段的管理平台。

ERP 对供应链管理（SCM）更为重视。除了旧有的制造、财务、销售等功能，还增加了分销管理、人力资源管理、运输管理、仓库管理、质量管理、设备管理、决策支持等功能。ERP 主要用于整合业内所有资源，进行系统化管理。对于大部分制造型企业来说，主要包括 4 个方面的管理模块：生产控制管理模块，即拟订生产计划和生产业内产品；物流管理模块，即预算分销量、购入生产原料和管理库内资源；资金管理模块，即税务和财务，财务部分包括会计核算和财务管理两大块；人力资源模块，即招聘意向人员、分配入职人员、培训实习人员、管理正式人员等。

### 3. 以 MES 为核心的制造执行层

MES 用于对制造企业车间执行层的生产信息进行分析、管理，具体管理功能包括制造数据管理、计划排产管理、生产调度管理、库存管理、质量管理、人力资源管理、工作中心/设备管理、工具工装管理、采购管理、成本管理、项目看板管理、生产过程控制、底层数据集成分析、上层数据集成分解等，最终建立起企业的综合业务协同管理平台。

“从高层向底层下发生产指令”，按计划生产，是制造企业传统生产过程的特性，企业高层根据产品订购情况制订生产计划→生产计划下发至生产厂间→生产厂间安排产品生产→产品派送至订购端。美国先进制造研究机构（AMR）提出的企业集成模型就包括计划层、执行层和控制层。制造企业需要计划层面的 ERP 系统，即“财务+供应链管理”功能，但 ERP 与执行层管理的对接并不顺畅，因为现场自动化系统所起到的作用主要是监督现场设备和工艺参数，向操作人员提供设备检查结果和参数运转数据，未能起到管理的作用。在管理信息方面，ERP 系统和现场自动化系统即控制层之间出现了“割裂”，所以 MES 作为纽带对计划管理层与底层控制层进行了衔接。AMR 将 MES 定义为“位于上层的计划管理系统与底层的工业控制之间的、面向车间层的管理信息系统”。制造执行系统协会（MESA）将 MES 定义为：能通过信息传递对从订单下达到产品完成的整个生产过程进行优化管理。当工厂发生实时事件时，MES 能对此及时做出反应、报告，并用当前的准确数据对它们进行指导和处理。

4. 以电商平台为核心的商务层

当今时代，正是互联网与制造业碰撞出火花的时代，互联网以实体经济为容器，制造业以网络智能为手段，网络虚拟化与工业实体化相结合，个性化定制、体验式消费、分享制造等想法层出不穷，形成行业新形势。在信息技术与工商业的深度交融下，工业电子商务正成为促进新一轮网络革命与制造变革的主干力量。

传统商贸一直都有某些众人皆知的缺点，如贸易环节长、商品流通效率低等，随着以企业对用户（Business to Customer，B2C）为核心的消费电子商务的发展，人们已经发现了其驱动社会变革的极大潜力，并且企业数字化转型已成必然，以企业对企业（Business to Business，B2B）为主要特征、以供应链管理为核心的工业电子商务必将迎来巨大机遇，成为各方关注的焦点。

从商务活动的主体看，消费电子商务以消费者为中心，包括与消费者发生直接交易的主体——批发商、零售商等；工业电子商务则以工业企业为中心，包括与其发生交易（交换）活动的上游供应商、下游经销商及终端用户等相关主体。

从商务活动的对象看，消费电子商务以个人商品和在线交易为主，工业电子商务则集中于工业生产运营所需的各类原材料、设备、备品备件、知识、经验、能力及产出的各类产品和服务的在线交易、交换和共享。

从商务活动的环节看，消费电子商务主要涉及产品的零售环节，工业电子商务则贯穿产品的研发、设计、制造、销售及售后等全生命周期环节，涉及企业的上游、内部、下游供应链。

## 2.2 工业互联网体系架构

工业和信息化部、国家标准化管理委员会组织制定的《工业互联网综合标准化体系建设指南》明确了工业互联网的体系架构，如图 2-3 所示。工业互联网包括网络、平台、安全 3 个功能体系，其中，网络是工业数据传输交换和工业互联网发展的支撑基础，平台是工业知识的核心载体，安全是网络与数据在工业中应用的重要保障。工业互联网通过系统构建网络、平台、安全 3 个功能体系，打造人、机、物全面互联的新型网络基础设施，形成智能化发展的新兴业态和应用模式。

保障工业互联网的正常运转，需要构建一套安全体系，这套安全体系通过构建涵盖工业安全系统的安全防护体系，增强设备、网络、控制、应用和数据的安全保障能力，识别和抵御安全威胁，化解各种安全风险，构建工业智能化发展的安全可信环境，保障工业智能化的实现。

图 2-3 中国工业互联网体系架构

## 2.2.1 工业互联网网络体系

工业互联网基于网络体系的架构，将连接对象延伸到工业全系统、全产业链、全价值链，可实现人、物品、机器、车间、企业等全要素，以及设计、研发、生产、管理、服务等各环节的泛在深度互联，包括网络互联、标识解析、数据互通等关键技术。

1. 网络互联

（1）网络互联的概念

网络互联，即通过有线、无线方式，将与工业互联网体系相关的人、机、料、法、环，以及企业上下游、智能产品、用户等全要素连接起来，支撑业务发展的多要求数据转发，实现端到端数据传输。网络互联根据协议层次由底向上可以分为多方式接入、网络层转发和传输层传送三部分。

① 多方式接入包括有线接入和无线接入，通过现场总线、工业以太网、工业 PON、时间敏感网络（TSN）等有线方式，以及 5G/4G、Wi-Fi/Wi-Fi 6、WLAN、WirelessHART、ISA 100.11a 等无线方式，将工厂内的各种要素接入工厂内网，包括人员（如生产人员、设计人员、外部人员）、机器（如装备、办公设备）、材料（如原材料、在制品、制成品）、环境（如仪表、监测设备）等；将工厂外的各种要素接入工厂外网，包括用户、协作企业、智能产品、智能工厂，以及公共基础支撑的工业互联网平台、安全系统、标识系统等。

② 网络层转发实现工业非实时数据转发、工业实时数据转发、网络控制、网络管理等功能。工业非实时数据转发功能主要完成无时延同步要求的信息数据采集和数据传输管理。工业实时数据转发功能主要传输生产控制过程中有实时性要求的控制信息和需要实时处理的采集信息。网络控制主要完成路由表/流表生成、路径选择、路由协议互通、访问控制列表（ACL）配置、QoS 配置等功能。网络管理功能包括层次化的 QoS 拓扑管理、接入管理、资源管理等功能。

③ 传输层传送实现端到端数据传输和管理功能，其中端到端数据传输功能实现基于传输控制协议（TCP）、用户数据报协议（UDP）等实现设备到系统的数据传输，管理功能实现传输层的端口管理、端到端连接管理、安全管理等。

（2）网络互联的发展现状与问题

从功能现状来看，传统工厂内网络在接入方式上主要以有线网络接入为主，只有少量的无线技术用于仪表数据的采集；在数据转发方面，主要采用带宽较小的总线或 10 Mbit/s、100 Mbit/s 的以太网，通过单独布线或专用信道来保障高可靠控制数据转发，大量的网络配置、管理、控制都靠人工完成，网络一旦建成，调整、重组、改造的难度和成本都较高。其中，用于连接现场传感器、执行器、控制器及监控系统的工业控制网络主要使用各种工业总线、工业以太网进行连接，涉及的技术标准众多，彼此互联性和兼容性差，限制了大规模网络互联。各办公、管理、运营和应用系统主要采用高速以太网和 TCP/IP 进行网络互联，但目前还难以满足一些应用系统对现场级数据的高实时、高可靠的直接采集要求。

工厂外网络目前仍以互联网建设为主，有多种接入方式，但网络转发仍以“尽力而为”的方式为主，无法向大量客户提供低时延、高可靠、高灵活的转发服务。同时，由于工业不同行业和领域信息化发展水平不一，因此工业企业对工厂外网络的利用和业务开发程度也不尽相同，部分工业企业仅申请了普通的互联网接入，部分工业企业的不同区域之间仍存在“信息孤岛”的现象。

当前工业网络是围绕工业控制通信需求，随着自动化、信息化、数字化的发展逐渐构成的。由于在设计建设之初并未考虑整个体系的网络互联和数据互通，因此各层级网络的功能割裂而难以互通，网络功能单一而难以兼容，无法满足工业互联网业务发展的要求。主要体现在：工业控制网络能力不强，无法支撑工业智能化发展所需的海量数据采集和生产环境无死角覆盖，大量的生产数据沉淀或消失在工业控制网络中；企业信息网络难以延伸到生产系统，限制了信息系统能力发挥；互联网未能充分发挥作用，仅用于基本商业信息交互，难以支持高质量的网络化协同和服务。

（3）网络互联的发展趋势

工业互联网业务发展对网络基础设施提出了更高的要求，网络呈现出融合、开放、灵活 3 个发展趋势。

① 网络架构将逐步融合。一是网络结构扁平化，工厂内网络的车间级和现场级将逐步融合（尤其在流程行业），IT 网络与操作技术（OT）网络逐步融合。二是高实时控制信息与非实时过程数据共网传输，新业务对数据的需求促使控制信息和过程数据的传输并重。三是有线与无线的协同，以 5G 为代表的无线网络将更为广泛地应用于工厂内，实现生产全流程、无死角的网络覆盖。

② 网络更加开放。一是技术开放，以 TSN 为代表的新型网络技术将打破传统工业网络众多制式间的技术壁垒，实现网络各层协议间的解耦合，推动工业互联网网络技术的开放。二是数据开放，工业互联网业务对数据的强烈需求，促使传统工业控制闭环中沉没或消失的数据开放出来，而生产全流程的数据将由更标准化的语法和数据模型开放给上层应用使用。

③ 网络控制和网络管理将更为灵活友好。一是网络形态的灵活。未来工厂内网将能够根据智

能化生产、个性化定制等业务灵活调整形态，快速构建生产环境；工厂外网将能够为不同行业、企业提供定制化的网络切片，实现行业、企业的自治管理控制。二是网络管理的友好。随着网络在产研供销中发挥日益重要的作用，网络管理将变得复杂，软件定义技术应用将提供网络系统的可呈现度，网络管理界面将更为友好。三是网络的服务将更为精细。工厂内网将针对控制、监测等不同性能需求，提供不同的网络通道；工厂外网将针对海量设备广覆盖、企业上网、业务系统上云、公有云与私有云互通等不同场景，提供细分服务。

2. 标识解析

（1）标识解析的概念

标识解析提供标识数据采集、标签管理、标识注册、标识解析、标识数据处理和标识数据建模功能。

① 标识数据采集主要定义了标识数据的采集和处理手段，包含标识读写和数据传输两个功能，负责标识的识读和数据预处理。

② 标签管理主要定义了标识的载体形式和标识编码的存储形式，负责完成载体数据信息的存储、管理和控制，针对不同行业、企业需要，提供符合要求的标识编码形式。

③ 标识注册用于在信息系统中创建对象的标识注册数据，包括标识责任主体信息、解析服务寻址信息、对象应用数据信息等，并存储、管理、维护该注册数据。

④ 标识解析能够根据标识编码查询目标对象的网络位置或者相关信息的系统装置，对机器和物品进行唯一性的定位和信息查询，是实现全球供应链系统和企业生产系统的精准对接、产品全生命周期管理和智能化服务的前提与基础。

⑤ 标识数据处理定义了对采集后的数据进行清洗、存储、检索、加工变换和传输的过程，根据不同业务场景，依托数据模型来实现不同的数据处理过程。

⑥ 标识数据建模用于构建特定领域应用的标识数据服务模型，建立标识应用数据字典、知识图谱等，基于统一标识建立对象在不同信息系统之间的关联关系，提供对象信息服务。

（2）标识解析的发展现状与问题

当前，制造企业多采用企业自定义的私有标识体系，标识编码规则和标识数据模型均不统一，“信息孤岛”问题严重。当标识信息跨系统、跨企业、跨业务流动时，标识体系冲突将导致企业间无法进行有效的信息共享和数据交互，产业链上下游无法实现资源的高效协同。针对上述问题，工业互联网标识解析系统应运而生，依托建设各级标识解析节点，形成了稳定高效的工业互联网标识解析服务，国家顶级节点与 Handle、OID、GS1 等不同标识解析体系根节点实现对接，在全球范围内实现了标识解析服务的互联互通。但是在推动工业互联网标识解析的发展过程中，还存在着很多制约因素和挑战。

① 标识应用链条较为单一。标识解析技术在工业中应用广泛，但目前仍然停留在资产管理、物流管理、产品追溯等信息获取的浅层次应用上，并未渗透工业生产制造环节，深层次的创新应用还有待发展。由于工业软件复杂度高，且产业链条相对成熟，因此工业互联网标识解析与工业资源深度集成难度大。

② 解析性能和安全保障能力不足。传统互联网中的域名标识编码以“面向人”为主，方便人来识读主机、计算机、网站等。而工业互联网标识编码则拓展到“面向人、机、物”的三元世界，标识对象数据种类丰富、数量极大，且工业互联网接入数据敏感，应用场景复杂，对网络服务性能的要求较高。

目前的标识解析系统急需升级，在性能、功能、安全、管理等方面全面适配工业互联网的新需求，针对不同工业企业的不同需求提供与之匹配的服务。

（3）标识解析的发展趋势

随着工业互联网创新发展战略的深入贯彻实施及工业互联网标识解析应用探索的不断深入，工业互联网标识解析体系呈现如下发展趋势。

① 基于标识解析的数据服务成为工业互联网应用的核心，闭环的私有标识解析系统逐步向开环的公共标识解析系统演进。产品全生命周期管理、跨企业产品信息交互等需求的增加，将推动企业私有标识解析系统与公共标识解析系统的对接，通过分层、分级模式，为柔性制造、供应链协同等具体行业应用提供规范的公共标识解析服务，并通过语义与标识解析的融合技术解决跨系统、跨企业多源异构数据互联互通的问题，提高工业互联网资源、信息模型、供应链参与方之间的协同能力，有利于标识数据的获取、集成和资源的发现。

② 工业互联网标识解析安全机制成为工业互联网应用的基础，发展安全高效的标识解析服务成为共识。针对工业互联网标识解析网络架构和行业应用的安全，建立一套高效的公共标识解析服务基础设施和信息共享机制，通过建设各级节点来分散标识解析压力，降低查询延迟和网络负载，提高标识解析性能，实现本地标识解析时延达到毫秒级。

③ 逐步建立综合性安全保障体系，支持对标识解析体系运行过程中产生的数字证书和加密管道进行创建、维护和管理及加密，支持对标识解析体系的数据备份、故障恢复以及应急响应的信息灾备，对业务处理实施身份认证和权限管理的访问控制，逐步形成安全高效的标识解析服务能力。

### 3. 数据互通

（1）数据互通的概念

数据互通，即实现数据和信息在各要素间、各系统间的无缝传输，使得异构系统在数据层面能相互“理解”，从而实现数据互操作与信息集成。数据互通包括应用层通信、信息模型和语义互操作等。应用层通信通过开放通信平台-统一架构（OPC UA）、MQTT、HTTP 等协议，实现数据信息传输安全通道的建立、维持、关闭，以及对支持工业数据资源模型的装备、传感器、远程终端单元、服务器等设备节点进行管理。信息模型通过 OPC UA、数控设备互联通信（MTConnect）、新一代的建模语言（YANG）等协议，提供完备、统一的数据对象表达、描述和操作模型。语义互操作通过 OPC UA、PLCopen、自动机器学习（AutoML）等协议，实现工业数据信息的发现、采集、查询、存储、交互等功能，以及对工业数据信息的请求、响应、发布、订阅等功能。

（2）数据互通的发展现状与问题

据不完全统计，目前国际上现存的现场总线通信协议数量高达 40 余种，还存在一些自动化控制企业直接采用私有协议实现全系列工业设备的信息交互的情况。在这样的产业生态下，不同厂商、不同系统、不同设备的数据接口和互操作规程等各不相同，形成了一个个烟囱形的数据体系。这些自成体系、互不兼容的数据体系各有独立的一套应用层通信协议、数据模型和语义互操作规范，导致 MES、ERP、监控与数据采集系统（SCADA）等应用系统需要投入非常大的人力、物力来实现生产数据的采集；从不同设备、系统采集的异构数据无法兼容，难以实现数据的统一处理分析；跨厂商、跨系统的互操作仅能实现简单功能，无法实现高效、实时、全面的数据互通。

（3）数据互通的发展趋势

人工智能、大数据的快速应用，使得工业企业对数据互通的需求越来越强烈，标准化、“上通下达”成为数据互通技术发展的趋势。

① 实现信息标准化。与传统工业控制系统数据信息只会在固定的设备间流动不同，工业互联网对数据处理的范围更广泛，需要跨系统地对数据进行理解和集成，因此要求数据模型及数据的存储、传输更加通用化与标准化。

② 加强与云平台的连接。借助云平台和大数据，实现数据价值的深度挖掘和更大范围的数据互通。

③ 强调与现场级设备的互通。打通现场设备层，通过现场数据的实时采集，实现企业内资源的垂直整合。

## 2.2.2　工业互联网安全体系

安全体系是工业互联网的安全保障。安全体系通过构建涵盖工业全系统的安全防护体系，打造满足工业需求的安全技术体系和相应管理机制，识别和抵御来自内外部的安全威胁，化解各种安全风险，是工业互联网可靠运行、实现工业智能化的可信保障。工业互联网安全体系从防护对象、防护措施及防护管理 3 个维度构建。针对不同的防护对象部署相应的安全防护措施，根据实时监测结果发现网络中存在的或即将发生的安全问题并及时做出响应，并通过加强防护管理，明确基于安全目标的、可持续改进的管理方针，从而保障工业互联网的安全。

工业互联网安全体系主要涉及设备、控制系统、网络、数据、平台、应用等方面的防护技术和管理手段，现有面向公网或专网的安全技术及管理标准尚不能满足工业互联网跨网络、跨领域的整体安全保障需求。由于项目 7 将详细介绍工业互联网安全内容，因此本小节仅简单介绍常见的工业互联网安全威胁、网络安全漏洞挖掘与利用技术以及部分国家的工业互联网安全框架。

### 1. 常见的工业互联网安全威胁

早期的工业控制系统与 IT 系统没有太多的相似之处，因为工业控制系统是使用专用硬件和软件、运行专有控制协议的隔离系统。随着工业控制系统采用 IT 解决方案来实现企业连接和远程访问等功能，并使用具有行业统一标准的计算机、操作系统和网络协议进行设计与实施，工业控制系统开始和 IT 系统有一定的相似性。

目前针对工业互联网的网络攻击通常结合了多种技术，具体的攻击表现形式包括拒绝服务（Denial of Service，DoS）攻击、去同步攻击（Desynchronization Attack）、完整性攻击（Integrity Attack）、数据注入攻击（Data Injection Attack）、中间人攻击（Man-in-the-Middle Attack）、重放攻击（Replay Attack）、利用可编程逻辑控制器（Programmable Logic Controller，PLC）程序病毒的攻击、利用勒索病毒的攻击、利用移动介质攻击、账号密码破解、漏洞攻击、利用无线网络入侵、逻辑炸弹（Logic Bomb）、高级持续性威胁（Advanced Persistent Threat，APT）攻击、通过远程维护访问入侵、社会工程攻击等。

（1）拒绝服务攻击

攻击者想办法让目标设备停止提供服务或资源访问，造成系统无法向用户提供正常服务。

（2）去同步攻击

工业控制系统中的控制或调度算法一般基于时间驱动，攻击者通过破坏工业控制设备间的时间同步，导致基于时间驱动的控制或调度算法失效，使得系统无法持续、稳定地运行。

（3）完整性攻击

攻击者对工业控制数据进行篡改，破坏数据的完整性，从而影响系统的正常运行。

（4）数据注入攻击

攻击者利用工业控制协议或工业控制设备固有的脆弱性，发送错误的控制信息，导致相关组件或工作人员误操作，从而影响工业控制系统的正常运行。

（5）中间人攻击

攻击者利用工业控制协议固有的缺陷，通过伪装成合法的通信实体，与工业控制设备或用户进行通信，在通信过程中对数据进行拦截、篡改或删除，给工业控制设备下达恶意指令，破坏生产过程，造成生产事故。

（6）重放攻击

攻击者通过拦截并记录工业控制设备或组件之间的通信数据，并在一段时间后重发数据包，影响系统的正常运行。

（7）利用 PLC 程序病毒的攻击

攻击者通过控制编程服务器，感染相关程序，使恶意程序随 PLC 程序下发到 PLC 控制设备，篡改 PLC 控制流并将虚假数据发送给 PLC，从而使工业控制现场温度、压力等失控。

（8）利用勒索病毒的攻击

攻击者利用勒索病毒，对工业控制系统中的文件或数据进行加密，使得工业控制系统数据的正常使用者无法得到相应数据，从而遭到勒索。

（9）利用移动介质攻击

当带有病毒的移动介质连接到工程师站或操作员站时，移动介质病毒利用移动介质的自运行功能，启动对相关设备的攻击，进行病毒的自感染和传播，导致系统性能下降，甚至造成安全事故。

（10）账号密码破解

攻击者利用企业对外开放的系统，通过弱密码扫描、密码嗅探、暴力破解等手段非法获得应用系统的用户账号和密码，取得用户权限，调阅相关数据文件，从而实现进一步攻击。

（11）漏洞攻击

攻击者利用工业互联网开放服务的漏洞、工业控制协议的漏洞和工业控制设备的软硬件漏洞等，渗透工业控制网络，获取生产资料，篡改控制命令，影响生产流程。

（12）利用无线网络入侵

工业控制设备分布于厂区各处甚至野外，由于网络基础设施的局限性，通常采用无线网络进行控制信息及生产数据的传输。然而，无线网络一般缺乏足够的安全保护和加密手段，且无线通信本身存在噪声、干扰、衰减、时延等问题，很容易成为攻击者的攻击入口。

（13）逻辑炸弹

逻辑炸弹是指攻击者在工业控制程序开发过程中，预留在代码中的攻击程序，当某种特定逻辑条件达到时，启动恶意攻击，导致系统运行失常。

（14）APT 攻击

攻击者利用多重攻击手段，以破坏关键设施或阻碍某任务进行为目的，在长时间内潜伏并反复对目标进行攻击，最终达到攻击目的。图 2-4 所示为 APT 攻击的几个阶段，一般先通过情报收集找到系统薄弱环节，然后利用各种技术突破防线，从而建立据点，通过内部渗透进一步实施攻击，直至目标达成，如重要数据的窃取。

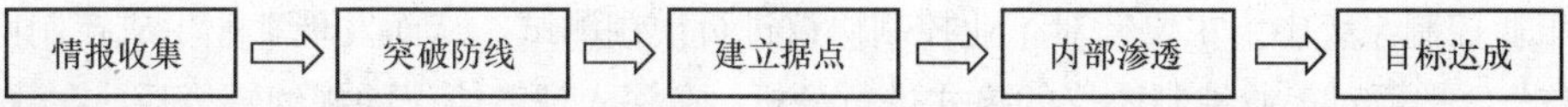


图 2-4　APT 攻击阶段

（15）通过远程维护访问入侵

出于维护目的，从外部访问工业控制系统是目前一种较为普遍的做法。当维护人员访问系统进行维护时，缺乏身份验证和授权以及扁平的网络层次结构使其可以轻松访问其他系统，从而引发安全事件。

（16）社会工程攻击

社会工程攻击是一种利用“社会工程学”来实施的网络攻击行为。攻击者通过非技术操作获得对系统的非授权访问，在这一过程中，人类特征（如帮助、信任、恐惧或对权威的尊重等）被利用。在维护工业控制系统安全方面，工作人员占据特殊位置，安全不能仅依靠技术措施来保证。

### 2. 网络安全漏洞挖掘与利用技术

由于信息系统设计和实施时并未充分考虑各种临界因素，或者由于信息系统依赖的各种框架、库函数等自身存在不足，因此信息系统存在多种漏洞，可能被攻击者利用。而在工业控制系统中，漏洞分类如表 2-1 所示。

表 2-1　工业控制系统漏洞分类

| | |
|---|---|
| 按照设备位置分类 | 上位机漏洞（操作系统漏洞、应用软件漏洞等）、下位机漏洞（协议漏洞、人机漏洞） |
| 按设备类型分类 | RTU 漏洞、PLC 漏洞、网络设置漏洞等 |
| 按漏洞产生原因分类 | 缓冲区溢出、数据链路层劫持、固件后门、提权、暴力破解、安全绕过、重放攻击等 |
| 按漏洞攻击途径分类 | 远程服务器漏洞、远程客户端漏洞、本地漏洞 |

针对工业控制系统的漏洞挖掘技术可分为动态测试技术和静态分析技术两大类。动态测试技术是在工业控制系统运行状态下使用的漏洞挖掘技术，其主流技术为模糊测试技术，一般用于挖掘操作系统、工业控制协议、ActiveX 控件等方向的漏洞。静态分析技术则是工业控制系统在非运行状态下使用的漏洞挖掘技术，具体包括静态代码审计技术、逆向分析技术、二进制补丁比对技术等，一般用于挖掘固件后门、工业控制移动应用等方向的漏洞。下面将详细介绍几种常用的漏洞挖掘技术，包括网络流量分析技术、模糊测试技术、静态代码审计技术、逆向分析技术、二进制补丁比对技术等。

（1）网络流量分析技术

网络流量分析属于漏洞挖掘的基础技术。具体而言，网络流量分析就是对网络流量进行抓包，交给分析软件进行分析，获取工业控制系统中各网络节点之间的通信信息，解析当前的网络协议，判断是否有明文传输的数据、提取账号口令等关键信息。

（2）模糊测试技术

模糊测试采用黑盒测试的思想，通过向目标输入大量非预期、异常的甚至随机的数据，监控目标的异常结果以发现系统安全漏洞。按照测试数据生成方法的不同，模糊测试可分为基于变异的模糊测试和基于生成的模糊测试。基于变异的模糊测试，其测试数据是将正常运行状态下采集到的数据作为基础样本进行变异获得；基于生成的模糊测试，其测试数据是通过解析目标设备的数据规则来自动生成。

在工业控制系统中，主要针对工业控制协议进行模糊测试，从而发现工业生成控制协议中的漏洞。首先，需要对工业控制协议的格式进行分析，在深入理解协议的规约特征后，在数据结构、内容、序列等各方面引入异常，构造出测试数据；其次，将异常数据发送给上位机服务器或下位机并监控其响应；最后，根据异常对测试用例进行回溯分析，定位漏洞。在实际测试过程中，建议对设备最容易发生故障的范围进行密集测试，监测异常响应，动态构造新的测试样本，实现高效的漏洞挖掘。

（3）静态代码审计技术

静态代码审计是指采用静态代码审计工具或人工审查的方式，对软件或系统源代码进行检查分析，发现由源代码缺陷或编码不规范引发的安全漏洞。通过静态代码审计较容易发现非边界检查函数可能导致的缓冲区溢出漏洞、缺乏输入验证的 SQL 注入漏洞等高危漏洞。但静态代码审计的方法只适用于有源码的工业控制系统或软件。

（4）逆向分析技术

逆向分析技术主要针对无法获得源代码的应用程序，将可执行程序反汇编，通过分析反汇编代码来理解其代码功能。首先对程序的二进制代码进行反汇编，再进一步分析数据处理算法和流程等，挖掘安全漏洞。在实际操作过程中，因时间和精力的限制，无须对每个软件的每个细节都进行详细分析，而要有所侧重。例如，工业控制现场设备的监控和设置均通过工程师站的软件实现，那么只需对这部分软件进行逆向分析、挖掘漏洞即可。

（5）二进制补丁比对技术

工业控制系统厂商在发现系统漏洞后，出于安全考虑，可能只提供补丁而并不公布漏洞。二进制补丁比对技术就是利用二进制程序比对工具，通过对比原程序和补丁程序的异同来发现原程序安全漏洞的技术。

### 3. 工业互联网安全框架

（1）美国工业互联网安全框架

2016 年 9 月 19 日，美国工业互联网联盟正式发布工业互联网安全框架（IISF）1.0 版本，拟通过该框架的发布为工业互联网安全研究与实施提供理论指导。IISF 的实现主要从功能视角出发，定义图 2-5 所示的 6 个功能，即端点保护、通信和连接保护、安全监测和分析、安全配置和管理、数据保护以及安全模型和策略，并将这 6 个功能分为 3 个层次。其中顶层包括端点保护、通信和连接保护、安全监测和分析以及安全配置和管理 4 个功能，为工业互联网中的终端设备及设备之间的通信提供保护，对用于这些设备与通信的安全防护机制进行配置，并监测工业互联网运行过程中出现的安全风险。在这 4 个功能之下是一个通用的数据保护层，为这 4 个功能中产生的数据提供保护。在最下层是覆盖整个工业互联网的安全模型和策略，它将上述 5 个功能紧密结合起来，实现端到端的安全防护。

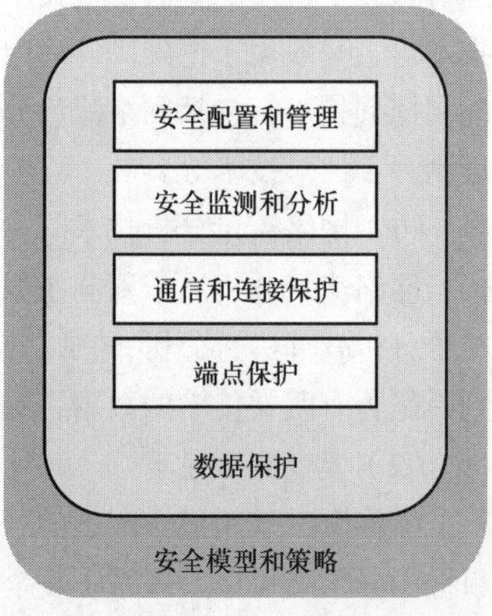


图 2-5　美国工业互联网安全框架

总体来看，美国 IISF 聚焦 IT 安全，侧重安全实施，明确了具体的安全措施，对于工业互联网安全框架的设计具有很好的借鉴意义。

（2）德国“工业 4.0”安全框架

德国“工业 4.0”注重安全实施，由网络安全组牵头出版了《工业 4.0 安全指南》《跨企业安全通信》《安全身份标识》等一系列指导性文件，指导企业加强安全防护。德国虽然从多个角度对安全提出了要求，但是并未形成成熟的安全体系框架。但安全作为新的商业模式的推动者，在“工业 4.0 参考架构模型”（Reference Architecture Model Industrie 4.0，RAMI 4.0）中起到承载和连接所有结构元素的骨架作用。RAMI 4.0 如图 2-6 所示。“工业 4.0”参考架构模型以一个三维模型展示了“工业 4.0”涉及的所有关键要素。

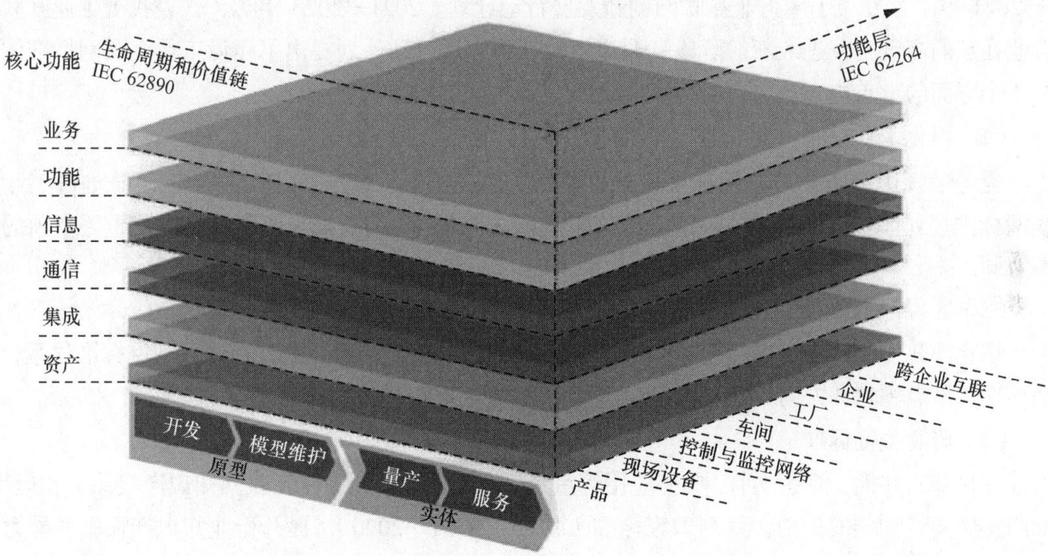


图 2-6　RAMI 4.0

① 第一个维度是功能模型层级维度，构建了面向工业制造智能化的 6 个功能层，包括业务、功能、信息、通信、集成和资产。各层实现相对独立的功能，同时下层为上层提供接口，上层使用下层的服务。

② 第二个维度描述全生命周期和价值链。这一维度的参考标准是《工业过程测量控制和自动化 系统和部件的生命周期管理》（IEC 62890）。此处的过程是指生产过程，完整的生命周期从规划开始，到设计、仿真、制造，直至销售和服务。

③ 第三个维度描述不同生产环境下的功能分类，与《企业控制系统集成》（IEC 62264）（ISA-95）和《批控制》（IEC 61512）（ISA-88）规定的层次一致。由于工业 4.0 不仅关注生产产品的工厂、车间和机器，还关注产品本身以及工厂外部的跨企业协同关系，因此在底层增加了“产品”层，在工厂顶层增加了“互联世界”层。

德国 RAMI 4.0 采用分层的基本安全管理思路，侧重防护对象的管理。在工业互联网安全框架的设计过程中可借鉴这一思路，并且从实施的角度将管理与技术相结合，更好地指导工业互联网企业部署安全实施。

### 2.2.3　工业互联网标准体系

随着新一代信息技术与制造业融合发展的不断深入，工业互联网技术逐渐成为制造业创新发展的重要抓手，技术标准化工作的重要性日益凸显。建设工业互联网技术标准体系对推动工业互联网相关技术的发展及应用推广具有重要的现实意义。

### 1. 工业互联网标准体系建设内容

工业互联网是第四次工业革命的重要基石，是实现新旧动能转换的关键抓手。我国高度重视工业互联网创新发展，提出“深入实施工业互联网创新发展战略”。为贯彻中央重要部署，工业和信息化部制定了《工业互联网发展行动计划（2018—2020 年）》等政策文件，此后在各方的协同努力下，我国工业互联网产业发展步入快车道，取得了显著成就。在此背景下，工业和信息化部于 2021 年 1 月发布了《工业互联网创新发展行动计划（2021—2023 年）》，代表我国工业互联网事业在新的高度上，进入新的阶段，开启新的征程。该行动计划提出了建设工业互联网标准体系的 4 个方面的重点内容。

（1）强化工作机制

充分发挥国家工业互联网标准协调推进组、总体组、专家咨询组的作用，系统推进工业互联网标准规划体系研究及相关政策措施落实，加强跨部门、跨行业、跨领域标准化重要事项的统筹协同。

（2）完善标准体系

结合 5G、边缘计算、人工智能等新技术应用和产业发展趋势，完善工业互联网标准体系，明确标准化重点领域和方向，指导标准化工作分领域推进实施。

（3）研制关键标准

加快基础共性、关键技术、典型应用等重点标准研制，强化工业互联网知识产权保护和运用，推广实施《专利导航指南》系列国家标准（GB/T 39551—2020），提升行业知识产权服务能力，推动工业互联网知识产权数量、质量同步提升。

（4）加强国际合作

积极参与国际电信联盟（ITU）、国际标准化组织（ISO）、国际电工技术委员会（IEC）等国际组织活动及国际标准研制，加强与国际产业推进组织的技术交流与标准化合作，促进标准应用共享。

### 2. 工业互联网标准体系建设原则

在《工业互联网综合标准化体系建设指南》中，给出了下列关于工业互联网标准体系建设的原则。

（1）统筹规划、协同推进

建设工业互联网标准体系应做好工业互联网标准体系顶层设计，明确标准化的重点领域和方向，指导标准化工作分领域同步推进实施，加强工业互联网标准制定工作的整体协调。

（2）共性先立、急用先行

建设工业互联网标准体系应结合产业发展需求，加快基础共性、产业急需标准的研究制定，实现标准与工业互联网产业发展的同步推进，提升标准的先进性、适用性和有效性。

（3）兼容并蓄、合作共享

建设工业互联网标准体系应加强与国际标准化组织、产业联盟等的技术交流与标准化合作，形成产业发展共识，促进国内外工业互联网先进技术成果的应用与共享，鼓励国内外的产业界共同制定标准。

### 3. 工业互联网标准体系3.0

工业互联网产业联盟于2017年和2019年先后发布了《工业互联网标准体系（版本1.0）》和《工业互联网标准体系（版本2.0）》，目前工业互联网技术正处于“快速发展、持续创新”的过程中。2021年12月，为了进一步满足技术进步和制造业转型升级的需要，工业互联网产业联盟组织发布了《工业互联网标准体系（版本3.0）》，修订了工业互联网标准体系框架及重点标准化方向，梳理了已有工业互联网国家/行业/联盟标准及未来要制定的标准，形成统一、综合、开放的工业互联网标准体系。

（1）工业互联网标准体系3.0架构

工业互联网标准体系包括基础共性、网络、边缘计算、平台、安全、应用6个部分。基础共性标准是其他类标准的基础支撑，网络标准是工业互联网标准体系的基础，边缘计算标准是工业互联网网络和平台协同的重要支撑与关键枢纽，平台标准是工业互联网标准体系的中枢，安全标准是工业互联网标准体系的保障，应用标准面向行业的具体需求，是对其他部分标准的落地细化。工业互联网标准体系架构如图2-7所示。

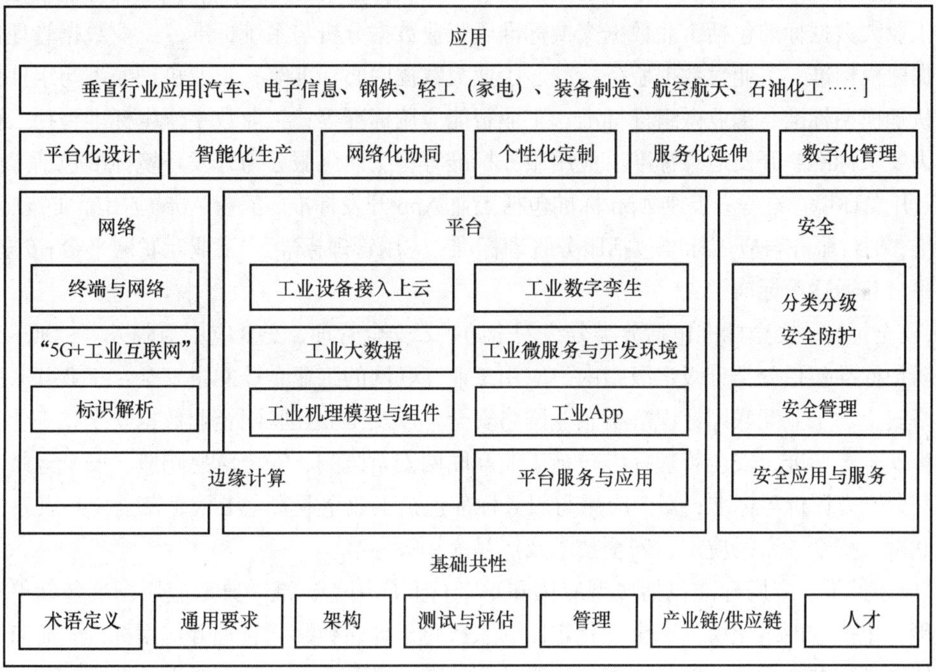


图2-7　工业互联网标准体系架构

（2）工业互联网标准体系3.0建设内容

工业互联网标准体系3.0建设内容主要包括基础共性标准、网络标准、边缘计算标准、平台标准、安全标准和应用标准。

① 基础共性标准。基础共性标准包括术语定义、通用要求、架构、测试与评估、管理、产业链/供应链、人才等标准。这些标准主要用于规范工业互联网相关概念，工业互联网的通用能力要求，工业互联网标准体系架构以及各部分参考架构，工业互联网技术、设备/产品和系统的测试要求、工业互联网项目/工程建设及运行相关责任主体以及关键要素的管理要求，基于工业互联网的产业链协作平台上下游企业供需对接，工业互联网从业人员能力要求。

② 网络标准。网络标准包括终端与网络标准、“5G+工业互联网”标准、标识解析标准。其中，终端与网络标准主要是工业设备/产品联网、工业互联网企业内网络、工业互联网企业外网络、工业园区网络、网络设备、网络资源和管理、互联互通互操作等标准；“5G+工业互联网”标准包括“5G+工业互联网”网络技术与组网、“5G+工业互联网”适配增强技术、“5G+工业互联网”终端、“5G+工业互联网”边缘计算、“5G+工业互联网”应用、“5G+工业互联网”网络管理等标准；标识解析标准主要分为编码与存储、标识采集、解析、交互处理、设备与中间件、异构标识互操作、标识节点、标识应用等标准。

③ 边缘计算标准。边缘计算标准包括边缘数据采集与处理、边缘设备、边缘平台、边缘智能、边云协同、算力网络等标准。这些标准主要用于规范各类设备/产品的数据采集技术要求，边缘计算设备的功能、性能、接口等技术要求，边缘云、边缘计算平台等技术要求，实现边缘计算智能化处理能力技术，边云协同架构等技术要求，算力网络架构等技术要求。

④ 平台标准。平台标准包括工业设备接入上云、工业大数据、工业机理模型与组件、工业数字孪生、工业微服务与开发环境、工业 App（工业应用程序）、平台服务与应用等标准。工业设备接入上云标准包括工业设备接入数据字典标准、工业设备上云管理标准、工业设备数字化管理标准等；工业大数据标准包括工业数据交换标准、工业数据分析与系统标准、工业数据管理标准、工业数据建模标准、工业大数据服务标准、工业大数据中心标准等；工业机理模型与组件标准包括工业机理模型标准、工业微组件标准、工业智能应用标准等；工业数字孪生标准包括工业数字孪生能力要求标准、开发运维标准、应用服务标准等；工业微服务与开发环境标准包括工业微服务标准、开发环境标准等；工业 App 标准包括工业 App 开发标准、工业 App 应用标准、工业 App 服务标准；平台服务与应用标准包括服务管理标准、应用管理标准、“工业互联网平台+安全生产”标准、平台互通适配标准。

⑤ 安全标准。安全标准包括分类分级安全防护、安全管理、安全应用与服务等标准。分类分级安全防护标准包括分类分级定级指南、应用工业互联网的工业企业网络安全、工业互联网平台企业网络安全、工业互联网标识解析企业网络安全，以及工业互联网企业数据安全、工业互联网关键要素安全等标准；安全管理标准包括工业互联网安全监测、安全应急响应、安全运维、安全评估、安全能力评价等标准；安全应用与服务标准包括工业企业安全上云、安全公共服务、“5G+工业互联网”安全、密码应用、安全技术及产品应用等标准。

⑥ 应用标准。应用标准包括典型应用和垂直行业应用等标准。典型应用标准包括平台化设计、智能化生产、网络化协同、个性化定制、服务化延伸、数字化管理等应用标准；垂直行业应用标准依据基础共性标准、网络标准、边缘计算标准、平台标准、安全标准和典型应用标准，面向汽车、电子信息、钢铁、轻工（家电）、装备制造、航空航天、石油化工等重点行业/领域的工业互联网应用，制定行业应用导则、特定技术要求和管理规范。

## 2.3 工业互联网参考架构

全球部分国家在推进制造业数字化的过程中，把参考架构设计作为重要抓手，如美国 IIRA、德国 RAMI 4.0、日本工业价值链参考架构 IVRA，其核心目标是以参考架构来凝聚产业共识与各方力量，指导技术创新和产品解决方案研发，引导制造企业开展应用探索与部署实施，并组织标准体系建设与标准制定。

## 2.3.1　我国工业互联网参考架构

近年来，我国工业互联网平台数量实现了快速发展，截至 2019 年年底，具有一定行业、区域影响力的平台超 70 个，跨行业跨领域平台、垂直行业、专业领域、企业平台各具特点，优势互补，多层级平台体系初步形成。十大跨行业、跨领域平台平均连接设备数量达到 80 万套，平均工业 App 数量超过 3500 个。在边缘层有中国工业控制，在工业平台即服务（PaaS）层有树根互联、徐工信息、航天云网、东方国信、工业富联，在工业软件即服务（SaaS）层有航天云网、树根互联、徐工信息、东方国信、用友精智等优秀平台。

1. 工业互联网网络发展现状

国内建立工业互联网平台的主要有 4 类企业：传统的制造企业、工业设备提供商、工业软件企业、信息通信企业，国内这 4 类企业主要凭借自身优势从工业知识与信息技术两个方向切入工业互联网平台。由互联网企业及通信企业构成的信息通信企业主要用于发挥其 IT 技术优势，将已有的云平台向工业领域延伸，构建包括边缘层、IaaS 层及通用 PaaS 层的工业互联网平台。工业软件企业、工业设备提供商及传统的制造企业均是基于工业领域的知识、经验构建的工业互联网平台。规模大的企业，具备构建完整的工业互联网平台的能力，而中小型企业通常选择在信息通信企业建立的通用 PaaS 层上构建具备特定功能的工业互联网平台。

中国工业互联网参考架构包括业务视图、功能架构、实施框架 3 个模块，形成以商业目标和业务需求为牵引，进而明确系统功能定义与实施部署方式的设计思路，自上向下层层细化和深入，如图 2-8 所示。

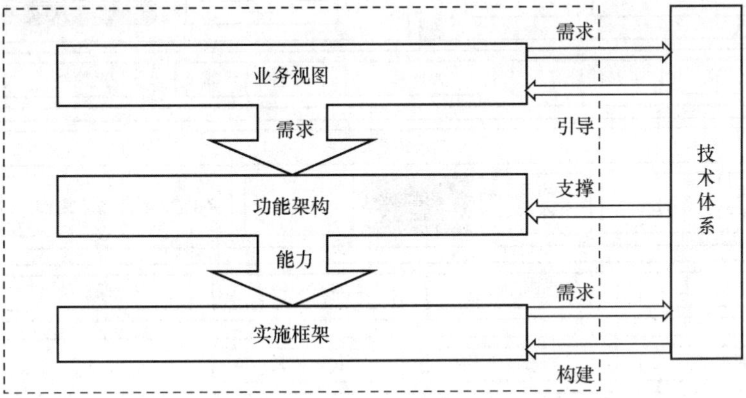


图 2-8　中国工业互联网参考架构

业务视图明确了企业应用工业互联网实现数字化转型的目标、方向、业务场景及相应的数字化能力。业务视图主要用于指导企业在商业层面明确工业互联网的定位和作用，提出的业务需求和数字化能力需求对于功能架构设计是重要指引。

功能架构明确企业支撑业务实现所需的核心功能、基本原理和关键要素。功能架构主要用于指导企业构建工业互联网的支撑能力与核心功能，并为工业互联网实施框架的制定提供参考。

实施框架描述各项功能在企业落地实施的层级结构、软硬件系统和部署方式。实施框架主要用于为企业提供工业互联网具体落地的统筹规划与建设方案，从而指导技术选型与系统搭建。

工业互联网平台正在驱动工业制造和信息化的深度融合，在优化全产业链、全要素、全价值链资源配置、提升效率、融合创新和商业模式重构方面发挥重要的作用。一是通过工业互联网平台降低生产成本，提升产品质量，提高劳动生产效率，实现卓越运营。二是实现产品和服务的创新，如通过工业互联网平台可以实现服务化延伸，由传统的产品销售模式向“产品+服务”的模式转变，从而提升企业的竞争力。三是重新定义工业生产关系与组织方式，平台生态的构建打破企业之间的边界，实现生产方式的解构与重构，如通过平台连接各个工厂，这些连接的工厂形成平台的“虚拟工厂”，平台接到订单后，可以根据不同工厂的生产能力进行分配和管理，实现“共享经济”。

### 2. 工业互联网网络发展展望

（1）工厂内网趋势

在工厂现场侧现场总线将逐步被工业以太网、TSN 取代，随着 5G 技术的成熟和成本的降低，传统的 Wi-Fi 将被 5G 取代。工业网络的 IP 化趋势更加明显，将由 IT 层向 OT 层网络延伸。为解决大量设备的 IP 地址问题，传统的 IPv4 将被 IPv6 取代，或者 IPv4 和 IPv6 并存。随着安全防护能力的提升，在组网模式上将由 IT 层网络和 OT 层网络分层的方式变成 IT 层网络和 OT 层网络融合，使得网络扁平化，这样更便于工厂随时调整产线布局，适应柔性生产需要。同时，SDN 将大规模应用。工业互联网技术体系如图 2-9 所示。

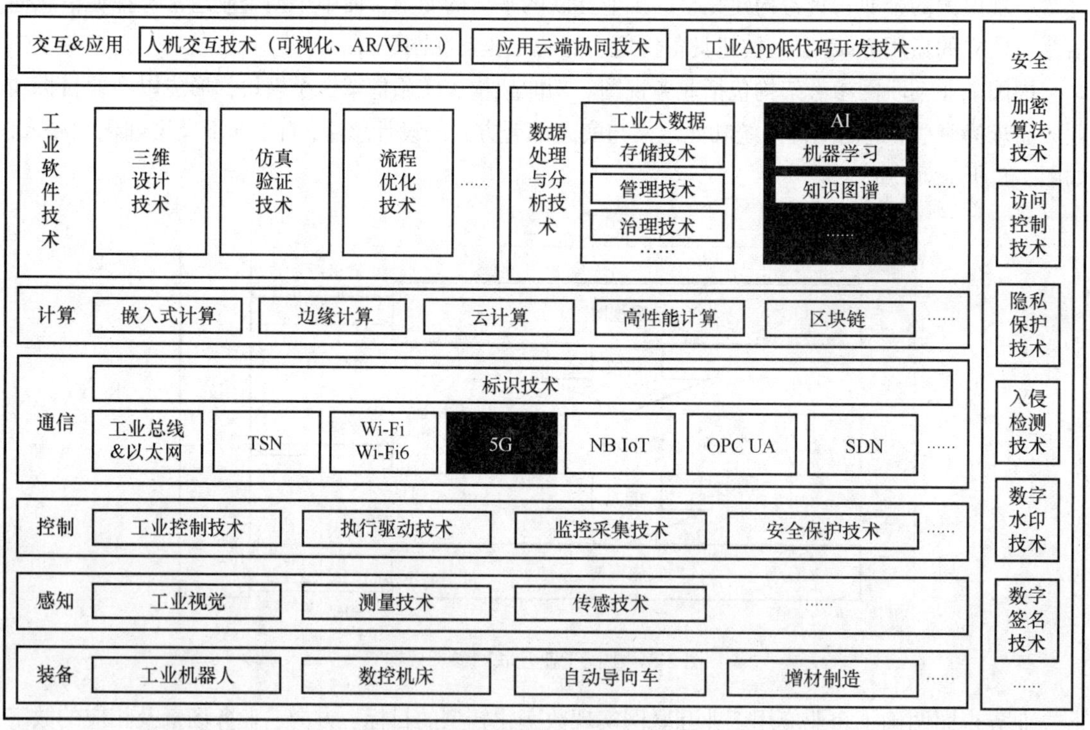


图 2-9　工业互联网技术体系

（2）工厂外部网络

企业工业互联网平台不管是自用还是开放，必然涉及和外部互联网的连接。现有的互联网是基于消费互联网时代的技术，对工业互联网的应用场景并不能很好地支持，如网络的稳定性、安全性及可靠性。因此，企业外网的发展趋势将是在现有网络的基础上构建一张满足工业互联网要求的网络，并可实现网络资源的控制能力、软件定义的网络传输、端到端的质量保证等。

工业互联网本质上是工业技术与信息技术的融合，随着新一代数字化技术的发展，工业互联网平台将呈现以下趋势。一是基于平台的数据智能成为整个制造业智能化的核心驱动，大数据、人工智能等技术持续拓展数据分析应用的深度和广度，最终形成"泛在感知、敏捷响应、全局协同、智慧决策、动态优化"的生产组织方式。二是平台化架构将是未来数字化系统的共性选择，促使工业软件与平台加速融合：基于统一平台载体的数据集成管理和智能分析应用消除了"信息孤岛"；基于平台部署的订单管理、研发设计、仿真优化、供应链管理、生产计划和生产执行管理等软件工具，能够有效地降低企业数字化系统的复杂程度和投资成本，并构建全生产流程打通集成的一体化服务能力，驱动实现更加高效的业务协同。三是基于平台的应用开放创新：平台支撑工业经验知识的软件化封装，加速共性业务组件的沉淀复用，实现低门槛的工业应用创新，并吸引第三方开发者构建创新生态，从而能够支撑企业快速适应市场变化和满足用户个性化需求，开展产品服务创新、企业商业模式的探索，降低创新的风险。

## 2.3.2　美国工业互联网参考架构

美国 IIC 于 2019 年 6 月发布了 IIRA 1.9，作为指导企业开发部署工业互联网解决方案的指导框架。

美国工业互联网参考架构包括商业视角、使用视角、功能视角和实现视角 4 个层级。其构建思路是从工业互联网系统要实现的商业目标出发，明确工业互联网系统运行和操作的主要任务，进而确定工业互联网的核心功能、关键系统模块及相互关系。IIRA 的总体框架如图 2-10 所示。

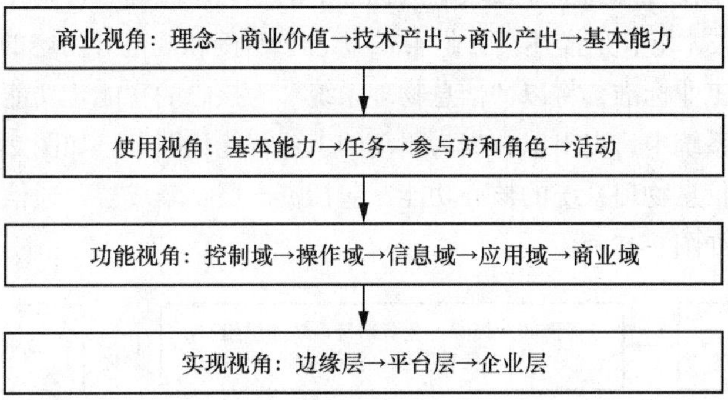


图 2-10　IIRA 的总体框架

（1）商业视角用于识别工业互联网系统的利益相关方，明确系统的商业愿景、价值和目标。具体来说，企业决策者和系统工程师需要根据工业互联网系统的价值和以往经验提出系统开发部署的愿景，确定关键目标，并评估企业开发系统的基础能力，进而指导使用系统开发的具体任务和要求。

（2）使用视角描述了工业互联网系统的基本能力和操作使用流程。工业互联网系统的运行授权、分工及目标分解是其核心关注点，体现系统操作导向下各系统组件、各单元的协同活动内容，用于指导系统的实施、部署和操作。

（3）功能视角基于使用视角的"活动"，确定工业互联网系统的关键功能及其相互关系，具体包括控制域、操作域、信息域、应用域和商业域 5 个功能领域。控制域是指工业控制系统执行的功能集合；操作域是指负责控制域内系统的功能供给、管理、监测及优化的功能集合；信息域是指从不同功能领域采集数据、转换和分析数据的功能集合；应用域是指实现特定商业功能应用逻辑的功能集合；商业域是指支持商业过程和流程活动所需的商业功能。

（4）实现视角是描述各功能模块的实现要素，工业互联网系统包含由边缘层、平台层和企业层构成的 3 层架构。边缘层从工业控制系统采集数据，传输给平台层，平台层中的信息模块是核心驱动和关键要素，其本质是通过数据实现工业系统的智能化，企业层接收平台层转发的边缘层数据，并向平台层发送控制指令。

IIRA 的 3 层架构与功能领域对应关系如图 2-11 所示。

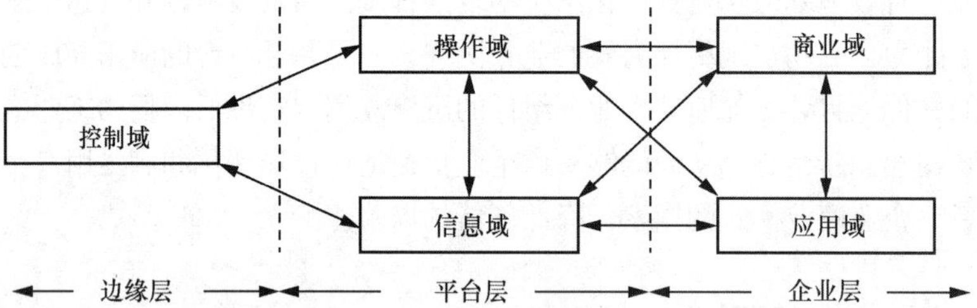


图 2-11　IIRA 的 3 层架构与功能领域对应关系

## 2.3.3　德国“工业 4.0”参考架构

2015 年 4 月，德国电工电子与信息技术标准化委员会发布了 RAMI 4.0，并对“工业 4.0”进行了多角度描述，代表德国对“工业 4.0”的全局思考。

德国 RAMI 4.0 不仅考虑到工业领域不同标准下的工艺、流程和自动化，还兼顾信息领域的信息、通信和互联网技术等，是描述“工业 4.0”标准、实例和规范等内容的框架模型。从工业角度出发，结合已有的工业标准，将以“信息物理系统”为核心的智能化功能映射到产品生命周期价值链和全层级工业系统中，突出以数据为驱动的工业智能化图景，如图 2-7 所示。

（1）功能维度是信息物理系统的核心功能，包括资产层、集成层、通信层、信息层、功能层和商业层 6 个层级，如图 2-12 所示。

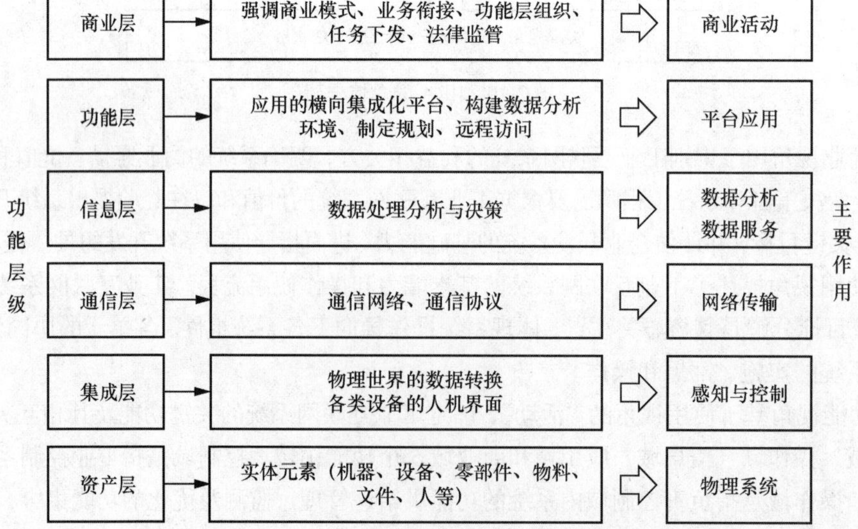


图 2-12　RAMI 4.0 功能层级划分及主要作用

（2）价值链维度从产品全生命周期视角出发，描述了以零部件、机器和工厂为典型代表的工业要素从虚拟设计到生产制造，再到运营优化的价值生成过程，具体体现在 3 个方面：一是将其划分为模拟原型和实物制造两个阶段，重点强调了虚拟仿真技术在“工业 4.0”中的重要作用；二是突出零部件、机器和工厂这类工业生产要素中虚拟与现实的两个过程，体现全要素数字孪生的特征；三是在构建价值链的过程中，工业生产要素之间依托数字系统紧密联系，实现工业生产要素的端到端集成。

（3）工业系统维度在企业系统层级架构的基础上，考虑到对产品本身及工厂外部的跨企业协同（包括质量链、价值链等协同）制造关系，进一步加入“产品”和“连接世界”两个层级，从而构建更为全面的工业生态系统。“现场设备层—感知和控制层—工段层—车间层—企业层”5 层架构体系体现了从现场设备到企业规划管理的纵向集成，而对“产品”和“连接世界”层级的扩展则体现了以企业协同为核心的横向集成。横向集成和纵向集成共同构成了完整的工业系统。

### 2.3.4　日本工业互联网参考架构

日本工业价值链促进会（Industrial Value chain Initiative，IVI）是一个由制造企业、设备厂商、系统集成企业等发起的组织，旨在推动“智能工厂”的实现。2016 年 12 月 8 日，IVI 基于日本制造业的现有基础，推出了“智能工厂”的基本架构——“工业价值链参考架构”（Industrial Value Chain Reference Architecture，IVRA）。

IVRA 从制造业一直追求的质量、成本和效率等传统要素加上环保要求的管理角度出发，结合生产环境的资产（人、流程、产品和工厂）角度和作业流程角度，细分出智能制造单元，对信息化在生产过程的优化进行细致的分析，进而提出了智能制造的总体功能模块架构，在不同的（设备、车间、部门和企业）层次上，分析知识/工程流程（相当于产品链）和供给流程（相当于价值链）的各个环节的具体功能构成，颇具独到之处。

IVRA 同时参考了美国 IIRA 和德国 RAMI 4.0 的内容，从设备、产品、流程、人的资产角度，质量、成本、交付、环境的管理角度，以及计划、执行、检查的活动视角，组成三维模型，体现了日本以人为中心、以企业发展为目标、细致而务实的传统思想，形成了日本智能制造的特有范式。

微课

实训 1 操作视频

## 【实训演练】

### 实训 1　使用阿里云工业互联网平台的云服务器 ECS 部署并使用 Docker

【实训目的】

Docker 是一款开源的应用容器引擎，具有可移植性、可扩展性、安全性和管理性等优势。开发者可将应用程序和依赖项打包到一个可移植的容器中，快速发布到 Linux 机器上并实现虚拟化，实现更高效地构建、部署和管理应用程序。

本次实训的目的是学会在阿里云工业互联网平台上的云服务器 ECS 中部署并使用 Docker。

【场景描述】

在正常环境下，建议计算机系统为 Windows10 及以上，打开浏览器进入阿里云工业互联网平台。

【实训步骤】

（1）准备环境和资源

① 访问阿里云工业互联网平台，网址为 https://www.aliyun.com/activity/iot/alinplat。

② 单击界面右上方的“登录/注册”按钮，并根据提示完成账号注册/登录和实名认证。

③ 成功登录后，下拉到界面底端，单击“免费试用”按钮，进入“免费试用”界面。

④ 在“免费试用”界面，“可试用人群”选择“个人认证”选项，产品类别选择“计算”→“云服务器”选项，单击“云服务器 ECS”→“立即试用”按钮，进入“云服务器 ECS”面板，如图 2-13 所示。

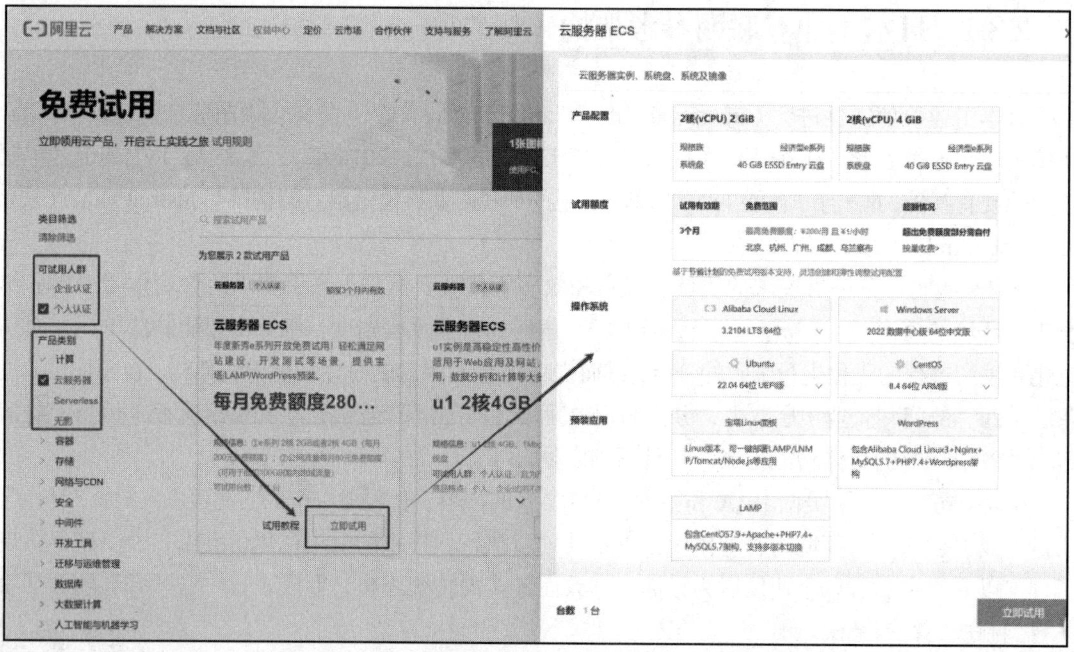


图 2-13　ECS 信息面板

⑤ 在“云服务器 ECS”面板完成参数信息配置，如图 2-14 所示。其中，“产品配置”选择为“2 核（vCPU）2 GiB”，“操作系统”选择为“CentOS 7.9 64 位 SCC 版”，“预装应用”无须选择，“产品所在地域”根据需求选择，如“华南 3（广州）”，“到期释放设置”选择为“现在设置。试用 3 个月到期前 1 小时，自动释放实例，ECS 实例释放后数据不保留”。

⑥ 同意相关协议后，根据提示申请试用。

（2）部署 Docker

① 打开一键配置模板链接前往 ROS 控制台，系统自动打开使用新资源创建资源栈的面板，并在模板内容区域展示 YAML 文件的详细信息。

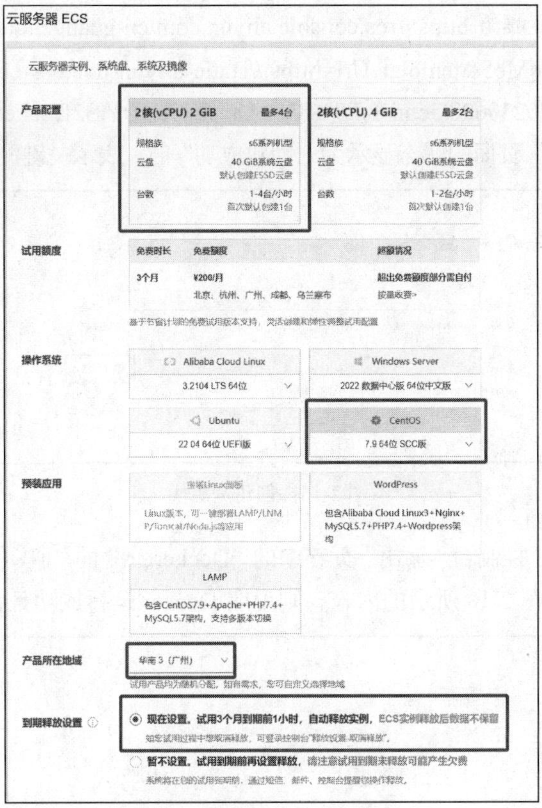

图 2-14　参数信息配置

② 在“创建资源栈”页面中，“资源栈名称”设置为“Docker”，选择申请免费试用时创建的 ECS 实例，单击“创建”按钮，如图 2-15 所示，开始一键配置。

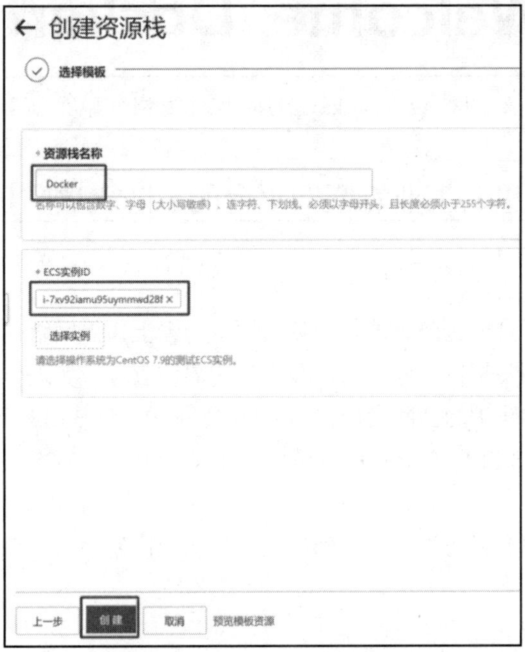

图 2-15　“创建资源栈”页面

**注：** 一键配置模板链接为 https://ros.console.aliyun.com/cn-guangzhou/stacks/create?spm=a2c4g.2341651.0.0.4c2210905AqMb5&templateUrl=https://static-aliyun-doc.oss-cn-hangzhou.aliyuncs.com/file-manage-files/zh-CN/20230608/acmj/%E9%83%A8%E7%BD%B2Docker.yml&isSimplified=true。

③ 当“资源栈信息”页面的状态显示为“创建成功”时，表示一键配置完成，如图 2-16 所示。

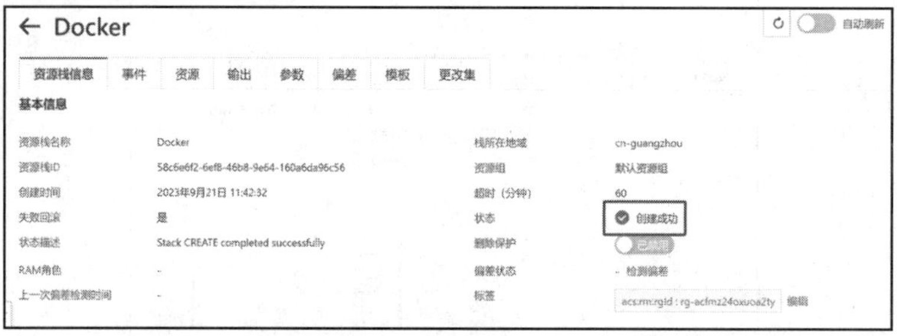


图 2-16　创建资源栈

（3）测试。单击 ROS 控制台“输出”页签中的“DockerUrl”的“值”（http://8.134.37.42:8080），如图 2-17 所示，若出现图 2-18 所示的内容，则说明 Docker 运行成功且镜像制作成功。

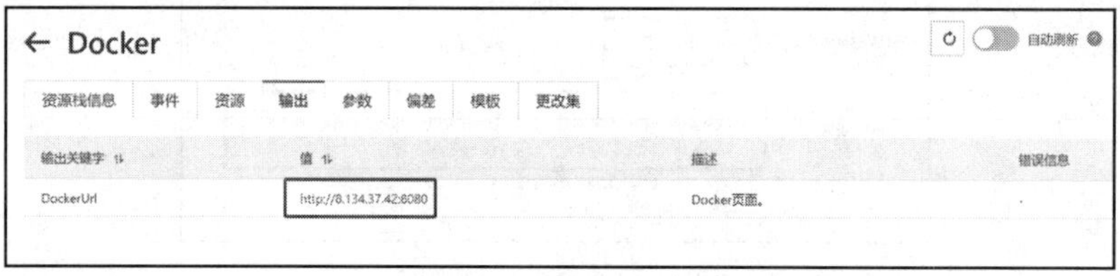


图 2-17　单击“DockerUrl”的“值”

图 2-18　说明 Docker 运行成功且镜像制作成功的页面

## 实训 2　使用阿里云工业互联网平台的云防火墙防护公网流量

【实训目的】

阿里云工业互联网平台的云防火墙是一款云原生的云上边界网络安全防护产品，可以为中小企业用户提供互联网出口和入口边界防火墙，实现公网流量安全保护。云防火墙支持防护的公网资产包括 ECS 公网 IP、SLB EIP、SLB 公网 IP、HAVIP、EIP、ECS EIP、ENI EIP、NAT EIP、SLB IPv6、ECS IPv6、堡垒机 IP 资产。

微课

实训 2 操作视频

本次实训的目的是熟悉云防火墙的基础功能和学会如何使用云防火墙防护公网流量。

【实训步骤】

（1）准备环境和资源

① 访问阿里云工业互联网平台，网址为 https://www.aliyun.com/activity/iot/alinplat。

② 单击界面右上方的“登录/注册”按钮，并根据提示完成账号注册/登录和实名认证。

③ 成功登录后，下拉到界面底端，单击阿里云“免费试用”按钮，进入“免费试用”界面。

④ 在“免费试用”界面，“可试用人群”选择“个人认证”选项，“产品类别”选择“安全”→“云安全”→“云防火墙”选项，单击“立即试用”按钮，进入“云防火墙”面板，如图 2-19 所示。

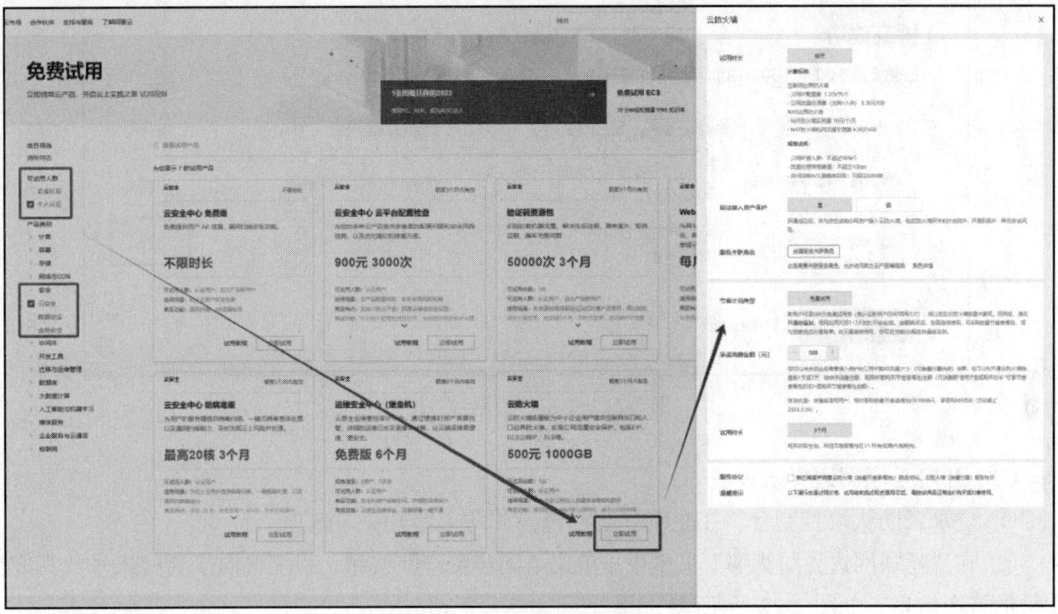


图 2-19　“云防火墙”面板

⑤ 在“云防火墙”面板中，查看云防火墙规格，创建服务关联角色，如图 2-20 所示。

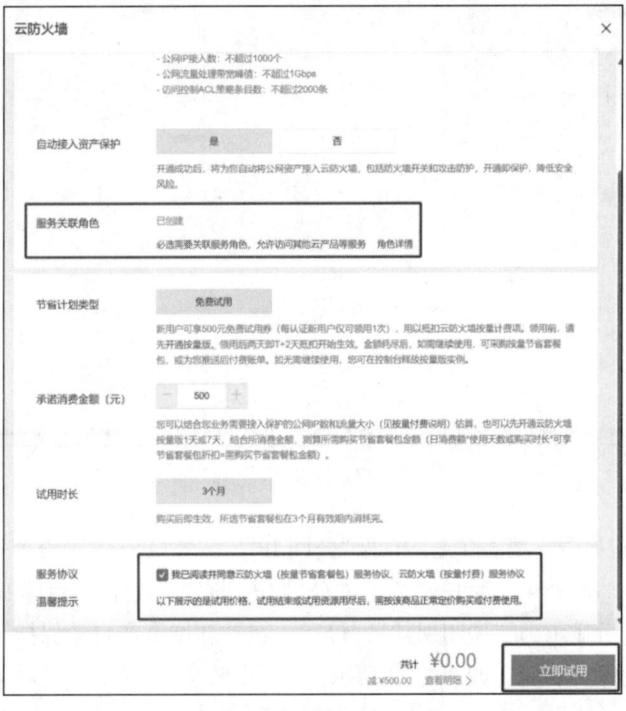


图 2-20　创建服务关联角色

⑥ 同意相关协议后，根据提示申请试用。提交成功后单击“控制台”按钮，如图 2-21 所示。

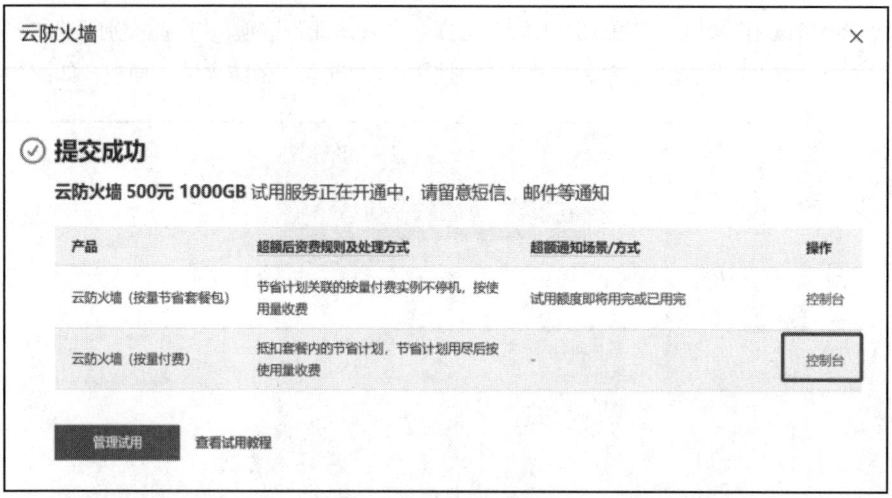


图 2-21　单击“控制台”按钮

（2）开启互联网边界防火墙

① 登录云防火墙控制台。在左侧导航栏选择“防火墙开关”选项。

② 在“互联网边界防火墙”页签中，单击“同步资产”按钮，系统将同步当前账号及其成员账号的资产信息，如图 2-22 所示。

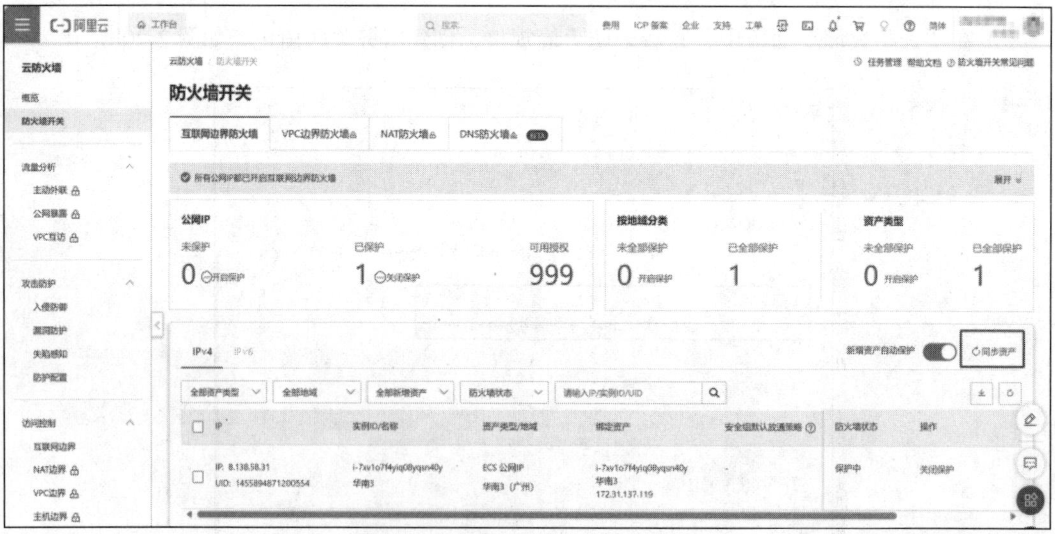


图 2-22　同步资产信息

③ 开启互联网边界防火墙。首先，单击“公网 IP”“按地域分类”“资产类型”3 个维度的“开启保护”按钮；其次，在 IPv4 或者 IPv6 页签的公网 IP 列表中，定位到目标 IP，在操作列单击“开启保护”按钮，单击后显示为“关闭保护”；最后，在“新增资产自动保护”右侧单击开关图标，开启新增资产的自动保护功能，如图 2-23 所示。

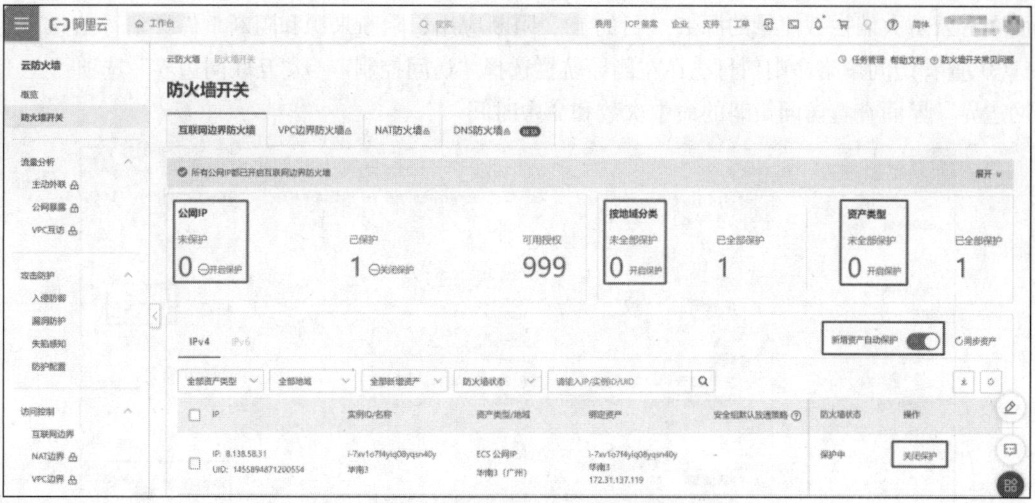


图 2-23　开启互联网边界防火墙

（3）配置入侵防御策略

① 登录云防火墙控制台。在左侧导航栏选择“攻击防护”→“防护配置”选项。

② 在“防护配置”界面中的“威胁引擎运行模式”区域，设置威胁引擎运行模式，本项目选择“拦截模式-中等”选项，如图 2-24 所示。

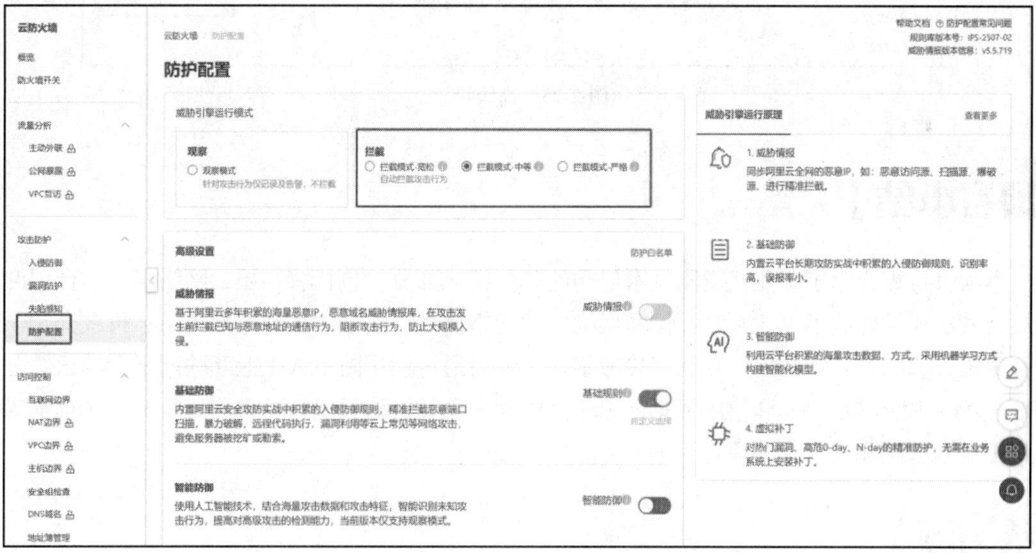


图 2-24　设置威胁引擎运行模式

③ 在“防护配置”界面中的“高级设置”区域，可以根据需要配置防护白名单、开启攻击防护功能等。本项目的高级设置中选择“基础防御”和“虚拟补丁”，暂不设置防护白名单，如图 2-25 所示。

（4）查看云防火墙对资产的防护情况

① 查看防护数据统计。在左侧导航栏中选择“概览”选项，在“概览”界面查看云防火墙的整体防护数据。

② 查看入侵防御数据。在左侧导航栏选择“攻击防护”→“入侵防御”选项，在“入侵防御”

界面查看云防火墙拦截流量的源 IP、目的 IP、阻断应用、阻断来源和阻断事件详情等信息。

③ 查看访问策略命中信息。在左侧导航栏选择“访问控制”→“互联网边界”选项，在“互联网边界”界面查看访问策略的命中次数和命中时间。

图 2-25　高级设置

## 【项目小结】

本项目首先介绍了工业互联网技术架构的各个组成部分，包括感知层、网络层、平台层和应用层；其次详细介绍了工业互联网体系架构中的网络体系、安全体系和标准体系；再次介绍了我国和美国、德国、日本的工业互联网参考架构；最后通过使用阿里云工业互联网平台的云服务器 ECS 部署并使用 Docker 和使用阿里云工业互联网平台的云防火墙防护公网流量两个实训加深读者对工业互联网相关技术的理解。

## 【练习题】

1. 名词解释

（1）物理识别　（2）IaaS　（3）数据管理技术　（4）产品数据管理

（5）逆向分析技术　（6）去同步攻击　（7）APT 攻击　（8）社会工程攻击

2. 单选题

（1）20 世纪被定义为一种帮助工程师管理产品研发过程的工具是（　　）。

A. PDM　　B. ERP

C. MES　　D. E-Commerce

（2）计算机网络由计算机、（　　）、传输介质及相应的应用软件组成。

A. CPU　　B. GPU

C. 网络操作系统　　D. 网络连接系统

（3）无线通信网络可分为无线广域网、无线城域网、（　　）和无线个域网。

A. 无线局域网　　B. 无线通信网

C. 低功耗广域网络　　D. Wi-Fi

（4）IaaS 是指把（　　）基础设施作为一种服务通过网络对外提供。

A. 安全　　B. IT

C. 工业　　D. 互联网

（5）工业互联网的数据安全是指保护管理数据、操作数据、（　　）等各类数据的安全。

A. 工业数据　　B. 用户数据

C. 网络数据　　D. 平台数据

（6）中国工业互联网体系架构包括业务视图、功能架构和（　　）3 个模块。

A. 实施框架　　B. 网络框架

C. 数据框架　　D. 管理框架

3. 多选题

（1）感知层主要解决的是（　　）的数据获取问题。

A. 人类世界　　B. 物理世界

C. 数据世界　　D. 逻辑世界

（2）数据采集方式的发展主要经历了（　　）两个阶段。

A. 人工采集　　B. 主动采集

C. 被动采集　　D. 自动采集

（3）网络体系包括网络连接、（　　）等关键技术。

A. 标识解析　　B. 边缘技术

C. 计算机网络　　D. 无线通信技术

（4）应用层大致可以概括为设计开发层和（　　）。

A. 资源管理层　　B. 制造执行层

C. 商务层　　D. 平台层

（5）工业互联网标准体系 3.0 建设内容包括（　　）。

A. 应用　　B. 安全

C. 接口　　D. 网络

4. 填空题

（1）工业互联网技术架构可划分为__________、__________、__________、__________4 个层次。

（2）感知层的主要功能有__________、__________、__________等。

（3）应用层中的 PDM 体系结构包括__________、__________和__________3 个层次。

（4）标识解析提供的功能有__________、__________、__________、__________、__________和__________。

（5）工业互联网标准体系 3.0 建设内容包括____________、____________、____________、

__________、__________和__________。

5. 判断题

（1）工业互联网技术架构包括感知层、网络层、平台层、应用层。 （ ）

（2）工业互联网平台涉及数据集成和边缘处理技术、IaaS 技术等 6 类关键技术。 （ ）

（3）边缘计算可以分为网络侧边缘计算和平台侧边缘计算。 （ ）

（4）随着工业互联网技术的发展，工业互联网事故越来越少。 （ ）

（5）工业互联网网络体系包括网络互联、标识解析、数据互联等关键技术。 （ ）

（6）工业互联网标准体系 3.0 建设内容包括基础共性标准、网络标准、边缘计算标准、平台标准、软件标准和硬件标准。 （ ）

6. 简答题

（1）工业互联网体系架构包含几个层次？简述各部分内容。

（2）简述企业资源计划系统的内容及其意义。

（3）我国工业互联网的发展优势是什么？

（4）边缘计算技术注重哪两个方面？网络基础设施主要包括哪些？

（5）简述工业互联网标准体系 3.0 中的网络标准和应用标准。

## 【拓展演练】

工业互联网作为新一代信息技术与制造业深度融合的产物，日益成为新工业革命的关键支撑和深化“互联网+先进制造业”的重要基石，对未来工业发展产生全方位、深层次、革命性影响。“工业互联网、标准先行”，标准化工作是实现工业互联网的重要技术基础。请上网查阅工业互联网产业联盟组织撰写的《工业互联网标准体系（版本 3.0）》全文，了解最新的工业互联网标准体系框架、重点标准化方向及其对我国工业互联网高质量发展的重要性。

# 项目3 工业互联网平台体系

## 【项目引入】

工业互联网平台是一种基于物联网技术和云计算技术，以工业数据采集、处理、分析为核心，能够实现生产全过程信息化、数字化的平台。在现代工业中，工业互联网平台已成为不可或缺的组成部分，具有极其重要的地位和作用。由于工业互联网本身是一个云平台，又区别于一般通用云，因此在设计过程中一般参考云计算标准。我国提出的工业互联网平台的体系架构，包括边缘层、基础设施层、平台层和应用层。

## 【知识目标】

- 了解工业互联网平台体系架构。
- 理解工业互联网平台各层级的功能和核心技术。
- 掌握工业互联网平台的应用场景。
- 了解不同应用场景下的工业互联网平台实例。
- 了解工业互联网平台的发展趋势。
- 理解工业互联网平台发展路径及相关技术要求。

## 【能力目标】

- 能描述工业互联网平台的体系架构。
- 能描述目前国内外主流的工业互联网平台。
- 能识别和评估不同工业互联网平台的特点和优势。
- 能介绍工业互联网平台对实际业务的促进作用。
- 熟知工业互联网平台的发展趋势。

# 【素质目标】

- 培养不断学习工业互联网平台技术最新知识和行业标准的意识。
- 通过对我国工业互联网平台开发应用的学习，培养职业兴趣。
- 通过对不同工业互联网平台特点的对比与研究，增强创新意识。
- 通过了解我国工业互联网平台的未来趋势，增强“科技报国”意识。
- 培养良好的团队协作能力和沟通能力。

# 【学习路径】

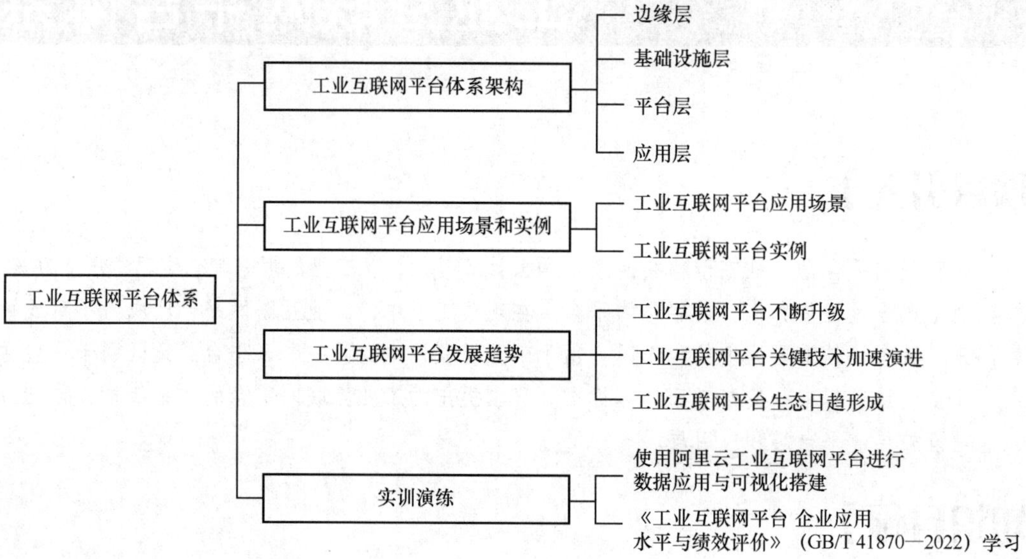


# 【知识准备】

## 3.1 工业互联网平台体系架构

工业互联网平台是指将物联网、云计算、大数据、人工智能等技术应用于制造业、能源、交通、物流等领域的互联网平台，通常包括设备接入、数据采集、数据存储、数据分析和应用开发等核心模块。工业互联网平台除了实现各种设备、机器、生产线、企业等的连接和信息共享，以达到提高生产效率、降低成本、优化供应链等目的，还可提供智能制造、数字化工厂、物联网安全等增值服务，以满足企业和客户的多样化需求。由于工业互联网平台是智能制造、“工业 4.0”等概念的实现平台，其理念非常符合我国建设制造强国的发展需要，因此发展工业互联网平台对我国当前实体经济转型升级具有重要意义。

2021 年，中国企业数字化联盟发布的《工业互联网平台白皮书》指出，由于工业互联网本身是一个云平台，又区别于一般通用云，因此在设计过程中可以参考云计算标准。以此为基础，白皮书对国内外主流的工业互联网平台架构进行总结和分析，根据 ISO/IEC 17789 提出了工业互联网平台的体系架构，包括边缘层、平台层和应用层三大核心层级。除此之外，工业互联网平台体系架构还包括 IaaS 层以及涵盖整个工业互联网平台的保障支撑体系，这些构成了工业互联网平台的基础支撑和重要保障。工业互联网平台体系架构如图 3-1 所示。

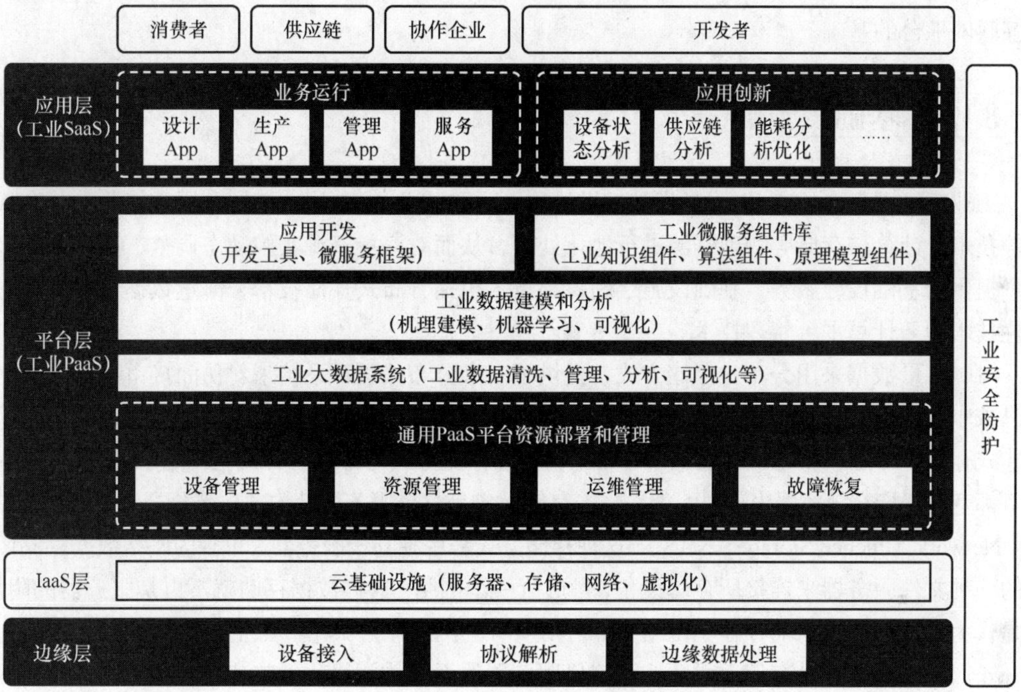

图 3-1　工业互联网平台体系架构

## 3.1.1　边缘层

工业互联网平台是一个重要的数字化转型工具，数据采集是其基本功能，而边缘层是工业互联网平台的运行基础，工业互联网平台通过广泛部署的工业传感器采集工业数据，支持对多种协议数据的汇聚功能。边缘层是工业互联网平台数据的来源，主要包括以下两个功能。

（1）通过传感器、物联网和工业控制系统访问各类工业设备、系统和产品，实现全面的数据采集。例如，利用嵌入式通信模块和智能控制器等传统的工业连接与控制技术，平台可以直接实现基本数据的集成，同时利用协议转换技术能够实现多元、异构数据的集成。这些技术的应用可以保证数据的准确性和完整性，为后续的数据分析和应用提供可靠的数据基础。

（2）作为具有代表性的边缘计算设备，边缘网关也是边缘层的重要组成部分。边缘网关能够实现从传感器和设备采集数据的聚合与分析，并将边缘分析的结果发送到云平台。多种类型的边缘连接方法可实现无处不在的连接，进一步扩大可在工业互联网平台上进行数据采集和分析的范围。这些边缘处理技术为工业互联网平台数据采集、聚合和边缘处理提供了基础支撑，使得边缘层能够更加高效、稳定地进行数据采集和处理。

总之，边缘层数据采集本质是利用泛在感知技术对多源设备、异构系统、运营环境、人等要素的信息进行实时高效采集和云端汇聚。通过构建一个精准、实时、高效的数据采集体系对设备、系统、环境、人等要素的信息进行采集、汇聚。同时，通过协议转换和边缘计算（项目 6 将介绍边缘计算），一部分数据在边缘侧进行分析、处理并将结果直接返回机器设备，指导设备运行；另一部分数据传到云端进行综合分析，进一步优化形成决策。数据采集通过实现制造全流程隐性数据的显性化，为制造资源的优化提供了海量数据源，是实时分析、科学决策的起点，也是建设工业互联网平台的基础。

## 3.1.2 基础设施层

工业互联网平台的 IaaS 层是指基础设施层，也称工业 IaaS 层。该层利用虚拟化、分布式存储等技术对计算、存储等物理资源进行池化处理，从而对海量资源实施动态调整、按需部署，为用户提供云基础设施服务。基础设施层的核心技术包括分布式存储技术、海量数据管理技术、虚拟化技术和云计算平台管理技术。

（1）海量数据采用分布式存储方式，提供了一个分布式缓存系统来对访问接口及本地数据缓冲以减小网络压力，具有高可扩展性、高并发性、高可用性等特点。它主要分为 3 种类型。一是直连式存储（Direct Attached Storage，DAS），这种存储方式与普通的 PC 存储架构一样，外部存储设备都直接挂接在服务器内部总线上，数据存储设备是整个服务器结构的一部分。二是网络存储设备（Network Attached Storage，NAS），这种存储方式采用独立于服务器、单独为网络数据存储而开发的一种文件服务器来连接所存储设备，自形成一个网络。这样数据存储就不再是服务器的附属，而是作为独立网络节点而存在于网络中，可由所有的网络用户共享。三是存储网络（Storage Area Network，SAN），这种存储方式顺应计算机服务器体系架构网络化的趋势，其最大特性是将网络和设备的通信协议与传输物理介质隔离开，这样多种协议可在同一个物理连接上同时传送。

（2）处理与管理海量数据是云计算的一大优势。云计算不仅要保证数据的存储和访问，还要能够对海量数据进行特定的检索和分析，因此海量数据管理技术必须能够高效管理大量的数据。同时，海量数据管理技术应包括对外提供数据服务的功能，这是其发挥价值的关键所在。

（3）虚拟化技术能够将计算机的各种实体资源（如服务器、网络、存储等）予以抽象、转换后呈现出来，打破实体结构间不可切割的障碍，使用户可以使用比原本组态更好的方式来应用这些资源，资源的新虚拟部分不受现有资源的架设方式、地域或物理组态限制。从技术上讲，虚拟化是一种在软件中仿真计算机硬件，以虚拟资源为用户提供服务的计算形式，旨在合理调配计算机资源，使其更高效地提供服务。它把应用系统各硬件间的物理划分打破，从而实现架构的动态化，实现物理资源的集中管理和使用。虚拟化技术具有可以减少服务器的过度提供、提高设备利用率、减少 IT 的总体投资、增强提供 IT 环境的灵活性、可以共享资源等优点。

（4）云计算平台管理技术能够帮助用户方便地使用所有设施，包括处理、存储、网络和其他基本计算资源，能够部署和运行任意软件，包括操作系统和应用程序，使使用者无须管理或控制任何云计算基础设施，就能操控操作系统的选择、存储空间、部署的应用——方便地部署和开通新业务，快速发现并且排除系统故障。

IaaS 层负责将基础的计算网络存储资源虚拟化，实现基础设施资源池化。由 IT 基础设施提供商为平台建设与运营提供虚拟化的计算资源、网络资源、存储资源，为平台层、应用层的功能运行、能力构建及服务供给提供高性能的计算、存储、网络等云基础设施。

## 3.1.3 平台层

平台层是工业互联网平台的核心。它基于工业 PaaS 架构，不仅集成了设备管理、运维管理等管理功能，还集成了工业微服务、工业数据分析和应用开发功能，其地位等同于工业互联网的操作系统。图 3-2 所示为通用 PaaS 功能视图。

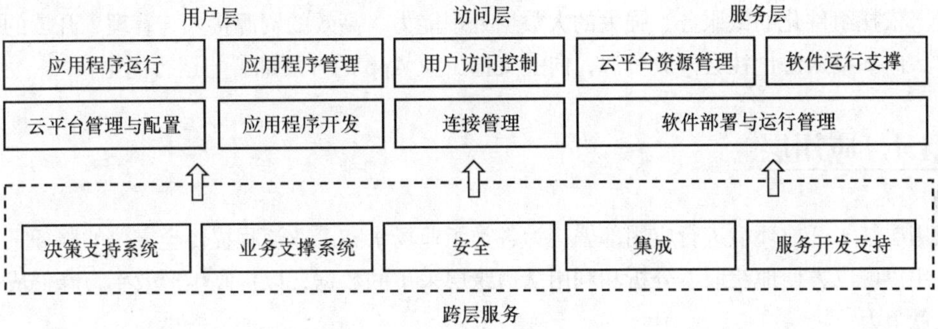


图 3-2　通用 PaaS 功能视图

平台层的核心技术包括数据建模分析技术、工业建模技术、微服务架构技术、动态调度技术和平台安全技术。

（1）数据建模分析技术是指运用数学统计、机器学习及最新的人工智能算法实现面向历史数据、实时数据、时序数据的聚类、关联和预测分析，是一种用于定义和分析数据要求及其需要的相应支持的信息系统的技术。

（2）工业建模技术主要包括机理建模技术和测试法建模技术。机理建模技术是指利用机械、电子、物理、化学等领域专业知识，结合工业生产实践经验，基于已知工业机理构建各类模型，实现分析应用。测试法建模技术是指根据工业过程的输入/输出实测数据进行数学处理后得到模型，其特点是把被研究的工业过程视为一个“黑匣子”，完全从外部特性上测试和描述它的动态性质，不需要深入掌握其内部机理。

（3）微服务架构技术是一项在云中部署应用和服务的技术。微服务可以在“自己的程序”中运行，并通过“轻量级设备与 HTTP 型 API 进行沟通”。一个大型复杂软件的应用由一个或多个微服务组成，系统中的各个微服务可被独立部署，各个微服务之间是松耦合的。每个微服务仅关注完成一项任务并很好地完成该任务。一般来说，每项任务代表一个小的业务能力。不同于构建单一、庞大的应用，微服务架构将应用拆分为多个互相关联的服务。

（4）动态调度技术可以根据应用的 CPU 和内存的负荷、时间段、应用系统的优先级等多种方式来对计算单元进行动态的创建，动态地将计算单元挂接到路由和均衡模块上。调度策略即一系列的调度规则，既包括全局调度规则，也包括应用系统级别的调度规则。调度决策需要一个偏实时的动态计算过程，而计算的输入则实时地从各个计算单元中获得，调度模块根据“运行数据+调度规则”进行动态计算并进行调度。

（5）平台安全技术主要包括：工业设备控制，网络安全和数据安全，阻止非授权实体的识别、跟踪和访问，非集中式的认证和信任模型，能量高效的加密和数据保护，异构设备间的隐私保护等技术。

总之，平台层将云计算、大数据、人工智能和工业经验知识进行有效结合，形成基本的工业数据分析能力。平台层还将行业技能、知识、经验以及其他资源固化为应用程序模型库、专家知识库或专用软件库，形成可移植、可重用的工具和微服务，为存储、共享和分析工业数据及构建工业模型提供完整的解决方案。平台层还集成了各种传统的数据处理方法和最新的智能分析工具，能够辅助用户快速地进行工业数据的价值挖掘，从而提供应用全生命周期服务环境与工具、微服务发布及调用环境与工具、工业微服务库、IT 微服务库、工业大数据管理、开放资源接入与管理等功能。依托组件化的微服务、强大的大数据处理能力、高效的资源接入与管理、开放的开发环境工具，向下接入海量社会开放资源，向上支撑工业 App 的开发部署与运行优化。

## 3.1.4 应用层

应用层基于开放环境进行应用部署，为各类工业场景和工业流程提供全方位的服务。通过应用层，用户可以方便地获取、分析和利用从边缘层采集的数据，以提高生产效率、降低成本和增强产品竞争力。

在智能制造和工业互联网的常见应用场景中，如智能生产、网络协作、个性化定制服务和延伸服务，应用层提供了智能工业 App 和个性化解决方案的定制开发。在智能生产中，设备预测性维护和生产过程优化可以帮助企业有效提高管理水平，降低生产成本和提高产品质量。在网络协作中，生产协作和众包等创新服务可以实现社会生产资源的优化共享配置，进一步提高生产效率和创新能力。在个性化定制服务中，通过挖掘用户的需求、开展大规模定制生产，能够满足消费者的个性化需求，杜绝千篇一律的产品，提高用户满意度。在延伸服务中，智能产品的远程运维可以使传统制造企业加快服务转型，提高产品的服务质量和品牌影响力。

应用层的核心技术包括图形化编程技术、多租户技术和应用系统集成技术。

（1）图形化编程（Graphical Programming）能够简化开发流程，帮助对代码不熟悉的领域专家，通过图形化编程工具快速生成应用程序。通过图形界面交互定制并行构件及组装构件，结合代码自动生成引擎，自动生成指定编程语言的应用代码，支撑领域专家只需用拖曳方式进行应用创建、测试、扩展等快速研发应用程序。这种编程方法可显著降低并行程序的研制难度，从而提高软件研制效率。

（2）多租户技术（Multi-Tenancy Technology）是一种软件架构技术，它用于实现在多租户的环境下共用相同的系统或程序组件，并且确保各用户间数据的隔离性。多租户技术可以让多个租户共用一个应用程序或运算环境，且租户大多不会使用太多运算资源。对于供应商来说，多租户技术可以有效地降低环境建设的成本。多租户技术可以实现数据隔离，在供应商的架构设计下，数据隔离方式也会不同，良好的数据隔离法可以降低供应商的维护成本（包含设备与人力），供应商可以在合理的授权范围内取用这些数据进行分析，以作为改善服务的依据。多租户技术可以大幅降低程序发布成本，多租户架构下的所有用户都共用相同的软件环境，因此在软件改版时只需发布一次，就能在所有租户的环境上生效。

（3）应用系统集成（Application System Integration）以系统的高度集成为客户需求提供应用

的系统模式，以及实现该系统模式的具体技术解决方案和运作方案，即为用户提供一个全面的系统解决方案。应用系统集成已经深入用户具体业务和应用层面，在大多数场合，应用系统集成又称行业信息化解决方案集成。应用系统集成可以说是系统集成的高级阶段，独立的应用软件供应商将成为核心。

综上所述，应用层作为工业互联网平台的核心功能之一，通过开放的环境和定制化的解决方案，为各类工业场景和工业流程提供全方位的服务，帮助企业提高生产效率、降低成本、增强产品竞争力和提升服务质量，推动数字化转型进程的加速和优化。

## 3.2 工业互联网平台应用场景和实例

由于工业互联网具有大规模数据采集和分析、跨系统连接集成、实时控制反馈、灵活可扩展的架构等特性和优势，可以通过信息技术将传统工业领域的生产设备、流程、人员、数据等各个方面连接起来，实现信息流、物流和价值流的整合与优化，从而提高生产效率、降低成本、提高质量、提升安全性，因此可运用于工程机械、物流、能源、电子信息等诸多行业，响应我国建设制造强国的国家战略。

### 3.2.1 工业互联网平台应用场景

#### 1. 工业互联网平台的应用价值与场景

工业互联网平台能够帮助企业提高生产效率和质量，优化资源利用，降低成本，提高安全性和可靠性，并实现数字化转型，提高企业的竞争力和市场占有率。工业互联网平台在很多方面能够为企业带来价值，如表 3-1 所示。

表 3-1　工业互联网平台的应用价值

| 降低成本 | 提高生产效率 | 提高产品和服务的质量 | 创造新价值 |
|---|---|---|---|
| 降低用工量 | 优化业务流程 | 缩短研发周期 | 带动投资 |
| 减少故障损失 | 提高生产柔性 | 降低次品率 | 数据及服务 |
| 降低能耗 | 提高资源利用效率 | 降低产品故障率 | 增加客户生命周期价值 |
| 减少运维成本 | 提高员工工作效率 | 产品追溯 | 增加客户数量和范围 |
| 减少资源浪费 | 缩短交付周期 | 加速产品/服务更新迭代 | 新的市场营销策略 |
| 减少安全事故 | 提高供应链运作效率 | 提升顾客满意度 | 新商业模式获得的收入增长 |

综合来看，工业互联网平台具有 3 个主要的应用场景：设备/产品管理、业务与运营优化以及社会化资源协作。

（1）设备/产品管理

设备/产品管理是工业互联网平台中数量最多、范围最广的基础应用，而设备运行状态监测与安全报警又是其中最主要的应用场景。对于工业企业来说，确保设备的正常运行是正常生产和制造的前提，实时监控设备的运行状况，可以及时有效地检测潜在故障，从而有效地减少设备故障和非计划停产带来的损失。设备/产品管理包括状态监测和报警、预测性维护、故障诊断、远程运维以及产品全生命周期管理。

（2）业务与运营优化

业务与运营优化基于设备和产品数据，集成来自多个信息化系统（如 ERP、WMS 等系统）的数据，利用数据驱动实现企业业务及运营环节的优化。因为工业互联网平台可获得的数据范围广、可调用能力强，因此基于数据分析的工业互联网应用非常广泛，包括生产制造优化、产品质量控制、研发设计优化、能耗管理、供应链优化、制造工艺优化、资源调度优化以及安全管理等。

（3）社会化资源协作

社会化资源协作是企业转型和升级的创新模式，包括按需定制、协同研发设计、协同制造、共享制造以及生产集成。其中，按需定制和协同研发设计的应用较为广泛。按需定制适用于产品同质化高且消费者对个性化需求高的行业，如消费电子和服装；协作研发设计适用于产品研发和设计环节复杂、需要多方协作的行业，如航空、造船和汽车制造。

虽然上述 3 个应用场景不同，但是每个场景的效果都具有综合性。换句话说，这 3 种应用场景都可以提高效率、降低成本、提高产品和服务质量并创造新的价值，只是有效性程度有所不同。

## 2. 工业互联网平台应用行业

目前，由于不同工业行业所处的产业链位置、生产特点、业务需求、信息化和工业化融合水平存在差异，现阶段各个行业的工业互联网平台应用推广速度不一，应用重点和发展路径具有较为明显的行业特性。目前，我国应用工业互联网的行业主要有机械制造、电子信息、轨道交通、能源、服装等，且各行业对工业互联网的应用各有其特点。以下重点介绍工业互联网平台在工程机械行业、电子信息行业和轨道交通行业中的应用。

（1）工程机械行业

工程机械是国民经济发展的支柱产业之一。作为装备工业的重要组成部分，工程机械是用于国民基本建设工程的施工机械总称，主要应用领域有城乡道路、城市基础设施建设、国防、水利、电力、交通运输、能源工业等，应用范围广，品种繁多，属于资本、劳动、技术密集型行业。

从工程机械行业的产业链角度看，工程机械行业上游主要为制造工程机械产品提供原材料和零部件的钢铁行业、涂料行业和零部件制造业，如工程机械用钢材、内燃机、液压系统、轴承、轮胎等；中游包括挖掘机、起重机、压路机等不同类型的工程机械制造行业；下游主要为对电线电缆有需求的行业，如基础设施建设、房地产、矿山挖掘、水泥等。工程机械制造行业全景如图 3-3 所示。

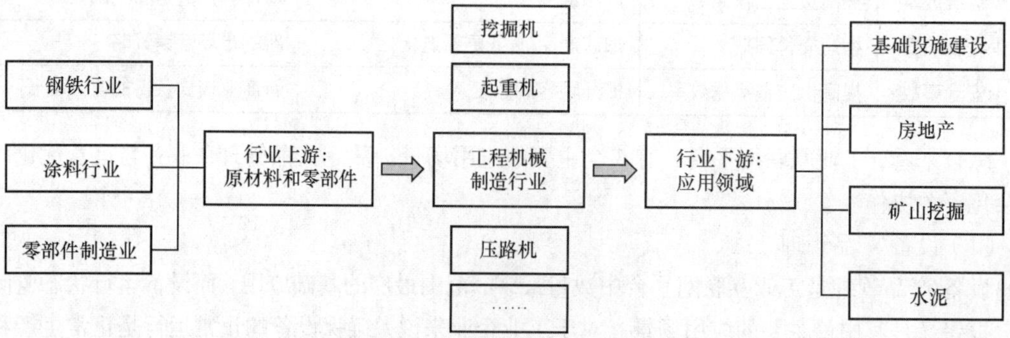


图 3-3 工程机械制造行业全景

工程机械行业的特点是设备产品多种多样、生产过程离散、供应链复杂，并且具有设备附加值低、供应链资源分配效率低、金融生态系统不完善等痛点，因此，加快工业互联网平台发展迫在眉睫。利用工业互联网平台，能够全面提高产品研发、设计、制造，供应链管理，远程运维和客户服务的数字化水平。工程机械行业工业互联网平台的应用场景和实施内容主要是设备预测性维护、备件管理、智慧施工等。

① 设备预测性维护功能包括设备状态监测、设备建模与仿真、设备故障诊断等。在设备状态监测方面，工业互联网平台能实时采集温度、电压、电流和其他数据，以增加对设备运行状况的了解并防止机械设备突然发生故障；在设备建模与仿真方面，工业互联网平台可通过输入诸如参数和工况等数据来进行模拟仿真，以构建设备的数字孪生体并提供优化维护方案；在设备故障诊断方面，工业互联网平台能实现挖掘和分析数据的功能，如设备工作日志、设备历史故障、设备运行轨迹和实时位置等，判断可能发生故障的时间和位置，并制订维护计划。

② 备件管理一直是工程机械行业不可忽视的重要组成部分。基于工业互联网平台，可以有效地促进工业企业备件的智能管理。在备件识别管理方面，物联网技术用于实现备件联网，通过标签管理和智能搜索实现备件的监督、跟踪与协调；在备件部门协调方面，以工业互联网平台为基础，能打通各备件部门之间的信息壁垒，推动部门之间的协作，并促进备件的有效流通；在备件供应链管理方面，在满足生产和维护需求的基础上，工业互联网平台为零部件供应商建立对接和交流平台，确保实时和定量采购，减少备件库存并节省企业现金流。

③ 工程机械行业正在从设备解决方案过渡到智慧施工现场解决方案，通过连接机器和工人优化施工方案，实现智慧施工。在施工现场数据采集方面，工业互联网平台利用传感器、无人机、3D 扫描仪等工具，可以高精度地检测施工对象、施工场景和施工环境等因素，从而掌握施工现场的状况；在施工方案仿真方面，工业互联网平台建立虚拟和现实映射的数字孪生体，输入施工条件，对工况进行仿真迭代，并不断优化施工方案；在施工现场指挥调度方面，工业互联网平台通过建立反馈响应系统，根据设备的动态变化情况实时校正和调整施工方案，并对施工现场进行指挥调度。

（2）电子信息行业

作为国民经济的战略基础产业，电子信息行业具有产品种类繁多、技术含量高、产品质量要求高、生产周期短、技术更新迭代快等特点。电子信息行业当前具有生产管理效率低以及产品质量控制力度不够的痛点，迫切需要加快数字化转型的速度，全面提升设备管控、生产研发管理、质量控制和供应链管理等环节的数字化水平。工业互联网平台在电子信息行业有着广泛的应用场景，主要有设备管控、生产研发、质量检测、供应链协同管理等。

① 设备管控。工业互联网平台在设备管控环节可以实现设备状态监测、设备故障诊断和设备预测性维护。在设备状态监测方面，企业可基于工业互联网平台，采集温度、电压和电流等数据，直观显示设备的实时运行状态，实现设备的全面、实时和精确的状态感知；在设备故障诊断方面，企业可利用大数据分析技术来挖掘和分析设备工作日志、设备历史故障、设备运行轨迹和实时位置等数据，基于专家库及自学习机制构建智能设备故障诊断模型，实现对设备故障的精准定位；在设备预测性维护方面，在对工业互联网平台进行分析和预测的基础上，企业可以预测设备关键部件的发展变化趋势，预测产品的寿命和潜在风险以及设备部件损坏的时间，并提前进行维护。

② 生产研发。工业互联网平台同时可助力生产研发环节中的研发设计、智能排产和精益管理。研发设计，指根据产品的几何形状、制造工艺、功能和运行环境，构建产品的数字孪生体，开发人员无须进行实际测试即可检验产品在实际环境中的性能。基于数字孪生的“零成本试错”的研

发创新，可以有效地促进电子信息产业的发展。智能排产，指在新产品投入实际生产前，通过数字孪生技术对生产计划、订单管理、质量控制、物料管理和设备管理进行建模与测试，以找到最佳解决方案，帮助企业缩短和改进新产品的导入流程，提高产品交付速度。精益管理是一种以流程为中心的生产管理模式，旨在实现生产过程的高效和优化，同时减少浪费和降低成本。

③ 质量检测。工业互联网平台在质量检测环节发挥着重要作用。在产品质量检测方面，工业互联网能在产品生产过程中实时采集检测数据并结合机器视觉技术、人工智能技术和产品质量分析模型，及时发现潜在的产品质量问题，消除质量控制环节中的漏洞，并迅速对异常产品做出响应。在产品质量全流程追溯方面，企业可基于工业互联网平台，打通原料供应、元器件生产、零部件生产、组装加工、集成销售、运维等产品全生命周期的质量数据，结合质量追溯模型，实现产品全生命周期的质量跟踪，提升产品质量控制精度。

④ 供应链协同管理。工业互联网平台在企业内外部的供应链协同管理中发挥着重要作用。在企业内供应链协同管理中，企业可基于工业互联网平台，实时采集企业内设备、工具、物料和人员等数据，实时跟踪生产现场物料消耗，并结合库存情况，安排供应商进行精准配货，实现对生产和库存的动态调整优化，从而有效降低库存成本。在企业间供应链协同管理中，工业互联网平台作为枢纽，能够采集供应链上下游企业的生产、库存、物流等方面的实时运营数据，并将其与供应链协同模型相结合，优化整个供应链的资源配置，实现供应链的动态和精准协同。

（3）轨道交通行业

轨道交通行业具有安全性要求高、集中式管理、供应链系统独立、产品种类繁多和专业化程度高的特点，也有着资源调配效率低、车辆运维难度大和客户需求不断提高等行业痛点，迫切需要加快基于工业互联网平台的数字化转型步伐，增强企业的综合实力。工业互联网平台在轨道交通行业的应用主要有虚拟仿真、协同制造、产业链管理、设备健康管理等。

① 虚拟仿真。轨道交通行业构建基于工业互联网平台的虚拟仿真平台，建立车辆的数字孪生模型，可以在虚拟空间中模拟车辆的工况，实现研发和设计的迭代优化。借助工业互联网平台，企业可以建立仿真模型，进行工况模拟并优化设计。

建立仿真模型：通过网络空间和物理空间的映射构建车辆系统的虚拟模型，从而显示车辆系统的实时状态。

工况模拟：输入工况参数，执行虚拟空间实验，确定数字孪生体的车辆性能，从而为物理实体提供参照。

设计优化：依托虚拟仿真获得的大量数据，经过统计分析促进研发设计环节的迭代更新。

② 协同制造。基于工业互联网的全要素、全产业链和全价值链连接能力，工业互联网平台能够打通人与机器、机器与机器以及生产线与生产线之间的信息壁垒，实现生产过程的协同，实现人机协作、设备协同和产线协同。

人机协作：基于工业互联网平台，通过对机器设备进行远程监控、指挥和维护，实现人机协同作业。

设备协同：基于工业互联网平台，采集生产过程中的数据信息，利用大数据分析技术对生产线进行智能化改造，以发挥生产设备的最大效能。

产线协同：基于工业互联网平台数据的计算、分析、智能决策，统一调配各生产要素，促进跨产线协作。

③ 产业链管理。作为一个综合性产业，轨道交通具有非常丰富的产业链。基于工业互联网平

台能够实现产业链的有效管理，促进轨道交通产业的资源配置优化和服务能力的提升。因此，工业互联网平台将极大地辅助供应链管理、制造链管理和服务链管理。

供应链管理：建立维护供应商关系和对接沟通的平台，密切掌控市场发展趋势，确保高效的零部件供应，满足生产维护需求。

制造链管理：增强对制造过程的实时监控、数据采集和智能分析，以增强对生产现场的洞察力。

服务链管理：建立与客户对接的平台，积极沟通，根据客户需求推出定制产品，增强企业服务能力，打造企业综合竞争力。

④ 设备健康管理。基于工业互联网平台，企业可以对轨道车辆设备进行深刻洞察、设备故障精准预测、事故风险有效评估，按需安排维修计划，总体可将其应用归为状态监测、建模与仿真和大数据分析 3 类。

状态监测：在车辆行驶过程中利用传感设备采集车辆状态数据并实时监控车辆工作状态，以确保车辆的安全行驶。

建模与仿真：通过虚拟仿真平台仿真模拟各种工况条件，以不断优化车辆性能。

大数据分析：挖掘和分析海量数据，包括工作日志、历史故障、驾驶轨迹和实时位置等，预测车辆可能出现故障的时间和部位，实现预测性维护。

根据以上工业互联网平台的应用场景和行业情况，可以总结出工业互联网平台行业应用具有以下特点。

（1）工业信息化水平较高的行业引领平台创新应用。从发展基础看，电力、电子信息及家电行业的工业和信息化融合水平较高，制造技术、管理技术、信息技术和知识积累相对成熟，升级改造的难度较低，更加具有应用工业互联网平台的能力优势和成本优势。从发展需求看，工业和信息化融合水平较高的行业正在进入网络化发展阶段，可以更有效地利用工业互联网平台提供新技术、解决方案、创新应用模型并开拓新的发展空间。

（2）同业竞争越激烈的行业越先向“产品+服务”转型。我国正处于工业转型和升级的关键时期，以轨道交通和工程机械为代表的行业由于结构调整、需求放缓和同质化竞争激烈而承受着巨大压力。提供“产品+服务”增值服务和进行面向服务的创新是企业获得更大价值空间并增加其可持续竞争优势的有效方法。以设备制造为例，一方面，可以基于设备运行数据对设备进行实时在线监控、故障分析、预测性维护和远程运维，提供多样化的增值服务；另一方面，可以针对用户数据进行分析与价值挖掘，面向高价值设备提供租赁、保险和贷款等创新服务，促进社会化协作和跨界融合。

（3）流程行业率先布局基于平台的安全、环保综合管控能力建设。钢铁、石化、采掘等行业的特点是高能耗、高排放、高风险和工艺复杂，安全问题和环境保护问题已成为制约这些行业发展的主要因素。工业互联网平台结合大数据和人工智能等新技术，为这些行业提供了新的能源管控和安全管控解决方案，并提高了行业总体精细化管控水平。

### 3.2.2　工业互联网平台实例

尽管各行各业都日益趋于应用工业互联网平台来汇聚企业、产品、生产能力、用户等产业链资源，优化资源配置，推动产业链上相关企业的生产运营优化与业务创新和商业模式创新，目前也涌现了多种工业互联网平台服务的解决方案，但归纳起来，现有的工业互联网平台主要分为以生产和运营优化为主要场景的智能制造类平台、以协同生产为主要场景的协同制造服务类平台和以云端赋能制造为主要场景的云制造服务类平台。下面分别介绍这几类中的典型平台。

### 1. 以生产和运营优化为主要场景的智能制造类平台

以生产和运营优化为主要场景的智能制造类平台采集并存储企业各类设备、生产线及生产运行状态的海量多元异构数据信息，通过对现场生产实施远程的实时状态监控与即时调整，实现对生产过程中各类机器设备的动态优化调整乃至整个企业生产运营过程的持续优化。此类平台借助互联网等新兴技术，充分发挥工业设备的工艺潜能，提高资源配置效率和企业生产运营效率，为企业智能制造的实现提供新型基础设施。国外的西门子、施耐德电气以及国内的东方国信等公司，它们的工业互联网平台均是这类平台的典型代表。

（1）EcoStruxure：施耐德电气开放兼容的平台

施耐德电气于2017年发布EcoStruxure平台。EcoStruxure中的E代表能源，而co代表控制。EcoStruxure即能源管理平台的总称。EcoStruxure就是基于物联网开发的具有互操作性的平台。该平台的技术架构自下而上由互联互通产品、边缘控制及应用分析与技术3层构成，通过各层之间的紧密联系和相互支撑，为楼宇、数据中心、工业和电力领域用户带来良好的设备应用体验。EcoStruxure平台架构如图3-4所示。

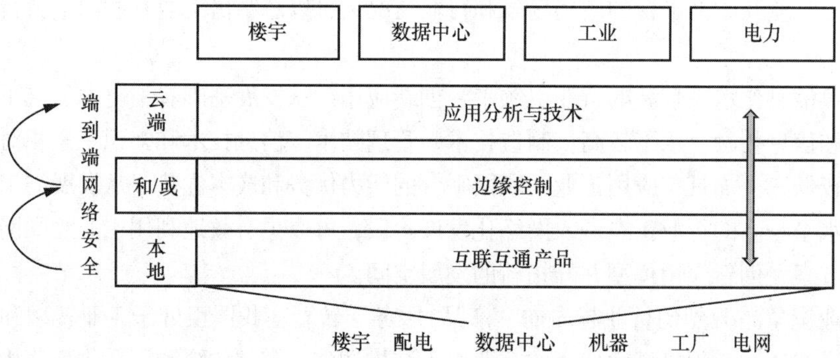

图3-4　EcoStruxure平台架构

EcoStruxure平台包含3个层次：互联互通产品层，产品涵盖断路器、驱动器、不间断电源、继电器、仪表及传感器等；边缘控制层，可进行监测及任务操作，简化管理；应用分析与技术层，可以实现设备、系统和控制器之间的协作，通过运营人员的经验形成模型，用模型促进改善策略的形成，提升决策效率与精确度，并利用技术提供可视化的人机接口，实现业务控制和管理。

（2）Cloudiip：东方国信专注大数据和工业领域的平台

东方国信专注大数据和工业领域20余年，目前已经在工业互联网研发、平台建设及验证推广方面形成从工业传感器、智能网关、边缘计算到IaaS、PaaS、SaaS云平台及工业企业上云等一系列产品的整体解决方案。其中，Cloudiip是一个架构完整、应用多元的工业互联网平台，是面向制造业数字化、网络化、智能化需求，构建基于海量数据的采集、汇聚、分析和服务体系，支撑制造资源泛在连接、弹性供给、高效配置的开放式工业云平台。

Cloudiip以促进软件技术与工业技术深度融合及实现工业制造自动化与智能化为目的，以工业通信网络及工业安全防护为基础，结合工业领域技术及业务应用经验，融合云计算、大数据、物联网等相关技术。Cloudiip按照国家“分类施策、多层次平台发展体系，形成中央地方联动、区域互补的协同发展机制”的要求，提供省级、市级、行业和专项服务级子平台，已经覆盖冶金、装备、水电、风电、热力、电子、建材等多个行业，并提供微众资产、设备实时监测、生产运行管理实时监测、产品远程数据服务、通用软件服务、空压机、旋转机械等的专项服务子平台。东方国信 Cloudiip 平台业务架构如图 3-5 所示。

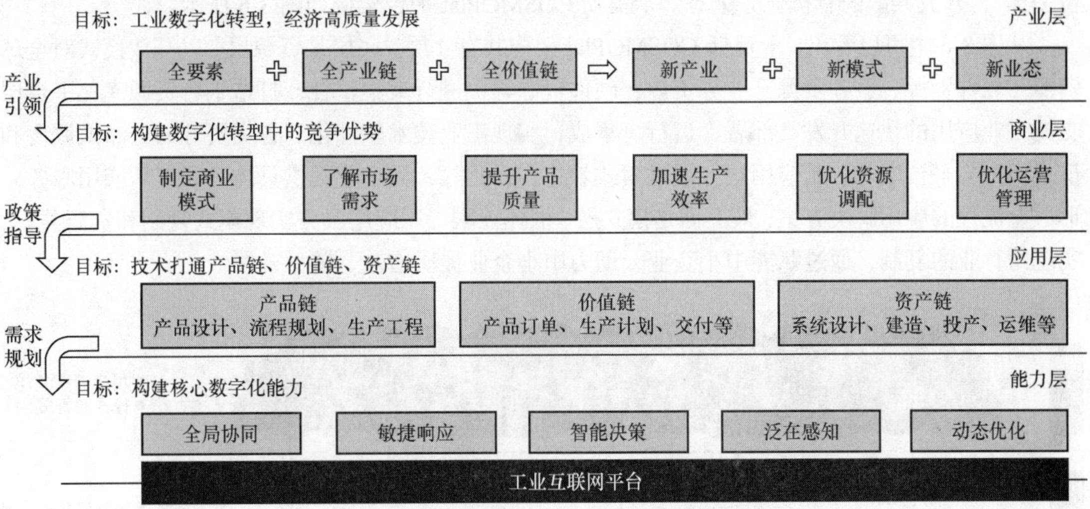


图 3-5　东方国信 Cloudiip 平台业务架构

Cloudiip 平台业务架构包括产业层、商业层、应用层、能力层。其中产业层主要定位于产业整体数字化转型的宏观视角，通过对宏观产业模式的分析，对商业层、应用层和能力层进行定位，自上而下对整个业务链条进行整合串通，在产业数字化转型大趋势下，帮助企业把握发展机遇，实现自身业务的数字化发展并构建起关键数字化能力，同时推动企业不断构建和强化数字化能力，持续驱动其业务乃至整个企业的转型发展，并最终带来整个产业的数字化转型。

作为跨行业、跨领域的综合性工业互联网平台，东方国信 Cloudiip 平台汇聚了海量工业数据，结合东方国信大数据与工业实践的经验积累，面向冶金、钢铁、工程机械、轻工、电力、航空等 29 个工业大类，覆盖炼铁高炉、工业锅炉、空压机等高耗能、高污染、高通用性和高价值的设备，推出了内容丰富的工具集、模型库、数据库和知识库。在此基础上，结合物联网、大数据、人工智能等技术的集成创新应用，针对研发设计、采购供应、生产制造、运营管理、企业管理、仓储物流和产品服务等应用场景存在的问题，面向生产制造全过程、全产业链和产品全生命周期，形成了相应的解决方案，有效地解决了企业设备互联互通、异构系统集成应用中的问题。围绕重点行业特定场景应用需求，构建了炼铁云、空压机云、锅炉云等多种专业云平台。

### 2. 以协同生产为主要场景的协同制造服务类平台

此类工业互联网平台基于多企业的供应链数据、用户需求数据、产品服务数据进行综合集成与分析，实现面向不同领域的多企业间高效协同、产品全生命周期管理与交付产品感知服务的优化闭环。此类平台可实现企业间资源配置优化和商业活动创新，最终形成网络化协同、企业个性化定制及服务化延伸等新型服务模式。典型代表有海尔的卡奥斯 COSMOPlat 和美国通用电气公司的 Predix 平台。

（1）卡奥斯 COSMOPlat：海尔开放互联平台

卡奥斯 COSMOPlat 是海尔打造的一款拥有自主知识产权的工业互联网平台，该平台是一个以用户驱动实现大规模定制的平台。它采用并联协同的互联模式，实现了用户、企业、资源三者间的互联互通与零距离交互，形成了用户与资源、用户与企业、企业与资源间的紧密连接。该平台强调用户全流程参与、零距离互联互通、打造开放共赢的新生态三大特性，用户可以全流程参与产品交互、设计、采购、制造、物流、体验和迭代升级等环节，形成了用户、企业、资源“三位一体”，开放共赢的有机业务生态。卡奥斯 COSMOPlat 平台架构如图 3-6 所示。

从图 3-6 中可以看出，卡奥斯 COSMOPlat 架构共有 4 层。底层是资源层，以开放模式对全球资源（软件资源、服务资源、业务资源、硬件资源等）进行聚集整合，打造平台资源库；平台层支持工业应用的快速开发、部署、运行、集成，实现工业技术软件化、各类资源的分布式调度和最优匹配；平台层之上是应用层，通过模式软化、云化等，为企业提供具体互联工厂应用服务，形成全流程的应用解决方案；最上面是模式层，依托互联工厂应用服务实现模式复制和资源共享，实现跨行业的复制，通过赋能中小企业，助力中小企业提质增效、转型升级。

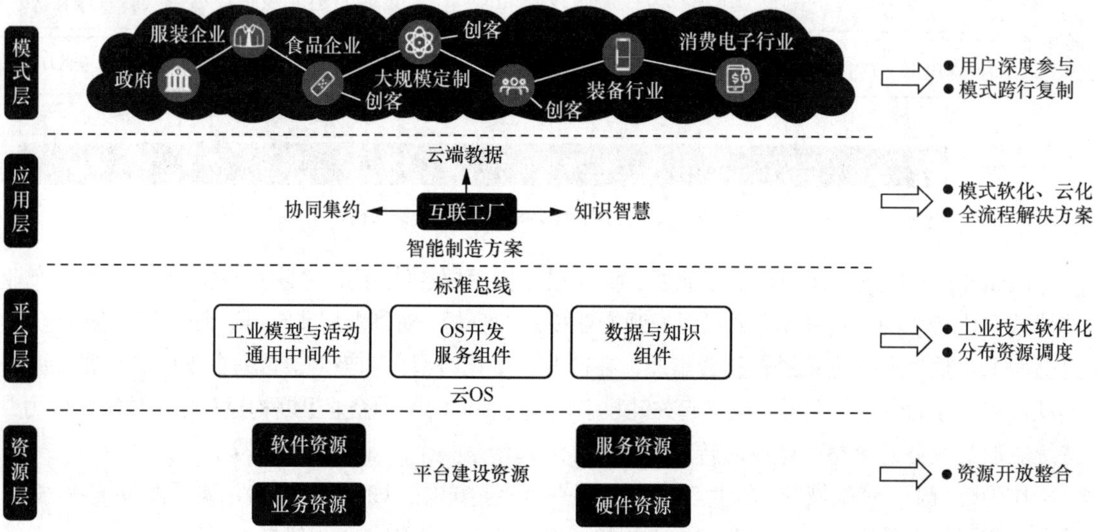


图 3-6　卡奥斯 COSMOPlat 平台架构

卡奥斯 COSMOPlat 已经在海尔内外部进行了全面推广应用。在海尔内部，卡奥斯 COSMOPlat 实践已显现成效。目前，已经构建沈阳冰箱、郑州空调、佛山滚筒、胶州空调、青岛热水器、FPA 电机、青岛模具和中央空调等互联工厂。以海尔胶州空调互联工厂为例，在高精度方面，实现新产品开发 100%用户参与设计，定制占比 25%以上；在高效率方面，订单交付周期缩短 50%以上，效率提升 100%。卡奥斯 COSMOPlat 的内部实践不仅激发了海尔的新动能，还实现了跨行业的复制，通过赋能中小企业，助力中小企业提质增效、转型升级。另外，卡奥斯 COSMOPlat 已对外开展社会化服务，推广应用到电子、船舶、纺织、装备、建筑、运输、化工七大行业，通过模式复制降低企业试错成本，也加快了企业的智能制造转型升级。

（2）美国通用电气公司的 Predix 平台

美国通用电气公司创立于 1892 年，是一家集制造、技术和服务于一体的多元化跨国公司，创造由软件定义的机器，集互联、响应和预测之智，致力变革传统工业。美国通用电气公司为了契合数字时代的发展模式，充分发挥自身在先进制造、工业互联网等领域的领先优势，创建了“Predix——工业云平台”。它可以帮助企业安全地将机器和数据与人连接，针对资产和业务进行软件创新，将云端开发、部署和运维工业应用程序，集成到企业内部的 IT 系统中，有利于减少意外停机、提高资产产出和运用效率等。Predix 平台架构主要分为 3 层，即边缘层、平台层和应用层，如图 3-7 所示。

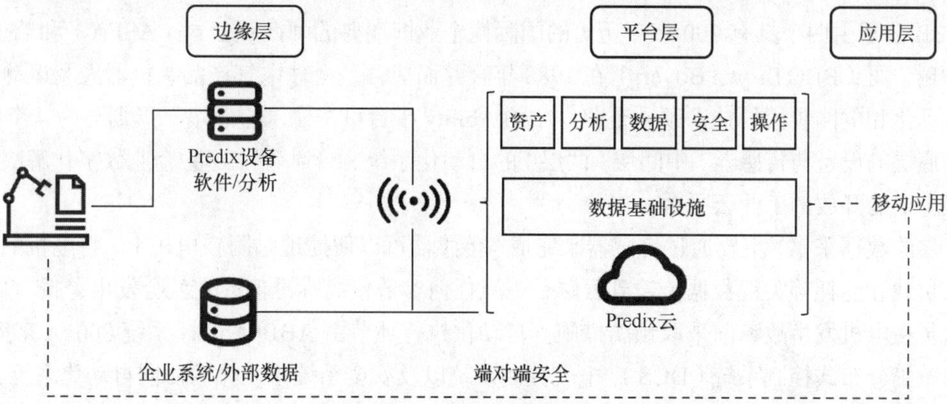


图 3-7　Predix 平台架构

在 Predix 平台架构中，边缘层主要负责采集数据并将数据传输到云端，包含 Predix Machine 和 Predix Connectivity 两个要素。Predix Machine 是一个能够嵌入工业控制系统或网络网关等设备中的软件栈，主要职责是提供与工业资产之间安全的双向云连接并管理工业资产。为了满足工业连接要求，Predix Machine 支持通过不同工业标准协议（如 OPC-UA、Modbus 等）连接多个边缘组件的多种网关解决方案，可以部署在网关、控制器和传感器节点上。平台层主要提供基于全球范围安全的云基础架构，满足日常工业工作负载和监督的需求，包含 Predix Cloud 和 Predix.io 两个核心要素。Predix Cloud 是启用工业互联网的中心，提供工业工作负载优化和处理大规模工业数据的云基础设施，消除了工业企业开发时难以扩展和代价昂贵的壁垒。Predix.io 是一个自主服务的门户，开发人员可以通过它访问专门用于工业互联网应用程序的服务，是基于 Predix 构建工业应用的起点。应用层主要负责提供工业微服务和各种服务交互的框架，提供创建、测试、运行工业互联网程序的环境和微服务市场，包含 Predix Services 和 Predix for Developers 两个核心要素。Predix Services 包含运营服务和工业服务两大类。Predix for Developers 构建了工业互联网应用程序独特的需求和要求，保证工业程序能够在正确的时间以正确的方式为正确的用户提供正确的信息。

Predix 作为美国通用电气公司发展数字化工业的关键抓手，未来将主要在以下 3 个领域实现突破：通过为大客户提供解决方案，积攒推广经验，加强模式创新，带动中小企业的数字化转型；加快 Predix 在全球范围内的推广，让更多不同工业领域的企业和第三方开发商通过 Predix 打造更多专属或通用的工业互联网应用，加快构建工业微服务的市场；依托自身的行业优势联合更多的组织和机构，通过 Predix 进一步促进产学研用结合，突破一批产业核心技术，形成工业互联网的技术标准。

### 3. 以云端赋能制造为主要场景的云制造服务类平台

此类平台首先通过汇聚不同类别的企业形成产业生态，进而积累不同类型企业的海量数字资产，利用仿真优化、大数据分析和人工智能等智能分析与处理技术，实现线下泛在智能感知、线上企业间供需智能匹配、多企业间生产运营智能分析与辅助决策及线下与线上相结合的多企业间生产运行智能精准调控。同时，累积并运用行业经验知识，对工业领域不同企业的生产运行状态与性能状况进行实时智能分析，实现产业生态中不同类别企业的云端智能服务，实现传统企业的转型升级。这类平台的典型代表是ABB Ability平台和富士康的BEACON平台。

（1）ABB Ability平台

ABB公司由两个具有100多年历史的国际性企业即瑞典的阿西亚公司（ASEA）和瑞士的布朗勃法瑞公司（BBC Brown Boveri）在1988年合并而成，是全球电气产品、机器人及运动控制、工业自动化和电网领域的技术领导企业。ABB Ability平台可按照“金字塔”形划分为4个层次，分别为底层的设备与传感器，中间层（两层）的自动化系统、端到端的工业/企业数字化解决方案，以及最上层的开放的工业云平台。

底层的数据采集，主要通过传感器来完成。传感器可以便捷地贴附在电机上，将电机的振动、温度、负载和能耗等关键数据传输到云端，一旦任何参数偏离标准值，它就会发出警报，从而使操作人员在电机发生故障前采取预防措施。自动化执行环节由ABB Ability系统800xA来完成，这是一款集分布式控制系统（DCS）、电气控制系统以及安全系统于一体的协同自动化系统，帮助客户提高工程效率、操作效率和资产利用率。ABB Ability平台支持的行业应用包括：面向资产密集型行业的绩效管理解决方案；针对流程工业的控制系统；面向机器人、电机和机械设备的远程监测服务；用于建筑、海上平台和电动汽车充电基础设施的控制解决方案；满足数据中心能源管理和远洋船队航线优化等需求的专业领域解决方案。

ABB集团已经与微软达成战略合作，将依托微软Azure平台提供工业云服务，微软的云平台将为ABB Ability平台提供工业数据计算和分析能力。在中国市场，ABB集团与华为合作，联合研发机器人端到端的数字解决方案，实现机器人远程监控、配置和大数据应用。

（2）富士康BEACON平台

富士康工业互联网平台BEACON是一个基于开放平台的新型工业生态系统，集成了云计算、物联网、大数据、移动互联网、智慧工厂、互联网、人工智能等新技术和新业态。在实践过程中，BEACON平台通过信息化与生产设备等物理实体的深度融合，提供新形态电子设备产品智能制造服务。平台提供以自动化、网络化、平台化、大数据为基础的科技服务综合解决方案，引领传统制造向智能制造转型，并以此为基础，构建以云计算、移动终端、物联网、大数据、人工智能、绿色节能、高速网络和机器人为技术平台的“先进制造+工业互联网”新生态。

富士康BEACON平台的技术能力优秀，包含丰富的数据采集和连接能力、开放共享的工业App两个特点。

① 丰富的数据采集和连接能力。

针对普通的设备管理应用存在设备种类较少、数据采集点不全面、应用功能种类较少等情况，BEACON打造的物联网平台——CorePro可连接海量终端设备，并在云端进行设备管理、数据存储与分析等。

富士康工业互联网平台BEACON打造的另一个核心物联网平台——Edge Connect，是万物互联互通时代资源接入管理、数据采集的有效解决方案。Edge Connect支持基于工业标准协议串口、文件、软件界面参数的采集、解析与存储，支持各种智能网关数据采集与存储。在数据传输协议/标准方面，可根据用户需求对数据传输提供端到端加密，支持以容器方式对数据接入的服务进行扩展。Edge Connect作为资源管理与数据采集平台，既服务于平台又独立于平台，可以与任何云平台无缝串接。无论企业工业互联网产品策略是智能化生产、网络化协同、个性化定制还是服务化延伸，数据采集永远是基础，采集的数据必须实时、准确、完整，以支撑各种智能分析需求。

② 开放共享的工业 App。

BEACON 平台由 B（行业应用价值）、E（服务型解决方案）、A（智慧应用）、C（工业云和大数据）、O（智慧工厂）、N（工业互联网/智能装备）六大环节组成。BEACON 平台通过工业互联网、大数据、云计算等软件及工业机器人、传感器、交换机等硬件的相互整合，建立了端到端可控可管的智慧云平台，将设备数据、生产数据、产业专业理论进行集成、处理、分析，形成开放、共享的工业级 App。BEACON 基于开放平台的新型工业生态如图 3-8 所示。

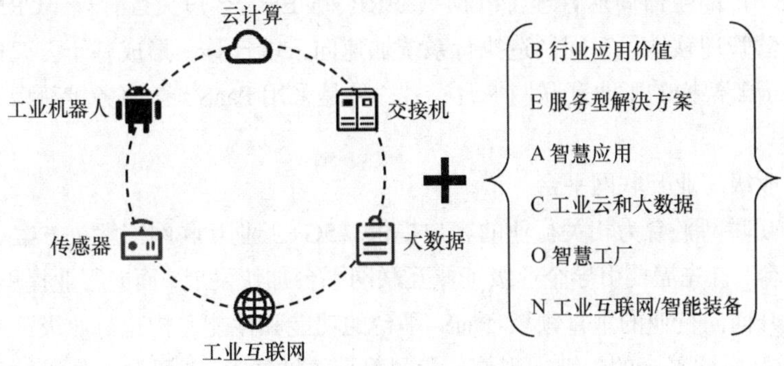


图 3-8　BEACON 基于开放平台的新型工业生态

## 3.3 工业互联网平台发展趋势

工业互联网平台是一种基于物联网技术和云计算技术，以工业数据采集、处理、分析为核心，能够实现生产全过程信息化、数字化的平台。在现代工业中，工业互联网平台已经成为不可或缺的重要组成部分，具有极其重要的地位和作用。

目前，我国工业互联网平台的建设和应用推广步伐不断加快，但是仍然存在一些问题和不足，具体体现在：跨行业、跨领域平台构建能力薄弱；平台建设技术支撑能力仍需加强；面向新型工业 App 的开发生态尚未建立。针对以上问题，我国工业互联网平台发展应朝着构建跨行业及产业链布局的整体协同平台、发展关键平台建设技术、推动互联网平台生态化建设等方向不断向前推进。

### 3.3.1 工业互联网平台不断升级

以树根互联、海尔、航天云网、东方国信为代表的领先工业互联网平台刚刚推向市场，应用主要集中在部分垂直行业领域，跨行业、跨领域的通用性工业互联网平台尚未形成，亟须发挥骨干企业与科研院所的核心作用，突破数据采集、平台管理、开发工具、微服务框架、建模分析等关键技术瓶颈，同步推进企业级、行业级、区域级工业互联网平台，加快培育跨行业、跨领域工业互联网平台，有力支撑企业数字化、网络化、智能化转型。

（1）发展企业级工业互联网平台

企业级工业互联网平台是指为企业提供全面的数字化转型解决方案的一种综合性技术平

台，能够提升企业的生产效率、降低成本、提高产品质量和提升企业竞争力。要充分发挥大型制造企业信息化水平高、技术基础扎实、工业系统和生产设备等制造资源丰富、工业知识和经验积累较多的优势，基于通用 PaaS 构建工业互联网平台，对内整合研发设计、经营管理、制造执行、生产设备等资源，实现企业纵向集成；对外整合供应和销售网络，加快横向集成。最终实现企业内部及产业上下游、生产设备与信息系统互联互通，打破“信息孤岛”，促进制造资源、数据等集成共享。

基于工业控制技术、信息技术、通信技术、企业长期积累的信息化实践经验和关键技术能力，通过两种方式为企业提供工业互联网平台解决方案。一种是将计算机辅助设计、计算机辅助制造、计算机辅助工程、产品生命周期管理（PLM）、ERP、MES、客户关系管理（CRM）等传统的研发设计工具、经营管理软件、车间制造执行系统加速向云端迁移，形成基于云架构的软件产品开发部署，构建基于云架构的工业互联网平台；另一种是采用 PaaS、微服务等新型架构搭建工业互联网平台。

（2）发展行业级工业互联网平台

行业级工业互联网平台为相关行业的客户提供“5G+工业互联网”解决方案。推动发展行业级工业互联网平台，首先需要引导企业级工业互联网平台加快发展，面向行业提供基础共性服务。其次需要加快提升面向行业的垂直领域 PaaS 平台的功能和性能，构建行业级工业互联网平台。PaaS 平台是工业互联网平台的关键。当前，我国垂直领域的 PaaS 平台，如以航天云网为代表的协同制造云平台，以根云为代表的产品全生命周期管理服务云平台，以卡奥斯 COSMOPlat 为代表的用户定制化生产云平台等，均存在专业的算法库、模型库、知识库等。PaaS 平台微服务提供能力不足，能够提供的开发工具数量少、易用性差，严重制约了 PaaS 平台核心功能的开发和应用。最后需要通过试点示范、专项支持等手段，面向钢铁、石化化工、冶金等流程行业或航空、轨道交通、船舶、工程机械、汽车、电子信息、轻工等离散行业构建行业级工业互联网平台，提供工艺及能耗管理、流程控制优化、智能生产管控、产品远程诊断、设备预测性维护、产品全生命周期管理等场景平台及解决方案。

（3）发展区域级工业互联网平台

区域级工业互联网平台是指基于互联网技术和工业互联网理念，以区域经济为依托，整合资源、集成应用、促进协同发展的智能化平台。推动发展区域级工业互联网平台，首先需要支持建设特定区域工业互联网平台。面向产业集聚区，支持企业建设特定区域工业互联网平台，提供区域设备规模接入、共性机理模型与微服务开发、工业 App 创新服务，建成知识库、模型库、用例库及工业 App 资源池。其次需要推进工业互联网平台和产业园区融合发展。应把工业互联网平台建设与产业园区发展相结合，支持工业企业、互联网企业、系统集成商等集中优势资源，构建面向产业园区的工业互联网平台。最后需要鼓励地方建设工业互联网平台省级制造业创新中心，推动平台在“块状经济”产业集聚区落地，建设工业互联网平台区域示范基地，定期制定、发布工业互联网平台数据集、平台建设、应用解决方案提供商目录。

（4）发展跨行业、跨领域工业互联网平台

跨行业、跨领域工业互联网平台代表着工业互联网平台最高水平。推动发展跨行业、跨领域工业互联网平台，首先需要突破关键技术瓶颈，着力打造一批具有国际竞争力的工业互联网平台，从提升行业级和区域级工业互联网平台核心能力入手，围绕数据采集、平台管理、开发工具、微服务框架、建模分析等关键技术瓶颈，培育跨行业、跨领域的工业互联网平台。其次需要培育一批跨行业、跨领域工业互联网平台解决方案供应商。面向企业发展需求和现有基础，培育发展一批掌握核心技术、专业知识扎实、行业经验丰富、实战能力强的系统解决方案商。最后需要关注组织开展行业系统解决方案应用试点示范，强化工业互联网平台的产品设计、生产工艺、生产模型、知识模型等各类数据资源和制造资源，汇聚共享能力，形成满足行业与企业需求的多种解决方案。

## 3.3.2　工业互联网平台关键技术加速演进

工业互联网平台所采用的技术处于不断变化与发展之中，具有以下发展趋势。

（1）平台边缘分析功能从数据接入向智能分析演进

随着通用 IT 软硬件架构的下沉和边缘计算技术的不断发展，工业互联网平台的边缘分析功能正在从简单的数据接入向智能分析演变。传统的数据接入服务已经逐步演变为更加完善的平台服务，并且边缘数据分析功能也由简单的规则引擎向人工智能复杂分析转变。这意味着平台可以实现更加智能化的数据处理和分析，提升了平台的核心竞争力。

（2）信息模型的沉淀、集成和管理成为平台核心能力

信息模型的沉淀、集成和管理已经成为工业互联网平台的核心能力。通过集成各种工业机理和知识等信息模型，平台可以提升工业要素管理的水平，为平台资产和功能提供统一的语义描述。同时，工业机理模型、工业数据模型和工业业务模型可以快速地在平台中沉淀，为企业提供工业个性化产品的制造服务，进一步推动工业智能化转型。

（3）数据管理和分析向自研与集成相结合的方向发展

工业互联网平台的数据管理和分析也在不断发展，向自研与集成相结合的方向发展。平台聚焦于一类或多类工业个性化需求上，开展定制化开发，并不断强化工业数据管理能力。工业现场的实时性业务需求驱动着平台提高实时数据流的分析能力，而人工智能技术的应用则进一步拓展了平台处理工业问题的广度和深度。此外，平台不断丰富数据分析和可视化工具，大大降低了数据分析的门槛，并提升了数据分析的效率，为企业提供更加优质的数据支持。

（4）平台架构和能力向软件定义加速演进

新型容器技术和微服务技术的发展也使得工业互联网平台架构和能力向软件定义加速演进。这些新技术大幅提高了平台功能解耦和集成的效率，有效提升了平台功能复用的效率。软件定义使得平台资源能够灵活组织、功能可以封装复用、开发更加敏捷高效。同时，低代码开发模式显著提升了开发效率，并降低了开发门槛，新型平台架构和应用开发技术的演进也使得工业 App 交付更快、应用范围更广。这些技术的演进和应用，将有效提升工业互联网平台的竞争力，促进企业数字化转型的发展。

## 3.3.3　工业互联网平台生态日趋形成

自然界的生态体系是指在一定空间内所有的生物及其生存环境的总和。参照生态体系的定义，可以将工业互联网生态体系定义为：在工业相关领域内，所有工业互联网要素（人、机、物、平台、成员、区域、发展环境等）及其所连接的价值链、产业链上诸多要素构成的统一整体。工业互联网生态体系具有以下 5 个特性。

（1）相互作用

在工业互联网生态体系中，所有成员和发展环境之间都是相互作用与相互影响的。因此，工业互联网生态体系中不同的利益相关方，在产业链上应该构建利益共同体，互惠互利。

（2）平衡性

在工业互联网生态体系中，各成员之间和发展环境之间在一定时期内处于相对稳定的动态平衡状态，因此保持和维护体系内各成员的积极性与利益平衡、保持和维护平台数据流的平衡非常重要。

（3）系统性

工业互联网生态体系是一个复杂系统，因此特别注重系统的顶层设计、制度设计、技术接口设计和系统性的工作安排，同时注重各子系统在整个生态体系中的表现和作用。

（4）演变性

工业互联网生态体系在动态平衡中不断发展渐变或进化，因此要特别注重识别和引导各子系统、各成员、各区域的发展方向。

（5）开放性

工业互联网生态体系必须是开放系统，因此要坚持开放共享、共创共赢，引导大量工业企业、平台运营商、软件开发商、系统集成商和其他开发者加入生态体系，不断引入新成员、新技术、新标准、新链条和新模式。

根据工业互联网生态体系的特性，推动工业互联网平台建设应从以下几个方面入手。

（1）坚持建平台、用平台和测平台协同发展

坚持边建设、边测试、边推广，打造平台功能丰富与海量使用双向迭代、互促共进的良性循环。在跨行业、跨领域工业互联网平台培育方面，应参照国家制造业创新中心培育方式，出台工业互联网平台遴选标准。在工业互联网平台应用推广方面，建议加强部省联动，遴选一批地方积极性高、企业上云基础好的省作为工业互联网平台应用示范省，推动示范省“块状经济”产业集聚区内的企业整体上云。在工业互联网平台的试验测试方面，支持龙头制造企业、互联网企业牵头，开展跨行业、跨领域、特定行业、特定领域实验验证环境建设和测试床建设，形成一批可复用、可推广的平台和解决方案，加速平台规模化应用。

（2）加大工业 App 培育力度

培育工业 App，是建设工业互联网平台生态的核心，是形成工业互联网平台双边市场的关键。而培育工业 App，又需要加快基础共性工业 App 资源池、行业通用工业 App 资源池和企业专用工业 App 资源池的建设。建设企业专用工业 App 资源池，要注意面向特定行业、特定场景的特殊应用需求，推动工业互联网平台、第三方开发者和用户企业加强对接合作，推动专用工业 App 在工业互联网平台上的开发、测试、部署和应用推广。

（3）加强开源社区建设

当今时代，软件开源和硬件开放已成为不可逆转的趋势，掌控开源生态尤为重要。这首先要求培育开源社区，引导自动化企业开放各类标准兼容、协议转换的技术，实现工业数据在多源设备、异构系统之间的有序流动，确保工业设备“联得上”，引导工业互联网平台企业开放开发工具、知识组件、算法组件，构建开放共享、资源富集、创新活跃的工业 App 开发生态，确保模型行业机理模型“跟得上”。其次，需要加快工业 App 开发者人才队伍建设，支持工业互联网平台企业举办开发者创新创业大赛，打造基于工业互联网平台的“双创”新生态，推动工业 App 短时间内“上数量”。

（4）构建工业互联网平台产业支撑体系

工业互联网平台不是一项孤立的技术，而是一套综合技术体系，是现代信息技术的集大成。首先需要提升自动控制与感知产业支撑能力，加快推动智能传感器、可编程逻辑控制器、分布式控制系统、数据采集与监控系统等研发和产业化。其次需要实施工业技术软件化工程，推动工业云操作系统、新型工业软件、工业大数据建模分析、微服务组件等核心技术的研发和产业化。再次必须夯实工业互联网平台网络基础，推进工厂内网 IP 化、无线化、扁平化、柔性化技术改造和建设部署，加快 NB-IoT 等新型网络技术部署，加快软件定义网络、网络功能虚拟化等新一代网络技术研究和部署试点。又次需要构建工业互联网安全保障体系，强化设备、网络、控制、应用和数据的安全保障能力，实现对工业生产系统和商业系统的全方位保护。最后应加强新技术应用推广，促进边缘计算、大数据、人工智能、区块链等技术在工业互联网平台中的应用。

总之，工业互联网平台已经成为现代工业体系中不可或缺的重要组成部分。它们连接了物理世界和数字世界，对于实现生产自动化、提升产品质量、优化供应链等方面都有着不可替代的作用。随着技术的不断进步，工业互联网平台也在不断发展。未来，工业大数据、云计算、物联网、网络通信、数字孪生、人工智能等新技术的广泛应用将会进一步推动工业互联网平台的发展，使其在推动数字经济、智能制造等领域发挥更大的作用。

# 【实训演练】

## 实训 1　使用阿里云工业互联网平台进行数据应用与可视化搭建

【实训目的】

数据可视化是指将数据转换成图或表的形式，以一种更直观的方式展现数据。“可视化”的方式让复杂的数据通过图形化的手段进行有效表达，准确高效、简洁全面地传递某种信息，甚至帮助我们发现某种规律和特征，挖掘数据背后的价值。

微课

实训 1 操作视频

本次实训的目的是让读者使用阿里云工业互联网平台搭建数据应用与可视化平台，学会使用官方模板创建数据看板的流程。

【场景描述】

在正常环境下，建议计算机系统为 Windows10 及以上，打开浏览器进入阿里云工业互联网平台。

【实训步骤】

（1）准备环境和资源

① 访问阿里云工业互联网平台，网址为 https://www.aliyun.com/activity/iot/alinplat。

② 单击界面右上方的“登录/注册”按钮，并根据提示完成账号注册/登录和实名认证。

③ 成功登录后，下拉到界面底端，单击“免费试用”按钮，进入“免费试用”界面。

④ 在“免费试用”界面，“可试用人群”选择“个人认证”选项，“产品类别”选择“大数据计算”→“数据应用与可视化”选项，单击“数据可视化 DataV”→“立即试用”按钮，进入“数据可视化 DataV”界面，如图 3-9 所示。

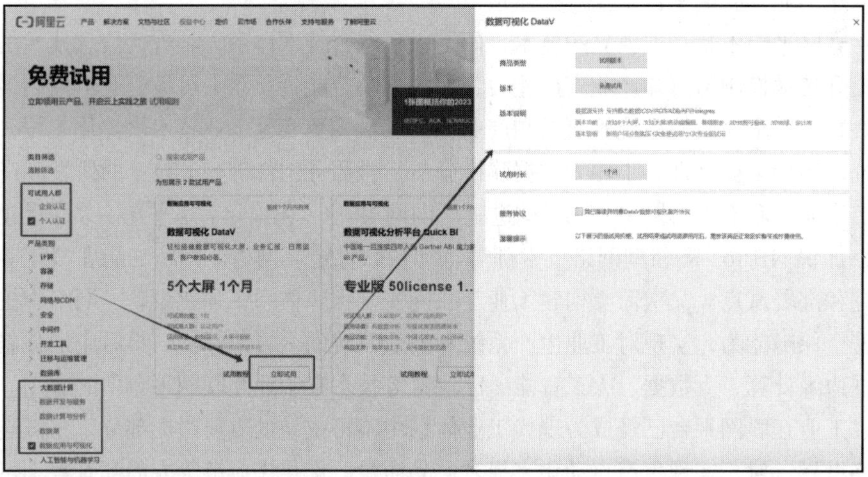


图 3-9 “数据可视化 DataV”界面

⑤ 同意相关协议后，单击“立即试用”按钮，如图 3-10 所示。

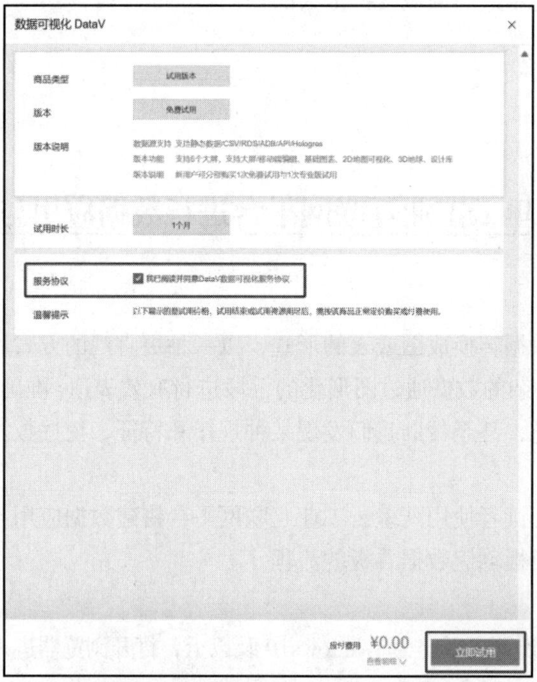


图 3-10 单击“立即试用”按钮

⑥ 单击“立即试用”按钮后出现图 3-11 所示的界面，单击“前往控制台”按钮。

（2）创建数据看板

① 单击“前往控制台”按钮后进入“可视化应用中心”界面，将指针悬停在“创建 PC 端看板”上，单击“选择模板”按钮，如图 3-12 所示。

② 选择一个合适的模板，此处以选择集团数据看板为例，单击“创建看板”按钮。

③ 在“创建看板”对话框中，输入看板名称，单击“创建看板”按钮。

④ 在左侧图层栏中，选择轮播列表柱状图。

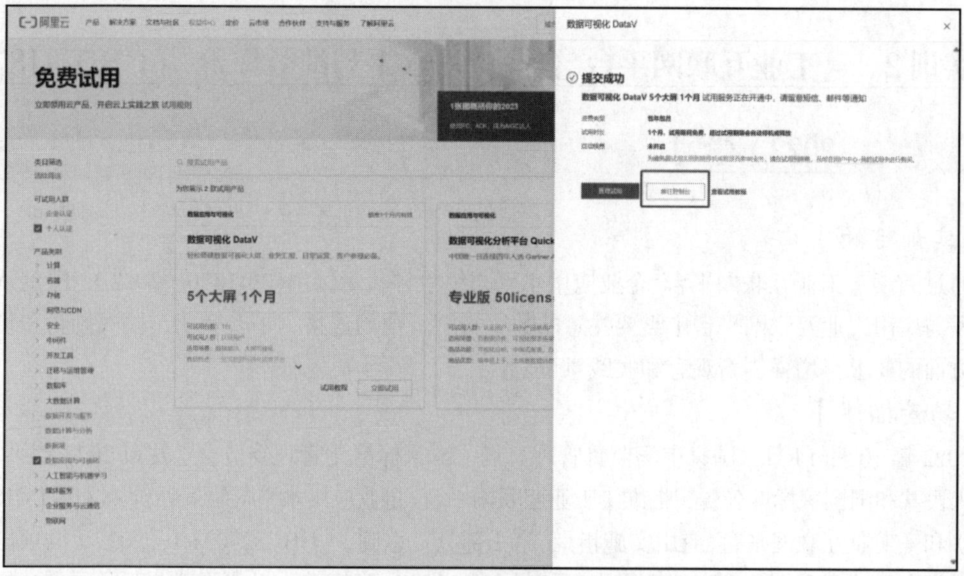


图 3-11　单击“前往控制台”按钮

图 3-12　单击“选择模板”按钮

（3）修改组件样式

① 修改内容样式，在右侧配置面板中选择“样式”页签，单击“内容”→“文本”选项，“字号”修改为“20”，“字体粗细”选择“Bold”。

② 参见上述操作，修改其他组件的样式，以满足自定义样式需求。

（4）适配组件数据

① 选择“数据源”页签，在“设置数据源”模块，设置数据源类型为“静态数据”，系统默认显示样例数据，可以根据实际情况修改。

② 数据配置完成后，在数据响应结果模块，单击图标刷新数据响应结果。

③ 使用同样的方式，自定义适配数据看板中所有组件的数据。

（5）预览数据看板

① 单击画布编辑器右上角的预览图标，预览数据看板。

② 查看数据看板详情。

完成以上操作后，就已成功使用官方预置模板创建自定义数据看板了。

## 实训 2 《工业互联网平台 企业应用水平与绩效评价》（GB/T 41870—2022）学习

【实训目的】

通过阅读《工业互联网平台 企业应用水平与绩效评价》（GB/T 41870—2022），深刻认识企业开发与应用工业互联网平台中需要注意的数字转型、全面连接、平台赋能、模式创新和价值引领等方面的要求，增强创新观念和实践意识。

【场景描述】

2022 年 10 月 14 日，国家市场监督管理总局（国家标准化管理委员会）发布 2022 年第 13 号中华人民共和国国家标准公告，批准《工业互联网平台 企业应用水平与绩效评价》（GB/T 41870—2022）和《工业互联网平台 应用实施指南 第 1 部分：总则》（GB/T 23031.1—2022）两项国家标准正式发布，这是我国工业互联网平台领域发布的首批国家标准，对我国工业互联网平台标准化建设具有重要意义。

截至 2022 年 10 月 20 日，两项标准已在全国 300 余个城市与 80 余个细分行业的 3 万余家企业开展了应用验证。依据标准形成的“工业互联网平台应用普及率” “企业工业设备上云率”等关键指标已被列入《“十四五”数字经济发展规划》《“十四五”国家信息化规划》《“十四五”信息化和工业化深度融合发展规划》等多项国家级、省部级规划文件，有效支撑有关战略规划的实施和跟踪，促进工业互联网平台高质量发展和规模化应用。

《工业互联网平台 企业应用水平与绩效评价》（GB/T 41870—2022）中确立了对企业工业互联网平台应用水平与绩效进行评价的导向和原则、评价框架、评价体系与评价内容，并从评价过程、评价结果、评价服务等方面给出了工业互联网平台应用水平与绩效评价体系的应用实施指引。

随着数字化、智能化和互联网技术的快速发展，工业互联网已经成为推动传统产业转型升级的重要手段。工业互联网平台作为核心基础设施，正在被越来越多的企业关注和采用。在此背景之下，企业如何更好地开发和应用工业互联网平台，如何评价企业工业互联网平台应用现状尤其值得思考。通过参照标准，企业能够了解自身工业互联网平台应用水平，并结合标准的要求进行调整和改进，进一步提升企业自身在数字化转型过程中的竞争力，获得更多的市场份额和利润。通过学习标准，能够深入了解工业互联网平台应用的相关标准和要求，从而提高自己的创新能力和创业能力，探索出符合市场需求的新型工业互联网平台应用解决方案，促进创新创业。

【实训步骤】

（1）采用网上调研的方式，搜索并阅读《工业互联网平台 企业应用水平与绩效评价》（GB/T 41870—2022）。

（2）班内分组协作，仔细阅读并探究标准中提出的工业互联网平台应用水平和绩效评价要求，多角度深入学习评价体系与评价内容，包括各级评价指标、评价实施过程以及分级评价结果。

（3）总结《工业互联网平台 企业应用水平与绩效评价》（GB/T 41870—2022）带给你的启示。

（4）形成调研分析报告，要求结合企业实例，多用图、表、数据等，增强说服力。

（5）每组制作调研分析报告和总结 PPT 进行汇报展示，以及小组自评和组间互评。

# 【项目小结】

本项目主要介绍了工业互联网平台体系架构、应用场景和实例以及发展趋势等内容。首先在工业互联网平台体系架构方面，介绍了边缘层、基础设施层、平台层和应用层的概念与作用。其次在工业互联网平台应用方面，重点介绍了工业互联网平台在工程机械行业、电子信息行业和轨道交通行业的应用。同时，本项目详细介绍了以生产和运营优化为主要场景的智能制造类平台、以协同生产为主要场景的协同制造服务类平台和以云端赋能制造为主要场景的云制造服务类平台的具体实例。最后介绍了工业互联网平台的发展趋势。

# 【练习题】

1. 名词解释

（1）工业互联网平台　（2）边缘层　（3）基础设施层　（4）平台层

（5）数据建模分析技术　（6）多租户技术　（7）工业互联网生态体系

2. 选择题

（1）工业互联网平台体系架构包括边缘层、基础设施层、（　　）、应用层。

A. 数据层　　B. 平台层

C. 网络层　　D. 服务层

（2）基础设施层的核心技术包括（　　）。

A. 分布式计算技术、大数据处理技术、容器化技术和云服务平台管理技术

B. 分布式存储技术、大数据分析技术、虚拟化技术和云端资源调度技术

C. 分布式数据库技术、数据可视化技术、服务器虚拟化技术和云端安全技术

D. 分布式文件系统技术、数据备份技术、容灾技术和云计算网络技术

（3）分布式存储方式的类型包括直连式存储（DAS）、网络存储设备（NAS）和（　　）。

A. 存储网络（SAN）　　B. 网络功能虚拟化（NFV）

C. 存储网关（SG）　　D. 存储管理器（SM）

（4）平台层的核心技术包括数据建模分析技术、工业建模技术、（　　）、动态调度技术和平台安全技术。

A. 微服务架构技术　　B. 单体架构技术

C. 无服务架构技术　　D. 分布式架构

（5）应用层的核心技术包括图像化编程技术、（　　）和应用系统集成技术。

A. 单租户技术　　B. 多租户技术

C. 虚拟化技术　　D. 容器技术

3. 判断题

（1）微服务架构是一种将应用程序拆分为一组小的、相互关联的服务的架构风格。（　　）

（2）工业互联网平台的现有解决方案可以分为 3 类，分别是智能制造类平台、协同制造服务类平台和云制造服务类平台。（　　）

（3）EcoStruxure 平台仅面向楼宇、信息技术、工厂、配电、电网和机器 6 个方向提供整体解决方案，不能为汽车制造企业提供能源管理方面的解决方案。（ ）

（4）卡奥斯 COSMOPlat 是一款拥有自主知识产权的消费级互联网平台。（ ）

（5）美国通用电气公司创建的“Predix 工业云平台”由边缘层、平台层和应用服务层组成。（ ）

（6）BEACON 平台包括边缘层、云网层、平台层、应用层等。（ ）

4. 填空题

（1）工业互联网平台体系架构可划分为________、________、________、________4 层。

（2）工业互联网平台的应用价值包括________、________、________和________。

（3）工业互联网具有 3 个主要应用场景，分别是________、________和________。

（4）工程机械行业工业互联网平台的应用场景包括设备预测性维护、________、________。

（5）轨道交通行业工业互联网平台的应用场景包括________、________、________和________。

5. 简答题

（1）工业互联网平台体系架构有哪些？它们的核心技术和主要功能是什么？

（2）工业互联网平台可应用于哪些行业？分别有哪些具体应用？

（3）试举例说明工业互联网平台的应用价值。

（4）简述卡奥斯 COSMOPlat 平台和 Predix 平台有什么共性与区别。

（5）简述工业互联网平台建设的 4 个关键切入点。

（6）基于本项目所学，谈谈你对我国工业互联网平台发展趋势的理解。

## 【拓展演练】

自《国务院关于深化“互联网+先进制造业”发展工业互联网的指导意见》印发以来，我国工业互联网发展成效显著。2018 年，工业和信息化部发布了《工业互联网发展行动计划（2018—2020 年）》，指导了我国工业互联网起步阶段的建设，部分重点任务和工程超预期，网络基础、平台中枢、数据要素、安全保障作用进一步显现，为未来发展奠定了坚实基础。如今，我国工业互联网将步入快速成长阶段，请上网查阅《工业互联网发展行动计划（2021—2023 年）》，学习并把握我国未来工业互联网建设的主要目标和重点任务。

# 项目4

# 工业互联网基础技术

## 【项目引入】

新一代信息通信技术的出现和应用，极大地推动了工业互联网的落地。随着大数据、云计算、物联网、5G、数字孪生、人工智能等技术与工业互联网同时应用在工业企业的生产服务场景中，工业互联网在数据采集和传输、海量数据计算处理速度、行业知识模型化等方面的技术瓶颈被打破，应用范围不断拓宽，加速了工业互联网的技术发展和应用落地。主要表现有：工业大数据使得数据存储与管理实现变革，云计算技术给工业互联网带来了具有压倒性优势的性价比，物联网技术使得工业互联网有了更多的应用场景，5G技术促进了工业互联网的新模式与新业态，数字孪生技术提升了工业互联网的价值创造能力，人工智能技术全面提升了工业互联网智能化水平。

## 【知识目标】

- 掌握6种工业互联网基础技术的概念。
- 了解数字孪生技术和人工智能技术的发展历程。
- 掌握工业大数据技术、云计算技术和物联网技术的特征。
- 了解网络通信技术、数字孪生技术和人工智能技术中的相关概念。
- 掌握工业互联网基础技术的应用场景。
- 理解数字孪生技术体系。
- 了解网络通信技术、人工智能技术等的分类。

## 【能力目标】

- 能叙述工业互联网基础技术的应用场景。

- 能描述工业大数据区别于大数据的特点和用途。
- 能介绍几种典型的网络通信技术。
- 能描述数字孪生的建模实施流程。
- 能介绍云计算技术的发展现状和发展趋势。

## 【素质目标】

- 开阔视野，掌握工业互联网基础技术的相关理论，提升追求真理的动力。
- 培养严谨认真、刻苦钻研的学习精神，树立科技报国之志。
- 通过学习案例，了解工业互联网基础技术在企业发展中的重要作用，激发学习兴趣。
- 培养动手实践能力，学习与工业互联网基础技术相关的技能。

## 【学习路径】

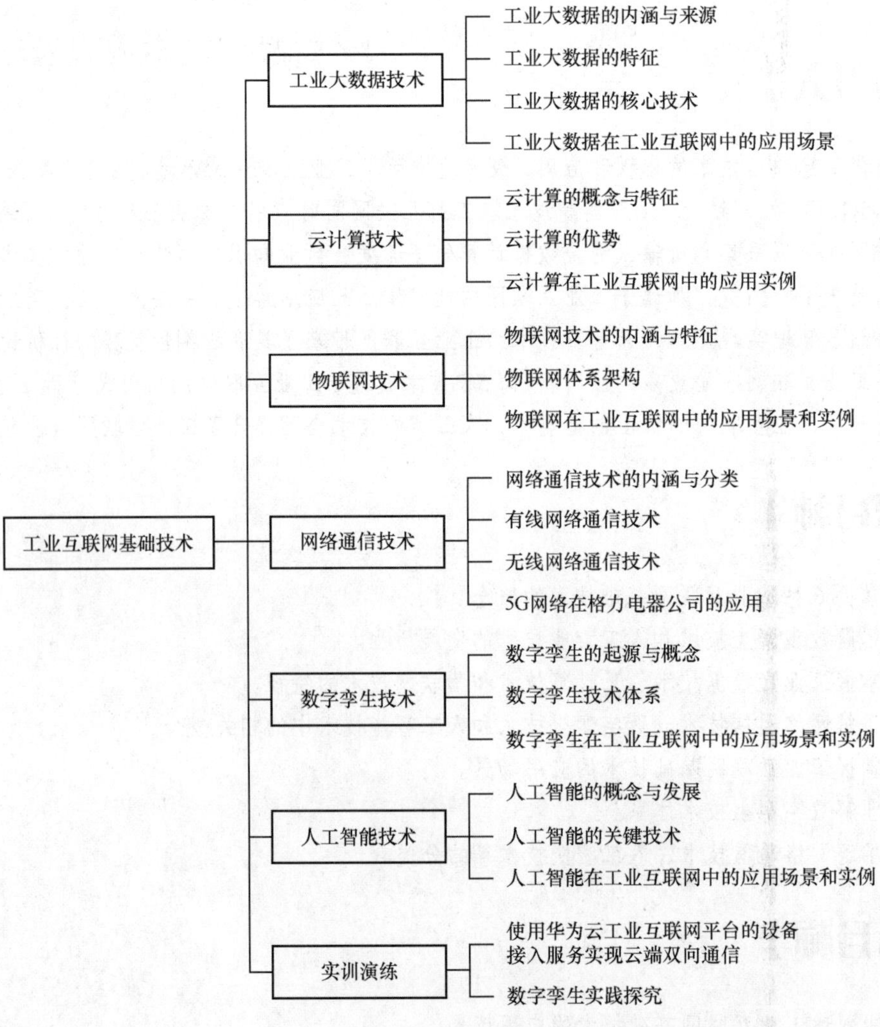

# 【知识准备】

## 4.1 工业大数据技术

云计算、大数据、人工智能、物联网和 5G 通信等新信息技术的发展推动了传统工业企业的智能化转型，促进形成了近年来工业大数据的研究热点。工业和信息化部发布的《"十四五" 大数据产业发展规划》中指出，"数据是新时代重要的生产要素，是国家基础性战略资源" "加快培育数据要素市场"。工业大数据（Industrial Big Data，IBD）技术是指以工业大数据应用技术为主的工业大数据相关技术。本节围绕工业大数据的内涵、来源、特征、核心技术、应用场景展开介绍。

### 4.1.1 工业大数据的内涵与来源

工业大数据是指在工业领域中，围绕典型智能制造模式，从用户需求到销售、订单、计划、研发、设计、工艺、制造、采购、供应、库存、发货和交付、售后服务、运维、报废或回收再制造等整个产品全生命周期各个环节所产生的各类数据及相关技术和应用的总称。其以产品数据为核心，极大地延展了传统工业数据范围，同时包括工业大数据的相关技术和应用。

工业互联网产业联盟在《中国工业大数据技术与应用白皮书》中指出，工业大数据可以分为 3 类，即企业信息化数据、工业物联网数据以及外部跨界数据，如表 4-1 所示。

表 4-1 常见工业数据源分类

| 分类 | 系统类型 | 典型系统 | 数据结构 | 数据特点 | 实时性 |
|---|---|---|---|---|---|
| 企业信息化数据 | 设计资料 | 产品模型<br>图纸文档 | 半结构化/<br>非结构化 | 类型各异、更新不频繁、属于企业核心数据 | 批量导入 |
| | 价值链管理 | 供应链管理<br>客户关系管理 | 结构化/<br>半结构化 | 没有严格的时效性要求，需要定期同步 | 批量导入 |
| | 资源管理 | 环境管理系统、<br>企业管理系统、<br>能源管理系统 | 结构化 | 没有严格的时效性要求，需要定期同步 | 批量导入 |
| 工业物联网数据 | 工业控制系统 | DCS、PLC | 结构化 | 需要实时监控、实时反馈 | 实时采集 |
| | 生产监控数据 | SCADA | 结构化 | 包含实时数据和历史数据 | 实时采集/<br>批量导入 |
| | 各类传感器 | 外挂传感器、<br>条码、射频识别 | 结构化 | 单条数据量小、并发度大、常结合网关 | 实时采集 |
| | 其他外部装置 | 视频摄像头 | 非结构化 | 数据量大、低延迟、对网络带宽和时延有要求 | 实时采集 |

续表

| 分类 | 系统类型 | 典型系统 | 数据结构 | 数据特点 | 实时性 |
|---|---|---|---|---|---|
| 外部跨界数据 | 跨产业链数据 | 相关行业、法规、地理、市场、环境标准和政府等数据 | 非结构化 | 数据相对静止，变化较小，定期更新 | 批量导入 |
| | 产业链数据 | 原材料、生产设备、供应商、用户和合作商数据 | 非结构化 | 数据相对静止，变化较小，定期更新 | 批量导入 |

1. 企业信息化数据

企业内部信息系统保存了大量的高价值核心业务数据。自20世纪60年代以来，信息技术在工业领域发展非常迅猛，形成产品生命周期管理、企业资源计划、供应链管理以及客户关系管理、制造执行系统等一系列的企业信息管理系统。这些系统中所存储的产品研发数据、生产数据、出货数据、物流数据以及客服数据等，存在于企业的内部或整个产业链的内部，这些数据是工业领域的无形资产。

2. 工业物联网数据

近年来，物联网技术的快速发展使设备物联网成为工业大数据新的、增长较快的来源，通过将设备联网，可以实时自动采集生产设备与交付产品的状态及工况数据。一方面，机床等生产设备联网数据能为智能工厂生产调度、质量控制和绩效管理提供数据依据；另一方面，在装备使用过程中，通过传感器采集的规模化时间序列数据，包括设备的状态参数、工况负载与作业环境等数据，不仅可以帮助企业提高设备的运行效率，还可以用于拓展新的制造服务。

3. 外部跨界数据

由于互联网与工业的深度融合，企业外部互联网已成了工业大数据不容忽视的重要数据来源。21世纪初，日本部分企业已经开始利用互联网数据分析和获取用户的产品评价。随着互联网与工业的融合和发展，我国小米公司等企业利用社交媒体数据实现产品的创新研发。此外，外部互联网还存有海量的跨产业链数据，如影响设备作业的气象数据、影响产品市场预测的宏观经济数据以及影响企业生产成本的环境法规数据等。

### 4.1.2 工业大数据的特征

1. 大数据的一般特征

（1）数据量大（Volume）

数据量大是大数据的首要特征，表4-2所示的数据存储单位及换算关系可更形象地表现出大数据庞大的数据量。通常认为，处于吉字节（GB）级别的数据为超大规模数据，太字节（TB）级别的数据为海量级数据，而大数据的数据量通常在拍字节（PB）级别及以上，可想而知大数据的体量是非常庞大的。

表4-2 数据存储单位及换算关系

| 单位 | 换算关系 |
|---|---|
| B（Byte，字节） | 1 B=8 bit |
| KB（KiloByte，千字节） | 1 KB=1024 B |

续表

| 单位 | 换算关系 |
|---|---|
| MB（MegaByte，兆字节） | 1 MB=1024 KB |
| GB（GigaByte，吉字节） | 1 GB=1024 MB |
| TB（TeraByte，太字节） | 1 TB=1024 GB |
| PB（PetaByte，拍字节） | 1 PB=1024 TB |
| EB（ExaByte，艾字节） | 1 EB=1024 PB |
| ZB（ZettaByte，泽字节） | 1 ZB=1024 EB |

（2）数据类型繁多（Variety）

进入大数据时代之后，数据类型也变得多样化了。数据的结构类型从传统单一的结构化数据变成以非结构化数据、准结构化数据和半结构化数据为主的结构类型，如网络日志、图片、社交网络信息和地理位置信息等数据，不同的结构类型使大数据的存储和处理变得更具挑战性。

（3）处理速度快（Velocity）

大数据的产生速度很快，变化的速度也很快。在高速生成大量数据的同时，由于大数据相关技术逐渐成熟，数据处理的速度也很快，各种数据在线上可以被实时地处理、传输和存储，以便全面地反映当下的情况，并使人从中获取有价值的信息。

（4）价值密度低（Value）

大数据虽然在数据量上十分庞大，但其实有价值的数据相对较少。在通过对数据的获取、存储、抽取、清洗、集成、挖掘等一系列操作之后，能保留下来的有效数据不到数据总量的 20%，真可谓“沙里淘金”。因此，对于很多行业来说，如何在价值密度低的大数据中提取有价值的数据是其所关注的焦点之一。

（5）真实性强（Veracity）

大数据中的内容是与真实世界中发生的事件息息相关的，反映了真实的、客观的信息，因此大数据拥有真实性强的特征。但大数据中也存在着一定数据的偏差和错误，要保证在数据的采集和清洗中留下来的数据是准确和可信赖的，才能在大数据的研究中从庞大的网络数据中提取出能够解释和预测现实的部分，分析出其中蕴含的规律，预测未来的发展动向。

### 2. 工业大数据的特征

工业大数据除了具有大数据的一般特征，还具有多模态（Multimodality）、强关联（Strong-Relevance）、高通量（High-Throughput）、跨尺度（Trans-Dimension）、协同性（Synergy）、多因素（Multifactor）、因果性（Causality）、强机理（Strong-Mechanism）等特征。

（1）多模态

多模态源自工业系统各要素的综合、全面表达的需求。为了追求数据记录的完整性，常需要采用超级复杂的结构对系统要素进行描述，以求达到对各要素属性全方位展现的目的，数据内生结构呈现出多模态的特征。

（2）强关联

强关联主要体现在物理世界中对象之间和过程的语义关联上，这不只是数据字段的关联，更是一种更深层次的关联。数据关联存在于产品部件之间、生产过程、产品生命周期的不同环节、产品生命周期的单一阶段，反映了工业的系统性与复杂性、动态性的关系。

（3）高通量

高通量主要体现在内嵌传感器的智能设备/工业产品与测点规模大、数据采集频率高、数据总吞吐量大、数据采集持续时间长等方面。

（4）跨尺度

跨尺度主要体现在跨系统尺度、跨时间尺度和跨空间尺度 3 个方面。跨系统尺度是指将设备、车间、工厂、供应链与社会环境等不同尺度的系统在数字世界连接在一起。跨时间尺度是指从业务角度将纳秒级、微秒级、毫秒级、分钟级、小时级等不同时间尺度的信息进行集成。跨空间尺度是指把不同空间尺度的信息如“工业 4.0”中的横向、纵向、端到端的信息集成起来。

（5）协同性

协同性主要是为了满足工业系统的动态协同需求，通过整个企业、产业链、价值链上多业务相关方的数据集成与协同，促进数据和信息的自动流动，应对工业系统的不确定性，提升业务决策的科学性。

（6）多因素

多因素是由工业对象的特性所导致的，指影响某个业务目标的因素特别多。要想全面、完整、准确地认识和理解工业对象，需要借助工业大数据描述和分析多因素的复杂关系，解决工业对象的非线性和机理不清带来的问题维度上升与不确定性增加的难题。

（7）因果性

因果性反映了工业系统对确定性和可靠性的高度要求。不可靠、不确定的结果，会给工业系统带来巨大的风险，甚至造成巨大的损失。因此，工业大数据的分析不仅用于发现浅层的相关性，还执着于对“因果性”的追求。

（8）强机理

强机理是保证分析结果可靠性高的关键。机理作为“先验知识”，能够帮助排除众多因素的干扰，厘清复杂的关联关系，实现数据降维，达到去伪存真的目的。

### 4.1.3 工业大数据的核心技术

如图 4-1 所示，工业大数据技术参考架构以工业大数据的全生命周期为主线，从纵向维度分为平台/工具域和应用/服务域。平台/工具域主要面向工业大数据采集、存储与管理、分析等关键技术，提供多源、异构、高通量、强机理的工业大数据核心技术支撑；应用/服务域则基于平台/工具域提供的技术支撑，面向智能化设计、网络化协同、智能化生产、智能化服务、个性化定制等多场景，通过数据可视化、数据应用开发等方式，满足用户的应用和服务需求，形成价值变现。此外，运维管理层也是工业大数据技术参考架构的重要组成，贯穿从数据采集到最终服务应用的全环节，为整个体系提供了管理支撑和安全保障。

本小节将从工业大数据采集技术、工业大数据存储与管理技术、工业大数据分析技术等方面具体介绍工业大数据的核心技术。

1. 工业大数据采集技术

数据采集是挖掘和展现工业大数据价值的基础。数据采集与治理的目标是从企业内部和外部等数据源获取各种类型的数据，并围绕数据的使用，建立数据标准和管理机制的流程，保证数据质量，提高数据管控水平。数据采集以传感器为主要采集工具，结合射频识别（Radio Frequency

Identification，RFID）读写器、条码扫描器、生产和检测设备、人机交互设备、智能终端等采集制造领域多源、异构数据信息，并通过互联网或现场总线等技术实现原始数据的实时准确传输。下面介绍几种常用的工业大数据采集技术。

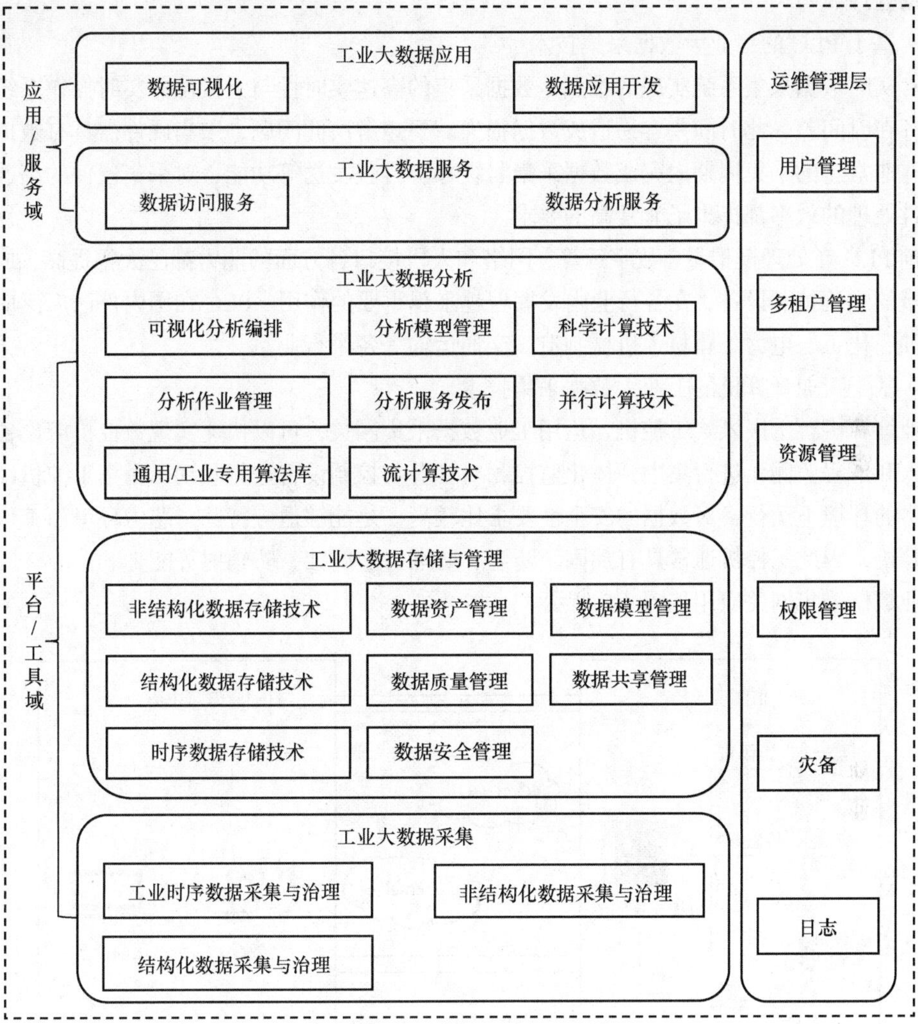


图 4-1　工业大数据技术参考架构

（1）基于传感器的工业大数据采集技术

传感器是一种检测装置，能检测到被检测量的信息，并能将检测到的信息按一定规律转换为电信号或其他所需形式的信息输出，以满足信息的传输、处理、存储、显示、记录和控制等要求。在生产车间一般存在许多传感节点，它们实时监控整个生产过程，当发现异常时可迅速反馈至上机位，可以算得上是数据采集的“器官感受系统”，属于数据采集的底层环节。传感器在采集数据过程中的主要特性是其输入和输出的关系。

（2）基于自动识别感知的工业大数据采集技术

RFID 技术是一种非接触式的自动识别技术，通过射频信号自动识别目标对象并获取相关的数据信息，利用射频方式进行非接触双向通信，达到识别目的并交换数据。RFID 技术可识别高速运动的物体，并可同时识别多个标签，操作快捷方便。典型的应用是条码技术，它包括条码的编程技术、条码标识符号的设计技术、快速识别技术和计算机管理技术，它是实现计算机管理和电子数据交换不可缺少的前端采集技术。二维条码是用某种特定的几何图案按一定规律在平面分布的黑白相间的图形中记录数据符号信息的，通过图像输入设备或光电扫描设备自动识读以实现信息自动处理。

（3）基于 PLC 的工业大数据采集技术

PLC 实时数据采集系统实现的难点是数据采集的高速实时性与上机位非实时操作系统数据处理之间存在时间差，此时间差容易造成数据损失。要想解决此问题，采集硬件需具有数据缓存功能。要在非常短的采集周期内完成数据采集、缓存、打包发送等功能，对采集硬件的高速处理能力和软件处理的效率都提出了非常高的要求。

目前 PLC 在处理模拟量、数字运算、网络和人机接口各方面的能力都已大幅提高，成为工业控制领域的主流控制设备，在各行业内发挥着越来越重要的作用。PLC 在国内外已广泛应用于钢铁、石油、化工、电力、建材、机械制造、交通运输等各个行业。

（4）基于工业计算机的工业大数据采集技术

工业计算机首选嵌入式工控机，运用工业数据采集网关，可以快速实现数控机床设备状态的数据接入和远程监测，进行集中一体化监控，对告警与控制设备进行联动。由于工控机经常会在比较恶劣的环境下运行，对数据的安全性要求比较高，是能够适应特殊、恶劣环境而工作的一种工业计算机，因此工控机通常具有加固、防尘、防潮、防腐蚀、防辐射等能力。

工业数据采集网关应用如图 4-2 所示。

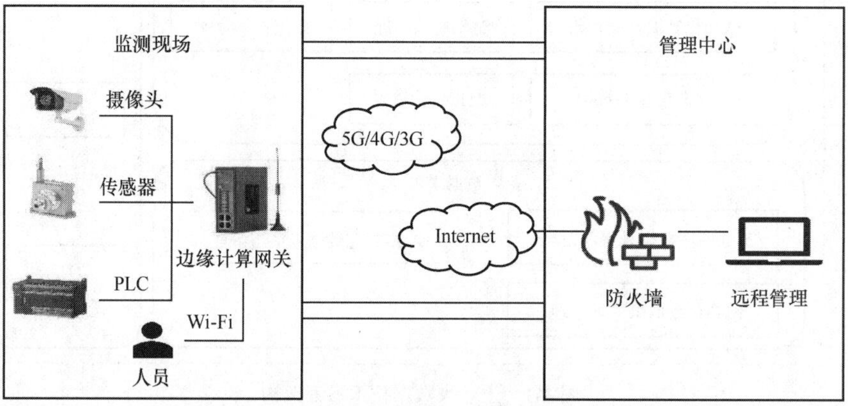


图 4-2　工业数据采集网关应用

## 2. 工业大数据存储与管理技术

工业大数据存储与管理技术是针对具有多样性、多模态、高通量和强关联等特性的工业大数据，实现高吞吐量存储、数据压缩、数据索引、查询优化和数据缓存等功能的关键技术。以下主要介绍多源异构数据管理技术和多模态数据集成技术。

（1）多源异构数据管理技术

多源异构数据是指数据源不同、数据结构或类型不同的数据集合。存在多源异构数据的工业场景有：在诊断设备故障时，通常时间序列数据可以观测设备的实时运行情况；通过物料清单（BOM）图数据可以追溯设备的制造情况，从而发现哪些零部件出现问题导致异常运行情况；通过非结构化数据可以有效管理设备故障时的现场照片、维修工单等数据；键值对数据作为灵活补充，能便于记录一些需要快速检索的信息。

多源异构数据管理需要突破的是针对不同类型数据的存储和查询技术，并在充分考虑多源异构数据的来源和结构随着时间推移不断增加与变化的特定情况下，研究如何形成可扩展的一体化管理系统。多源异构数据管理需要从系统角度，针对工业领域涉及的数据在不同阶段、不同流程呈现多种模态（如关系、图、键值、时序、非结构化等）的特点，研制不同的数据管理引擎，致力于对多源异构数据进行高效采集、存储和管理。

（2）多模态数据集成技术

数据集成是指将存储在不同物理存储引擎上的数据连接在一起，并为用户提供统一的数据视图。数据集成的核心任务是将互相关联的多模态数据集成到一起，使用户能够以透明的方式访问这些数据。更进一步的数据融合是在数据集成的基础上，刻画不同数据之间的内在联系，并允许用户根据这些内在联系进行数据查询。

在数据生命周期管理中，多模态数据存储分散、关系复杂，在研发、制造周期以 BOM 为主线，在制造、服务周期以设备实例为中心，BOM 和设备的语义贯穿工业大数据的整个生命周期。因此，以 BOM 和设备为核心建立数据关联，可以使产品生命周期的数据既能正向传递又能反向传递，形成信息闭环，而对这些多模态数据的集成则是形成数据生命周期信息闭环的基础。

### 3. 工业大数据分析技术

工业大数据具有实时性高、数据量大、密度低、数据源异构性强等特点，这导致工业大数据的分析不同于其他领域的大数据分析。通用的数据分析技术往往不能解决特定工业场景的业务问题。工业过程要求工业大数据分析模型的精度高、可靠性强、因果性强，而纯数据驱动的数据分析手段往往不能达到工业场景的要求。工业大数据的分析需要融合工业机理模型，以“数据驱动+机理驱动”的双驱动模式来进行工业大数据的分析，从而建立高精度、高可靠性的模型来真正解决实际的工业问题。这里主要介绍时序模式分析技术、工业知识图谱技术、多源数据融合分析技术 3 种典型的工业大数据分析技术。

（1）时序模式分析技术

随着工业技术的发展，工业企业的生产加工设备、动力能源设备、运输交通设备、信息保障设备、运维管控设备上都加装了大量的传感器，如温度传感器、振动传感器、重量传感器、位移传感器等，这些传感器不断产生海量的时序数据，提供了设备的温度、物体的振动、物体的重量、物体的位移等信息。对这些设备的传感器时序数据进行分析，可实现设备故障预警和诊断、利用率分析、能耗优化、生产监控等。但传感器数据的很多重要信息隐藏在时序模式结构中，只有挖掘出背后的结构模式，才能构建一个效果稳定的数据模式。

（2）工业知识图谱技术

工业生产过程中会产生大量的日志文本，如维修工单、工艺流程文件、故障记录等，此类非结构化数据中蕴含着丰富的专家经验，利用文本分析技术能够实现事件实体和类型的提取（故障类型抽取）、事件线索抽取（故障现象、征兆排查路线、结果分析），通过专家知识的沉淀形成专家知识库（故障排查知识库、运维检修知识库、设备操作知识库）。但是在工业场景中，这些通用的文本分析算法，由于缺少行业专有名词（专业术语、厂商、产品型号、量纲等）、语境上下文（包括典型工况描述、故障现象等），分析效果欠佳。这就需要构建特定领域的行业知识图谱（工业知识图谱），并将工业知识图谱与结构化数据图语义模型融合，实现更加灵活的查询和一定程度上的推理。

（3）多源数据融合分析技术

在企业生产经营、营销推广、采购运输等环节，会有大量的管理经营数据，其中包括众多不同来源的结构化和非结构化数据，通过对这些数据的分析，能够极大地提高企业的生产加工能力、质量监控能力、企业运营能力、风险感知能力等。但多源数据也带来一定的技术挑战，不同数据源的数据质量和可信度存在差异，在不同业务场景下其表征能力也有所不同，因此，需要一些技术手段去有效融合多源数据。多源数据分析技术主要包括统计分析算法、深度学习算法、回归算法、分类算法、聚类算法、关联规则等。

## 4.1.4　工业大数据在工业互联网中的应用场景

工业大数据主要有智能化设计、智能化生产、网络化协同制造、智能化服务和个性化定制 5 种典型应用场景，如图 4-3 所示。

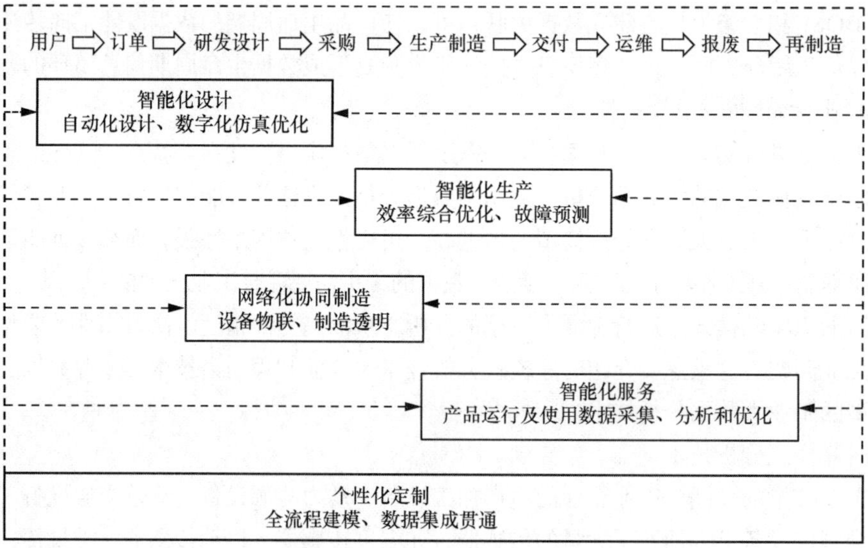


图 4-3　工业大数据的典型应用场景

（1）智能化设计

工业大数据在设计环节的应用可以有效提高研发人员的创新能力、研发效率和产品的质量。客户与制造企业之间的交互和交易行为会产生大量数据，挖掘和分析这些客户动态数据，能够帮助客户参与产品的需求分析和产品设计等创新活动，实现新型产品创新和协作的新模式。运用大数据相关技术，可以将产品生命周期设计所需大数据与各种设计过程集成，以高度有序化的方式展示产品生命周期大数据与设计的关系，提高产品的设计效率和质量。

（2）智能化生产

智能化生产是新一代智能制造的主线，通过智能系统及设备升级改造与融合，促进制造过程自动化、流程智能化。工业大数据通过采集和汇聚设备运行数据、工艺参数、质量检测数据、物料配送数据和进度管理数据等生产现场数据，利用大数据技术对其进行分析并反馈结果，并在制造工艺、生产流程、质量管理、设备维护、能耗管理等具体场景中应用，实现生产过程的优化。

（3）网络化协同制造

工业互联网引发制造业产业链分工细化，参与企业需要根据自身优劣势重新对业务进行取舍。基于工业大数据，驱动制造全生命周期从设计、制造到交付、服务、回收各个环节的智能化升级，推动制造全产业链智能协同，优化生产要素配置和资源利用，消除低效中间环节。基于统一的设计平台和制造资源信息平台，产业链上下游企业可以实现多站点协同、多任务并行，加速新产品协同研发过程。对产品供应链的大数据进行分析，将带来仓储、配送、销售效率的大幅提升和成本的大幅下降。

（4）智能化服务

现在制造企业不只是产品提供商，更是提供产品、服务、支持、自我服务和知识的“集合体”。工业大数据与新一代技术的融合应用，赋予市场、销售、运营维护等产品全生命周期服务全新内容，不断催生制造业新模式、新业态，从大规模流水线生产转向规模化定制生产，从生产型制造向服务型制造转变，推动服务型制造业大步发展。

（5）个性化定制

工业大数据技术及解决方案助力实现制造全流程数据集成贯通，构建千人千面的用户画像，并基于用户的动态需求，指导需求准确地转化为订单，满足用户的动态需求变化，最终形成基于数据驱动的工业大规模个性化定制新模式。将工业大数据与大规模个性化定制模式结合，能够形成支持工业产品开发个性化、设备管理个性化、企业管理个性化、人员管理个性化、垂直行业个性化等一系列满足用户个性化需求的工业价值创造新模式，使工业企业成本显著降低，形成价值创造的新动能。

## 4.2　云计算技术

云计算（Cloud Computing，CC）的概念是谷歌公司率先提出的，它是一种全新的信息处理技术，具有超级计算和海量存储能力。云计算可以为各行各业提供有效的计算与分析功能。本节主要介绍云计算的概念与特征、云计算的优势以及云计算在工业互联网中的应用实例等内容。

### 4.2.1　云计算的概念与特征

1. 云计算的概念与发展历程

云计算是一种能够通过网络以便利的、按需付费的方式获取计算资源（包括网络、服务器、存储、应用和服务等）并提高其可用性的模式。这些资源来自共享的、可配置的资源池，并能够以最省力和无人干预的方式获取与释放。

云计算概念是经历了20多年的发展历程而形成的。1983年，Sun Microsystems公司提出了“网络是计算机”的概念；2006年3月，亚马逊公司推出了弹性计算云（Elastic Compute Cloud，EC2）服务；2006年8月，谷歌公司首席执行官埃里克·施密特在搜索引擎大会上首次提出了“云计算”的概念，该概念源于谷歌工程师所做的“Google 101”项目中的“云端计算”。2008年年初，Cloud Computing正式被翻译为“云计算”。

云计算的出现是继20世纪80年代大型计算机到客户端/服务器的转变之后的又一次巨变。它是分布式计算、并行计算、效用计算、网络存储、虚拟化、负载均衡、热备份冗余等传统计算机和网络技术发展融合的产物。

### 2. 云计算的特征

云计算作为信息行业的一项变革，为企业和个人提供了便捷、高效的服务，具有重要的实际价值和意义，它的特点体现在以下 10 个方面。

（1）超大规模

云计算中心的规模一般都很大，如谷歌公司的云计算中心在全世界各地拥有 100 多万台服务器，IBM、Amazon、微软等企业的云计算中心拥有几十万台服务器，企业私有云也都拥有成百上千台服务器，这些服务器可提供庞大的存储空间和较强的计算能力来满足全世界范围用户的不同需求。

（2）虚拟化

用户可在任意位置使用终端以通过互联网获取相应的服务，用户所请求的资源和对数据资源的运算都来自“云”，而不是固定的有形实体。用户不需要担心也无须了解这些服务器所处的位置，只需给“云”发送请求，便能接收到返回的数据和计算结果。

（3）高可靠性

云计算中心在软硬件层采取了许多措施来保障服务的高可靠性，如采取了数据多副本容错、计算节点同构可互换等技术，还在设施层面上进行了冗余设计以进一步保证服务的可靠性，降低错误率。相对来说，使用云计算比使用本地计算机更加可靠。

（4）通用性

云计算并不只为特定的应用提供服务，它可以为大多数的应用提供服务，服务类型多样，面对的对象也是多样的，如企业、专业人士、个人用户等。而且同一个“云”可同时支持用户的多种需求，如存储、计算等需求，对这些需求的服务质量也有所保障。

（5）高可扩展性

云计算可根据用户需求的不同，合理地安排资源。云计算的规模可以进行动态伸缩调整，通过动态调整和调用整合资源，在高效响应用户请求的同时可以满足用户大规模增长的需要，尤其是应对突发、热点事件时平稳负载，具有较高的可扩展性。

（6）按需服务

像使用自来水、电、天然气一样，云计算按需服务并根据用户的使用量进行收费，用户无须进行前期软硬件设备的投入，即可满足使用计算机资源的需求。云计算是一种新型的商业模式，它强调服务化，将服务作为一种公共设施提供给用户，方便用户使用计算机资源。

（7）低成本

云计算的成本开销很低，可为服务提供商和用户节省大量的资金。对于服务提供商来说，建设云计算平台的成本与提供服务所获得的利润相比较低，保证了服务提供商的盈利。对于用户来说，云计算节约了软硬件的建设和维护、管理的成本，可使用户更加专注于自身业务。

（8）自动化管理

云计算平台的管理主要通过自动化的方式进行，如软硬件的管理、资源服务的部署等，降低了云计算中心的管理成本。此外，镜像部署更使得以往较难处理的、异构程序的操作简单化，更加容易处理。特殊的容错机制在一定程度上也加强了云平台的自动化管理。

（9）资源利用率高

云计算将许多分散在低效率服务器上的工作整合到云中，利用高效率和高计算能力的计算机进行计算处理，而且提供弹性的服务，根据需求的不同动态分配和调整资源，高效响应，提高了资源的利用率，减少了资源的冗余和浪费。

（10）运维机制完善

云计算的服务器有较为完善的运维机制，有专业的团队帮助用户管理信息，有强大的数据中心帮用户存储数据，有配置强大的计算机能快速、高效地进行计算和数据的处理，同时响应多用户的不同请求，还有严格的权限管理条例保证数据的安全和用户的隐私。

3. 云计算的服务类型

通常，云计算的服务类型分为 3 类，即基础设施即服务、平台即服务和软件即服务。

（1）基础设施即服务

基础设施即服务将硬件设备等基础资源封装成服务供用户使用，如亚马逊云计算（Amazon Web Services，AWS）的弹性计算云和简单存储服务（Simple Storage Service，S3）。在基础设施即服务的环境中，用户相当于在使用裸机和磁盘，既可以运行 Windows，也可以运行 Linux，因而几乎可以做任何想做的事情，但用户必须考虑如何才能让多台机器协同工作。AWS 提供了在节点之间互通消息的接口简单队列服务（Simple Queue Service，SQS）。基础设施即服务的最大优势在于它允许用户动态申请或释放节点，按使用量计费。运行基础设施即服务的服务器规模达几十万台之多，用户因而可以认为能够申请的资源几乎是无限的。同时，基础设施即服务是由公众共享的，因而具有更高的资源使用效率。

（2）平台即服务

平台即服务为用户运行程序提供环境，典型的如 Google App Engine，微软的云计算操作系统 Microsoft Azure 也可以大致归入这一类。平台即服务自身负责资源的动态扩展和容错管理，用户应用程序不必过多考虑节点间的配合问题。但与此同时，用户的自主权降低，必须使用特定的编程环境并遵照特定的编程模型。这有点像在高性能集群计算机里进行信息传递接口（MPI）编程，只适用于解决某些特定的计算问题。例如，Google App Engine 只允许使用 Python 和 Java，基于成为 Django 的 Web 应用框架，调用 Google App Engine SDK 来开发在线应用服务。

（3）软件即服务

软件即服务将某些特定应用软件功能封装成服务，如 Salesforce 公司提供的在线 CRM 服务。软件即服务既不像平台即服务一样提供计算或存储资源类型的服务，也不像基础设施即服务一样提供运行用户自定义应用程序的环境，它只提供某些具有专门用途的服务做应用调用。

### 4.2.2 云计算的优势

1. 大规模云计算的高性价比

云计算的优势在于它的技术特征和规模效应带来的高性价比。全球企业的 IT 开销可分硬件开销、能耗和管理成本 3 个部分。根据国际数据公司（IDC）在 2007 年做过的一项调查和预测，1996—2010 年，全球企业的 IT 开销中的硬件开销是基本持平的，但能耗和管理成本上升非常迅速，以至于到 2010 年管理成本占 IT 开销的大部分，而能耗开销越来越接近硬件开销。

（1）根据詹姆斯·汉密尔顿（James Hamilton）的数据，一个拥有 5 万台服务器的特大型数据中心与拥有 1000 台服务器的中型数据中心相比，特大型数据中心的网络和存储成本只相当于中型数据中心的 1/7～1/5，而每个管理员能够管理的服务器数量则扩大到 7 倍之多，如表 4-3 所示。

表 4-3　中型数据中心和特大型数据中心的成本比较

| 技术 | 中型数据中心成本 | 特大型数据中心成本 | 比率 |
|---|---|---|---|
| 网络 | 95 美元每 Mbit 每秒每月 | 13 美元每 Mbit 每秒每月 | 7.3% |
| 存储 | 2.20 美元每 GB 每月 | 0.40 美元每 GB 每月 | 5.5% |
| 管理 | 每个管理员约管理 140 台服务器 | 每个管理员管理 1000 台服务器以上 | 7.1% |

（2）云计算和传统计算模式相比，云计算平台提供的是有弹性的服务，它根据每个租用者的需要，在一个超大的资源池中动态分配和释放资源，而不需要为每个租用者预留峰值资源。而且云计算平台的规模极大，其租用者数量非常多，制成的应用种类也五花八门，比较容易平稳整体负载，因而云计算资源利用率可以达 80%左右，是传统计算模式的 5～7 倍。由于云计算有更低的硬件成本、网络成本、管理成本，也有更高的资源利用率，因此，云计算与传统计算模式相比能够将成本节约 30%以上，如图 4-4 所示。这是云计算成为划时代技术的根本原因。

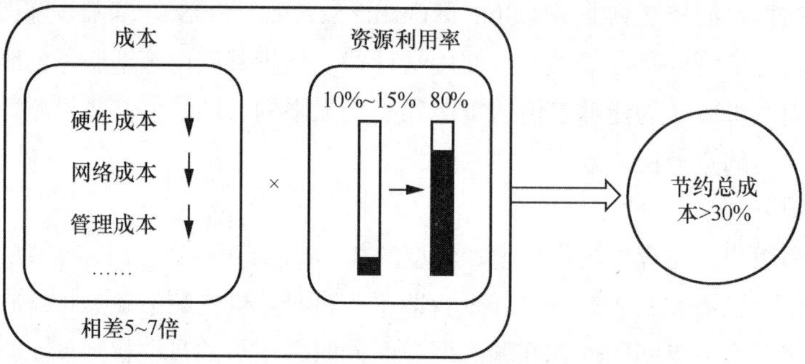


图 4-4　云计算相较于传统计算模式的性价比优势

## 2. 小规模云计算的成本优势

云计算能够大幅节省成本，规模是极其重要的因素，但如果企业要建设自己的私有云，规模不大，仍会有相差数倍的成本优势。一方面，硬件采购成本还是会减少许多，这是因为云计算技术的容错能力很强，使得可以使用低端硬件代替高端硬件；另一方面，云计算设施的管理是高度自动化的，极少需要人工干预，可以大大减少管理人员的数量。中国移动研究院建立了一个具有 1024 个节点的 Big Cloud 云计算设施，并用它进行海量数据挖掘，大大节省了成本。

## 3. 云计算用户可享受便捷服务

对于云计算用户而言，云计算的优势也是无与伦比的。他们不需要开发软件，不用安装硬件，用低得多的使用成本就可以快速部署应用系统，而且可以动态伸缩系统的规模，可以更容易地共享数据。租用公共云的企业不再需要自建数据中心，只需要申请账号并按量付费，这一点对于中小企业和刚起步的创业公司尤为重要。目前，云计算的应用涵盖应用托管、存储备份、电子商务、高性能计算、媒体服务、搜索引擎、Web 托管等多个领域，典型的云计算应用企业包括中国联通、12306、微博、纽约时报等。纽约时报使用亚马逊云计算服务在不到 24 h 的时间里处理了 1100 万篇文章，累计花费仅 240 美元。如果使用自己的服务器，就需要数月时间和巨额的费用。

### 4.2.3　云计算在工业互联网中的应用实例

1. 云计算服务的主要提供商

由于云计算是多种技术混合演进的结果，成熟度较高，因此其发展极为迅速。谷歌、亚马逊和微软等大公司是云计算的先行者。最近几年，以阿里云、云创存储等为代表的我国的云计算也迅速崛起。

（1）亚马逊的云计算称为AWS，它率先在全球提供了弹性计算云和简单存储服务，为企业提供计算和存储服务收费的项目，包括存储空间、带宽、中央处理器（CPU）资源以及月租费。目前，AWS的服务种类非常齐全，包括计算服务、存储和内容传输服务、数据库服务、联网服务、管理和安全服务、分析服务、应用程序服务、部署和管理服务、移动服务及企业应用程序服务等。

（2）谷歌是最大的云计算技术使用者，谷歌搜索引擎就建立在分布于200多个站点、超过100万台的服务器的支撑之上，而且这些设施的数量正在迅猛增长。谷歌的一系列成功应用平台，包括谷歌地球、谷歌地图、谷歌邮箱、谷歌文档等，都使用了这些基础设施。采用Google Docs之类的应用，用户数据会保存在互联网上的某个位置，用户可以通过任何一个与互联网相连的终端十分便利地访问和共享这些数据。目前，谷歌已经允许第三方在谷歌的云计算中通过Google App Engine 运行大型并行应用程序。谷歌早就以发表学术论文的形式公开其云计算的三大法宝——GFS、MapReduce和Bigtable，并在美国、中国等国家的高校开设如何进行云计算编程的课程。

（3）微软于2008年10月推出了Windows Azure操作系统。Azure（译为“蓝天”）是继Windows系统取代磁盘操作系统（DOS）之后，微软又一次颠覆性转型——通过在互联网架构上打造新云计算平台，让Windows真正由个人计算机（PC）延伸到“蓝天”上。Azure的底层是微软全球基础服务系统，由遍布全球的第四代数据中心构成。目前，微软的云平台包括几十万台服务器。微软将Windows Azure定位为平台服务：一套全面的开发工具、服务和管理系统。它可以使开发者致力于开发可用和可扩展的应用程序。微软将为Windows Azure用户推出许多新的功能，不但能更简单地将现有的应用程序转移到云中，而且可以加强云托管应用程序的可用服务，充分体现出微软的“云+端”战略。

（4）阿里巴巴已经在中国的北京、杭州、青岛、香港、深圳等地拥有云计算数据中心，并在德国、新加坡和日本建设数据中心。阿里云提供云服务器（ECS）、关系数据库服务（RDS）、开放存储服务（OSS）、内容分发网络（CDN）等产品服务。

2. 阿里云平台在飞利浦公司的应用案例

（1）企业简介

飞利浦公司是一家领先的健康科技公司，致力于从健康的生活方式及疾病的预防、诊断、治疗和家庭护理的整个健康关护全程，提高人们的健康水平并改善医疗效果。然而，飞利浦在使用云平台之前，每次的设备采购都需要花费大量的精力、财力和时间，飞利浦历年年底都会安排第二年的设备采购预算，根据目前的系统使用情况、预期的业务增长、经验值等确定采购方案，但预算往往和实际使用情况有出入，造成了资源紧张或浪费。

（2）解决方案

从设备提供商向全面解决方案提供商的转型中，飞利浦希望交付给客户的不只是一个产品，而是和多方生态共同创造的新型商业模式。在医疗健康领域，飞利浦通过创新的数字化技术参与慢性病防治和分级诊疗建设，提供从产品、软件到以专病为基础的整体解决方案。这种商业模式需要更强的 IT 基础设施支撑，自建数据中心无法满足需求。相对传统的自建机房 IT 架构，基于云平台来做方案实施，除具备灵活、便捷等优势之外，还可以将云上提供的大数据、人工智能平台作为基础设施快速融入业务系统。

2017 年 2 月，飞利浦苏州数据中心正式向阿里云迁移。迁移期间，阿里云派出专业交付工程师驻场飞利浦，积极协同帮助飞利浦克服上云时间紧、任务重的挑战，技术攻坚，高效推进，包括从参考架构方案、应用和数据上云方案设计到云服务使用与迁移技术培训、应用上云迁移技术，再到相关云产品使用技术咨询支持等。

（3）方案效果

在使用阿里云平台后，飞利浦大大缩减了在 IT 运维方面的财务支出。飞利浦 IT 系统的敏捷性和灵活扩展也通过上云得到了质的提升。在上云之前，飞利浦即使部署一台服务器，也需要经过选型、招标采购、上架、系统安装等环节，而上云之后，仅需几分钟时间，就可以部署一台可以直接使用的服务器。而且上云之后，飞利浦可以按照业务系统的需求量，随时调节服务器等资源的使用量。原先需由运维工程师、网络工程师完成的工作都由阿里云完成，在显著降低运维人力成本的同时给了飞利浦更多的时间专注于业务系统的运维和优化。

## 4.3 物联网技术

物联网（Internet of Things，IoT）技术是 21 世纪最重要的技术之一，因为它几乎可应用于所有行业，并帮助各方面做出改进。物联网技术有着巨大的应用前景，被认为是将对 21 世纪产生巨大影响的技术之一。物联网从最初的军事侦察等无线传感器网络，逐渐发展到环境监测、医疗卫生、智能交通、智能电网、建筑物监测等应用领域。随着传感器技术、无线通信技术、计算技术的不断发展和完善，各种物联网将遍布人们的生活。

### 4.3.1 物联网技术的内涵与特征

物联网的定义为：通过各种信息传感设备及系统（如传感网、RFID 系统、红外感应器、激光扫描器等）、条形码与二维码、全球定位系统等，按约定的通信协议，将物与物、人与物、人与人连接起来，通过各种接入网、互联网进行信息交换，以实现智能化识别、定位、跟踪、监控和管理的一种信息网络。这个定义表明物联网的主要特征是每个物件都可以寻址，每个物件都可以控制，每个物件都可以通信。

物联网融合了各种信息技术，突破了互联网的限制，把物体接入信息网络，实现了“物—物相连的物联网”，将物理世界、数字世界和虚拟世界有机地融合为一体，如图 4-5 所示。物联网支撑信息网络向全面感知和智能应用两个方向扩展、延伸和突破，从而影响国民经济和社会生活的方方面面。

从网络的角度来观察，物联网在网络终端层面呈现出联网终端规模化和感知识别普适化的特点；在通信层面，物联网呈现出异构设备互联化的特点；在数据层面和应用层面，物联网分别呈现出管理处理智能化和应用服务链条化的特点。

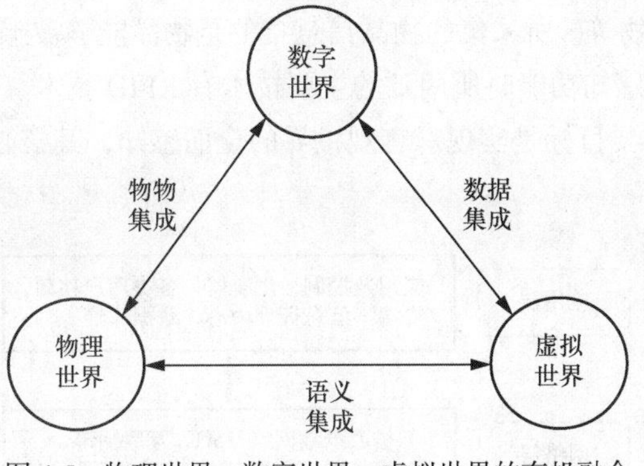


图 4-5 物理世界、数字世界、虚拟世界的有机融合

（1）联网终端规模化

物联网时代的一个重要特征是“物品触网”，每件物品均具有通信功能，成为网络终端。据预测，未来 5～10 年内，联网终端的规模有望突破百亿大关。

（2）感知识别普适化

作为物联网的末梢，自动识别和传感网技术近年来发展迅猛，应用广泛。当今社会，人们的衣、食、住、行都能反映感知识别技术的发展。无处不在的感知与识别将物理世界信息化，将传统上分离的物理世界和信息世界高度融合。

（3）异构设备互联化

尽管硬件和软件平台千差万别，各种异构设备（如不同型号与类别的 RFID 标签、传感器、手机、笔记本计算机等）利用无线通信模块和标准通信协议可构建成自组织网络。在此基础上，运行不同协议的异构网络通过网关互联互通，实现网际信息共享及融合。

（4）管理处理智能化

物联网将大规模数据高效、可靠地组织起来，为上层行业应用提供智能的支撑平台。数据存储、组织以及检索成为行业应用的重要基础设施。与此同时，各种决策手段（包括运筹学理论、机器学习、数据挖掘、专家系统等）广泛应用于各行各业。

（5）应用服务链条化

链条化是物联网应用的重要特点。以工业生产为例，物联网技术覆盖从原材料引进、生产调度、节能减排、仓储物流到产品销售、售后服务等各个环节，成为提高企业整体信息化程度的有效技术。更进一步而言，物联网技术在一个行业的应用也将带动相关上下游产业，最终服务于整个产业链。

## 4.3.2 物联网体系架构

物联网技术复杂、形式多样，通过对物联网多种应用需求进行分析，目前比较认可的是把物联网分为 3 个层次：感知层、网络层和应用层，如图 4-6 所示。

### 1. 感知层

感知层相当于整个物联网体系的感觉器官，如同人体的五官等。感知层主要负责两项任务，即识别物体和采集信息。识别物体是通过物品编码来确定物品是什么；采集信息是利用传感器来感知物品怎么样。其中，物联网中的物指的是现实世界中的客观事物，如电气设备、基础设施、家用电器、计算机、建筑物等。所采集的物品信息指的是物品能够被感知的因素，如温度、湿度、压力等。感知层在实现其感知功能时所用到的主要技术有 RFID 技术、传感器技术、摄像头技术、GPS 技术等。感知层的主要目标是实现对客观世界的全面感知，其核心是实现智能化、小型化、低功耗、低成本。

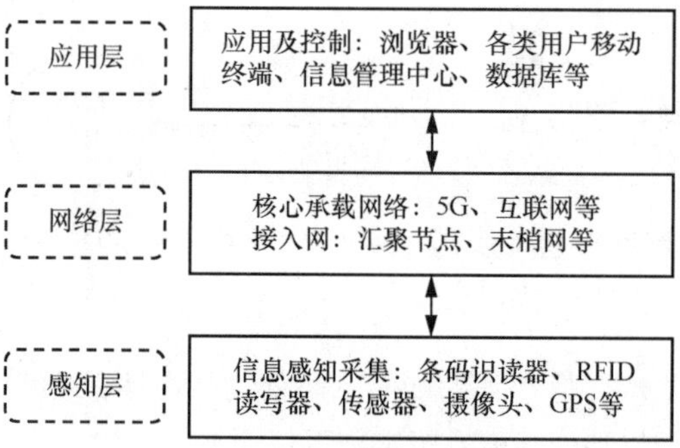


图 4-6　物联网体系架构

2. 网络层

网络层由各种私有网络、互联网、有线和无线通信网、网络管理系统及云计算平台等组成，相当于人的神经中枢和大脑，负责传递和处理感知层获取的信息。物联网的网络层包括接入网与互联网的融合网络、网络管理中心和信息处理中心等。接入网包括移动通信网、有线电话网，通过接入网能将信息传入互联网。网络管理中心和信息处理中心是以数据为中心的物联网中枢，用于存储、查询、分析和处理感知层获取的信息。网络层主要技术有光纤接入技术、电力网接入技术和无线接入技术等。当前以 5G 为代表的新一代通信技术发展日新月异，物联网也将迎来新的发展。

3. 应用层

应用层由各种应用服务器（包括数据库服务器）组成，其主要功能包括对采集数据的汇聚、转换、分析，以及用户层呈现的适配和事件触发等。这些应用服务器根据用户的呈现设备完成信息呈现的适配，并根据用户的设置触发相关的通告信息。同时，当需要完成对末梢节点的控制时，应用层还能完成指令生成控制和指令下发控制。应用层主要为用户提供物联网应用接口，包括用户设备、客户端浏览器等。除此之外，应用层还包括物联网管理中心、信息中心等利用下一代互联网的能力对海量数据进行智能处理的云计算功能。

## 4.3.3　物联网在工业互联网中的应用场景和实例

1. 物联网的应用场景

物联网技术在工业互联网中的应用场景主要有智能电网、智能物流、工业生产、智慧农业、智慧交通等。

（1）智能电网

近年来，物联网技术在各个领域都有着广泛的应用，智能电网是其应用场景之一。社会经济的快速发展使得电力能源成为人们生活工作中的基础能源，也是许多领域运营及发展的关键，为人们的生活提供了许多便利。但随着城市化建设的不断推进，我国的用电、供电压力也在不断增大。通过传感技术对传输的信息进行整合分析，并通过科学的统计与计算辅助电力运输，能够在系统中对电网各个用电节点的用电情况进行监控，也可以实现智能电网客户用电的动态化监控，利用更加高效和便利的输配电模式为客户提供稳定且安全的电力资源。

（2）智能物流

物联网技术在物流领域中也发挥着重大作用。物流商品都有信息标签，利用传感器设备与射频识别设备对物流商品进行扫描，之后利用网络通信技术将获得的信息数据传送到物流终端，所有的传送点都能通过物流终端获取相应的信息，而客户也能利用这一功能通过互联网来查询货物运输的位置信息。同时，物联网技术在产品采购和生产销售等领域有着广泛应用，物联网技术可以进一步控制企业生产成本和货物运输成本，在提高效率的同时为其效益提供保障。科技的快速发展使得物流领域的发展逐渐转向智能化，而物联网技术的应用则可以推动物流领域的智能化，进一步促进我国经济稳定发展。

（3）工业生产

当前，虽然我国一些企业已经实现了设备的自动化和半自动化使用，但其智能化水平还有待提高。物联网技术在生产方面能够提高工业化生产的安全性，进而提升工业化生产水平。这是因为在物联网技术的支持下，可以实现对机械的智能化管理，让工业施工更加符合工业化生产要求。因此，工业企业可以通过使用物联网技术来显示工业化生产的各种信息，加强对智能化设备的人工检测和反馈，实现设备和人之间的良好合作，以此保障各种设备的远程操控和安全使用。另外，在工业生产中，利用物联网技术可以搭建良好的工业信息搜集平台，加强对工业施工信息的搜集，促进工业生产朝着智能化和数字化的方向发展，实现工业化的智能转型。

（4）智慧农业

我国地域辽阔，南方和北方的气候存在显著的差异，传统农业会受季节影响，从而影响农作物生长，限制产量，农民需要结合季节选择要种植的农作物，这又会影响我国的农业发展。我国是农业大国，在当前的时代背景下，传统农业显然已经无法满足社会发展的要求。但是在农业领域中运用物联网技术就能够解决这些问题，运用物联网技术可以对农作物生长状态进行检测，促进农作物的生长。智慧大棚就是物联网技术在农业领域的一个典型应用。温度传感器能够自动识别以及感受大棚中的温度，自动选择关窗或开窗透气；光照传感器能够检测光照情况；二氧化碳传感器可以检测棚内植物生长参数，农民可以设置棚内农作物需要的相关环境参数。物联网运用多种传感器执行具体操作，能够有效简化工序，提高生产效率，从而使农作物产量也有显著的增长。

（5）智慧交通

我国的交通在不断发展，交通问题也是城市发展中的关键问题，交通拥堵、事故以及停车难等问题，让人们的出行受到了影响，还对城市发展造成了消极的影响。要想解决这些问题，可采用智能停车引导系统和智能交通预警系统。智能停车引导系统的应用需要将检测节点安装到城市中的所有停车范围内，这样就能够实时检测停车位情况，将信息传送给司机。例如，司机要找空的停车位，在搜索之后系统就会呈现附近的停车空位以及位置，还有路线指导。司机只需要在手机上安装客户端软件就能够查询城市中的停车区。该系统的原理就是对车位磁场变化进行检测，或者运用超声波感知周围停车位是不是有车，可以给司机提供便利，解决停车难问题。智能交通预警系统利用城市道路上的摄像头对画面和信息进行采集，并将这些信息传给后台，后台程序会开展分析工作，并将结果传送到安装了客户端软件的用户手机上，或者是通过电台节目传播，为司机提供道路信息，并且提出建议行驶的道路，这有利于减少交通拥堵，对交通问题的缓解有积极的影响。

## 2. 物联网在中铁工服中的应用

（1）案例背景

盾构工程建设作为地下空间工程建设中的一个核心环节，面临着分散难监管、安全隐患难排查、施工效率难保障、掘进风险难把控、设备故障难定位、盾构施工数据难存储等诸多难题。随着盾构装备向复杂化、巨型化发展，以及施工规模的扩大，如何对工程建设现场进行有效监控和管理，是所有施工单位和建设单位需要解决的问题。为解决该问题，中铁工程服务有限公司（以下简称中铁工服）基于物联网技术、大数据处理技术及移动互联网技术等成功研制开发了盾构在线监测云平台，为地下空间建设项目提供了施工现场集成化管理和智能分析预警服务。

（2）解决方案

中铁工服提出的盾构在线监测云平台旨在实现对盾构施工现场的盾构装备进行全面管控，同时对盾构数据进行采集、存储、分析，针对盾构装备提供运行监控、报警管理、健康诊断、掘进进度等状态监测功能与安全风险管控、部件维护保养、项目资料归档、工序优化及智能掘进等运维优化功能，以此提升重大工程装备智能运维技术水平。

盾构在线监测云平台整体架构设计分为 4 层，分别是数据采集层、数据汇聚层、数据分析层、数据展示层，如图 4-7 所示。

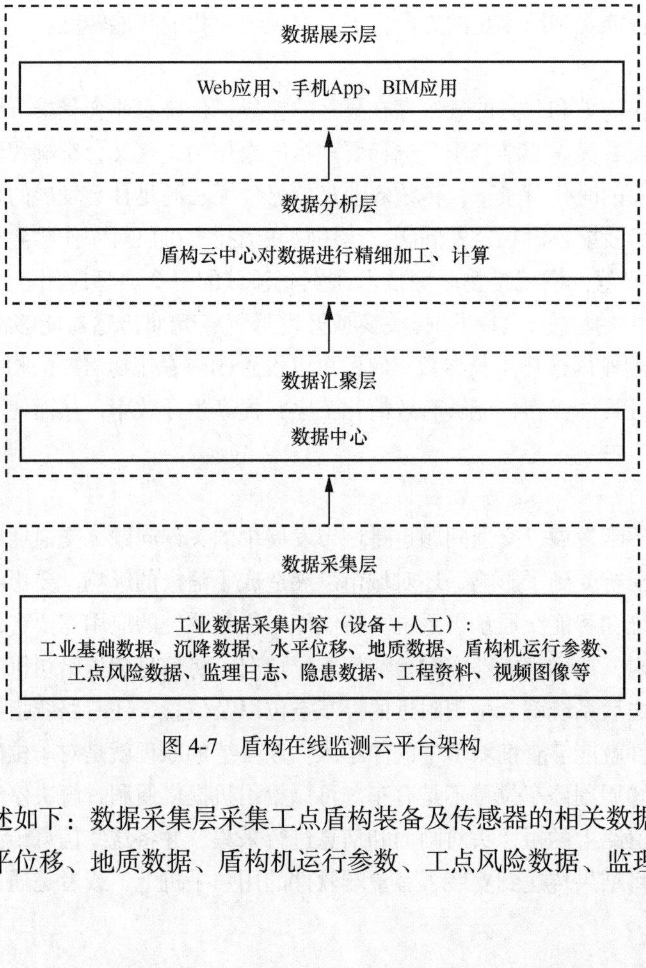


图 4-7　盾构在线监测云平台架构

各层级功能描述如下：数据采集层采集工点盾构装备及传感器的相关数据，包括工业基础数据、沉降数据、水平位移、地质数据、盾构机运行参数、工点风险数据、监理日志、隐患数据、工程资料、视频图像等；数据汇聚层通过数据中心实现对采集数据的汇聚和存储，并进行预处理；数据分析层通过盾构云中心的算法和模型实现对数据的精细加工与计算；数据展示层实现对分析处理后的数据在 Web 应用、手机 App 以及建筑信息模型（BIM）应用等呈现载体上的可视化展示。

平台通过打造盾构施工行业"物联网+盾构数据"的服务新模式，使施工单位能够更准确、快速地掌控项目施工进度、施工耗材、掘进风险、设备状况等关键信息，有效提升管理水平和能力，加大技术量化强度并降低工程对施工经验的依赖性。同时通过采集盾构设备数据，实现了盾构装备全生命周期的智能分析和管理。

（3）实施效果

面向盾构施工的在线监测管理平台目前已应用于中铁三局、中铁四局、中建八局、葛洲坝集团等大型国有企业的盾构施工项目管理中，涵盖中国中铁、中国铁建、中国建筑等国内主要施工单位的中铁装备、中铁重工、海瑞克等各类品牌近 270 台盾构机，涉及 34 个城市，管控 203 个施工区间。

平台投入使用后，为客户提高生产效率约 30%，降低运营成本约 30%，降低单位产值能耗约 77%，减少维修人员 20%～40%，减小保障规模 50%，减少保障费用 30%，显著降低了客户的时间成本、物资成本和人力成本。

# 4.4 网络通信技术

网络通信技术（Network Communication Technology，NCT）是产业发展的重要推动力量，是工业互联网的基础设施，是连接先进信息技术（如物联网、大数据、云计算等）与工业全要素的桥梁。本节将介绍网络通信技术的分类、网络通信技术在工业互联网中的应用现状等。

## 4.4.1 网络通信技术的内涵与分类

网络通信技术是指通过计算机和网络通信设备对图形与文字等形式的资料进行采集、存储、处理和传输等，使信息快速传送并达到充分共享的技术。由于工业现场环境不同及应用场景有差异，因此需要多种通信机制来覆盖不同的业务需求。

种类多样的有线网络及无线网络的发展可适应海量工业数据不同类型的传输需求。随着信息网络从固定、窄带向移动、宽带和泛在、融合的演进，工业数据尤其是非结构化数据的传输不再是瓶颈。工业互联网通信连接技术包括有线通信与无线通信两大类别，如图 4-8 所示。其中无线通信技术因部署简单、功能强大、使用便捷、组网灵活、覆盖区域大而在工业互联网中被广泛使用。

不同场景对通信方式的要求不同，如自动驾驶领域要求低延时，可以使用 5G 的高可靠低延时通信（URLLC）方式；由于 5G 的增强移动宽带（eMBB）有其特有的优势，因此可以满足远程医疗要求；低速率、大容量、远距离场景使用各种低功耗广域网络（LPWAN）形式比较合适，包括远距离无线电（LoRa）、NB-IoT、啁啾物联网（Chirp-IoT）等技术；对无线网格网络（MESH）组网要求较高的可以采用 BLE/ZigBee 等技术。

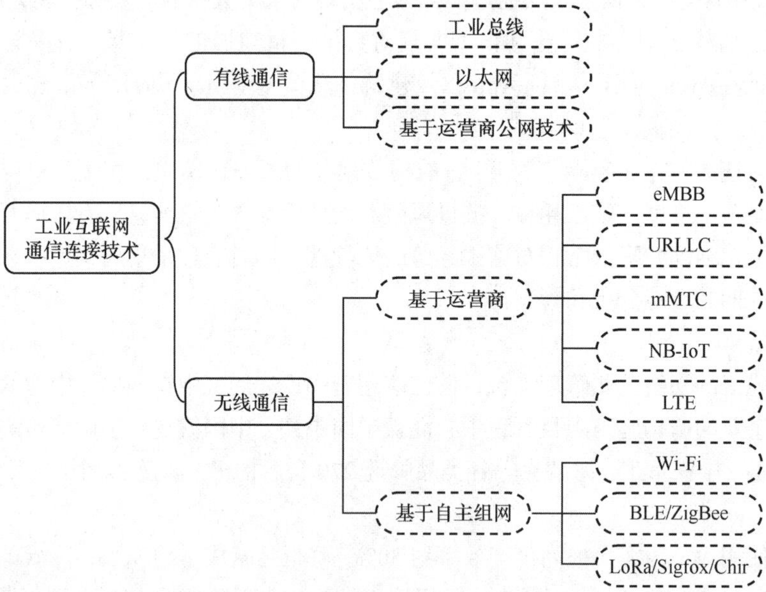


图 4-8　工业互联网通信连接技术

## 4.4.2　有线网络通信技术

有线网络通信技术主要分为工业总线和工业以太网两大技术体系，以实现现场控制为主要功能。

工业以太网出现在现场总线兴起和应用之后，当前工业以太网协议主要有 PROFINET、EtherNet/IP、POWERLINK 等。以太网是基于载波监听多路访问/冲突检测技术机制的广播型网络。由于以太网具有诸多优势，如技术成熟、易于组网、价格低廉、开放性好、通信速率高等，因此以太网是当前世界局域网所使用的最普遍的通信协议标准之一，是商业领域广泛应用的通信技术。以太网的出现和应用，解决了很多工业领域原有的兼容性和操作问题。以太网融入工业领域，成为工业领域最受青睐的工业控制网络技术。

1. 工业总线

工业总线可以分为 3 种基本类型：传感器级总线、设备级总线和现场总线。

（1）传感器级总线和设备级总线属于较低层次的工业网络，用于处理传感器、行程开关、继电器、接触器和阀门定位器这类工业设备。

（2）现场总线是指以工厂内的测量和控制机器间的数字通信为主的通信网络，是一种较高层次的工业网络，用于完成一些过程控制器或者现场仪表之间的通信。IEC 对现场总线的定义为：现场总线是一种应用于生产现场，在现场设备之间、现场设备与控制装置之间实行双向、串行、多节点通信的数字通信技术。

（3）由于设备级总线与现场总线有时实现相同的功能，因此它们之间是相互关联的，并且可以同时存在于同一系统中。

2. 以太网

以太网是指符合 IEEE 802.3 标准的局域网（LAN）产品组，IEEE 802.3 是电气与电子工程师协会（IEEE）发布的一组标准，用于定义有线以太网媒体访问控制的物理层和数据链路层。这些标准也说明了配置以太网的规则，以及各种网络元件如何彼此协作。以太网支持多台计算机通过一个网络连接，使用电线电缆将多台计算机、设备、机器等通过企业的单个网络连接在一起，以便所有计算机彼此通信。以太网的雏形是一条电缆，它支持多台设备连接至同一个网络。如今，以太网可根据需要扩展和覆盖新设备。以太网是目前全球最受欢迎、使用范围最广的网络技术。

## 4.4.3　无线网络通信技术

无线通信网络由于具有覆盖范围广、速率高、网络可靠性高和产业链成熟等特点，已经越来越多地被用于工业生产中，极大地扩展了传统工业网络的内涵和外延，为工业互联网的发展提供了良好基础。

5G 网络是人们所熟知的一种无线网络通信技术。第三代合作伙伴计划（3GPP）的 5G 定义了 3 类应用场景：eMBB、海量机器类通信（mMTC）、URLLC。其中，eMBB 场景可支撑工业互联网逐渐兴起的大流量业务，如虚拟工厂和高清视频远程维护等；mMTC 场景主要针对海量的现场设备通信；URLLC 场景对时延要求极其苛刻，一般采用共部署的方式来降低传输时延的损耗。

5G 网络是控制和转发分离的网络，转发平面更专注于业务数据的高效路由转发，具有简单、稳定和性能高等特性，以满足未来海量移动流量的转发需求。而控制平面则采用逻辑集中的方式，实现统一的策略控制，保证灵活的流量调度和连接管理。集中部署的控制平面通过移动流控制接口实现对转发平面的可编程控制。控制平面和转发平面的分离，能够使网络架构更加扁平化，网关设备可采用分布式的部署方式，从而有效降低业务的传输时延。5G 网络作为控制与转发分离和控制功能重构的新型网络，能够提高接入网在面向 5G 复杂场景下的整体接入性能，简化的核心网结构可提供灵活高效的控制与转发功能，支持高智能运营，开放网络能力，提升全网整体服务水平。

5G 核心网支持各种低时延、大容量和高速率的业务，其转发平面进一步简化下沉，同时将业务存储和计算能力从网络中心下移到网络边缘，以满足高流量和低时延的业务要求，实现灵活均衡的流量负载调度功能。

多样化的业务场景对 5G 网络有多样化的性能要求和功能要求。5G 网络具备向业务场景适配的能力，针对每种业务场景提供恰到好处的网络控制功能和性能保证，实现按需组网的目标。5G 网络能为工业互联网提供更可靠、更开放、按需定制的网络。5G 网络还支持工厂内、外的大量设备监控，如各类设备的远程监控和控制、无线视频监控的远程控制，可远程监测并上报环境参数和控制机械的数据，满足工业互联网应用需求。

## 4.4.4　5G 网络在格力电器公司的应用

### 1. 案例背景

格力电器公司（以下简称格力）是国内家电制造龙头企业之一，具备领先的产品技术和丰富的生产经验，工厂生产设备整体自动化程度较高，但存在生产现场复杂、场地狭小、无多余布线管道、施工难度大、时间窗短等问题。面对内部的创新战略及外部的激烈市场竞争，格力迫切需要实现更高程度的智能化生产。传统有线网络的灵活性不足，传统无线网络易受干扰，导致大部分设备处于独立控制、分散管理的模式，无法实现生产数据的共享和生产过程的统筹管理以及满足规模生产设备管理和系统交互的需求，更难以适应当前制造领域个性化、多样化的趋势。

2. 解决方案

针对格力提出的网络诉求及智能制造业务场景规划，中国联通制订了“5G+MEC 边缘云+SA 切片专网”总体方案，旨在依托现有资源，规划、建设格力工业互联能力，实现生产装备、仪器仪表、传感器、控制系统、管理系统的互联互通，为格力打造端到端切片的企业专网。

格力专网整体采用 5G SA（独立组网）架构，其中的核心网部分，控制面采用广东联通 5GC 大区商用网络，与普通用户共享，用户面 MEC（UPF）下沉到格力园区部署，由格力园区独占，本地分流园区内专网用户流量。

凭借 5G 网络上行大带宽能力，格力可实时监控产线电子检漏、运转测试、工序检验等多个关键岗位人员的动作，将产线实时视频上传到企业服务器，并从后台进行基于人工智能（AI）的工艺行为识别。格力生产线的 AI 行为识别，使用中国联通为产线安装的高清视频监控，协同质控部、计算机中心、大数据中心，通过“5G+AI 行为分析模型”对员工的操作动作进行打标，实现岗位图像的实时采集，并智能监督操作规范性，代替传统人工监控方式，在压缩人力成本的同时提高监控质量。

3. 实施效果

通过 5G 专网，格力园区内 5G 终端到企业内网的时延从原来的 20 ms 降低到 9 ms。截至 2020 年年底，格力已完成无线、核心网、传输等网络及配套设施建设，上线无纸化首检、5G 视频监控、5G+自动导引车（AGV）、关键数据采集等应用，实现无纸化首检、视频监控业务端到端切片验证。

5G 应用的实施提高了格力整体质量管理水平，提升了工作效率，降低了运维及监管成本，实现生产过程的质量数据无纸化，每年可节省成本 900 多万元，推进了生产过程的外观自动测试，提升产品检测精度、准度和速度，实现产品 100%检验受控，减少人力投入，每条产线可节约人力成本 16 万元/年。电子仓实现货物灵活周转、存储和 100%先进先出管控，平均每仓节约材料成本 100 万元；通过 5G 实现快速组网调整，格力一条产线网络改造周期缩短为 2 天。

## 4.5 数字孪生技术

数字孪生（Digital Twin，DT）技术也被称为数字双胞胎和数字化映射技术，该技术在产品设计、产品制造、工程建设等领域有着广泛的应用。美国通用电气公司将数字孪生技术作为工业互联网中的一个重要概念，力图通过大数据分析，可以完整地透视物理世界机器实际运行的情况。数字孪生技术正引导着人们穿越虚实界墙，在物理模型和数字模型之间自由交互。

### 4.5.1 数字孪生的起源与概念

数字孪生的理念在制造领域的使用可追溯到美国国家航空航天局（National Aeronautics and Space Administration，NASA）的阿波罗项目，明确的概念是 2003 年美国密歇根大学的迈克尔·格里夫斯（Michael Grieves）教授在其产品全生命周期管理课程中提出的，当时被称为“与物理产品等价的虚拟数字化表达”。数字孪生的概念模型曾被称为“镜像空间模型”“信息镜像模型”等，主要包括物理空间的实体产品、虚拟空间的虚拟产品以及两者之间的连接，即数据和信息接口。

数字孪生的发展历程如图 4-9 所示。

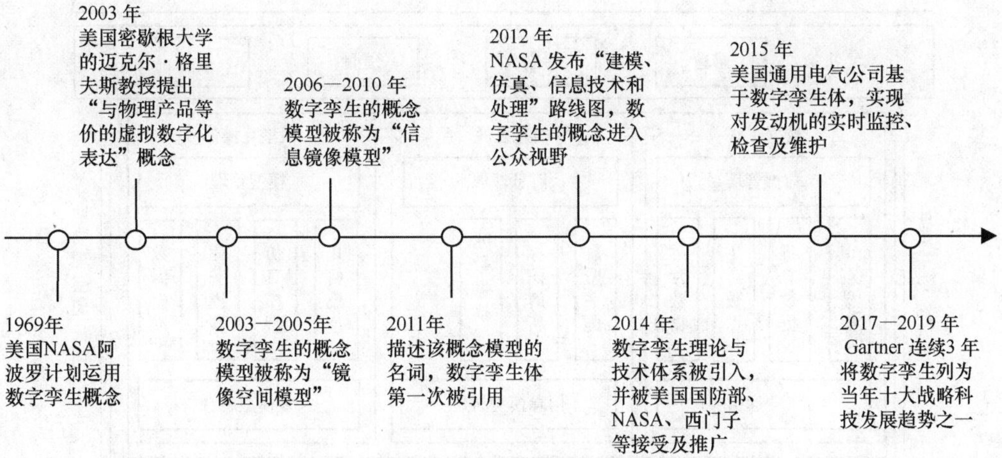


图 4-9　数字孪生的发展历程

美国空军研究实验室与 NASA 在 2011 年开展合作，将数字孪生技术引入飞机结构寿命预测的概念模型。2012 年，NASA 发布“建模、仿真、信息技术和处理”路线图，数字孪生的概念正式进入公众视野。2013 年，美国将数字线索（Digital Thread）和数字孪生视为“改变游戏规则”的颠覆性机遇，并从 2014 年开始组织工业界开展了一系列应用研究项目，从此数字孪生理论与技术体系初步建立。

目前，被广泛认可的数字孪生定义是由迈克尔·格里夫斯和斯塔格尔在 2012 年提出的：“一个集成了多物理性、多尺度性、概率性的复杂产品仿真模型，能够实时反映真实产品的状态。”数字孪生是以数字化方式创建物理实体的虚拟模型，借助数据模拟物理实体在现实环境中的行为，通过虚实交互反馈、数据融合分析、决策迭代优化等手段，为物理实体增加或扩展新的能力。数字孪生可以通过接收来自物理对象的数据实时演化，从而与物理对象在生命周期保持一致。作为一种充分利用模型、数据、智能并集成多学科的技术，数字孪生面向产品全生命周期过程，发挥连接物理世界与信息世界的桥梁和纽带作用，提供实时、高效、智能的服务。

工业数字孪生功能架构如图 4-10 所示，主要包括连接层、映射层和决策层。

（1）连接层

连接层具备采集感知和反馈控制两类功能，是数字孪生闭环优化的起始和终止环节。通过深层次地采集感知物理对象全方位数据，利用高质量反馈控制完成物理对象最终执行。

（2）映射层

映射层具备数据互联、信息互通、模型互操作 3 类功能，同时数据、信息、模型三者间能够实时融合。其中，数据互联指通过工业通信实现物理对象市场数据、研发数据、生产数据、运营数据等全生命周期数据集成；信息互通指利用数据字典、标识解析、元数据描述等功能，构建统一信息模型，实现物理对象信息的统一描述；模型互操作指能够通过多模型融合技术将几何模型、仿真模型、业务模型、数据模型等多类模型进行关联和集成融合。

（3）决策层

决策层在连接层和映射层的基础上，通过综合决策实现描述、诊断、预测、处置等不同深度应用，并将最终决策指令反馈给物理对象，支撑实现闭环控制。

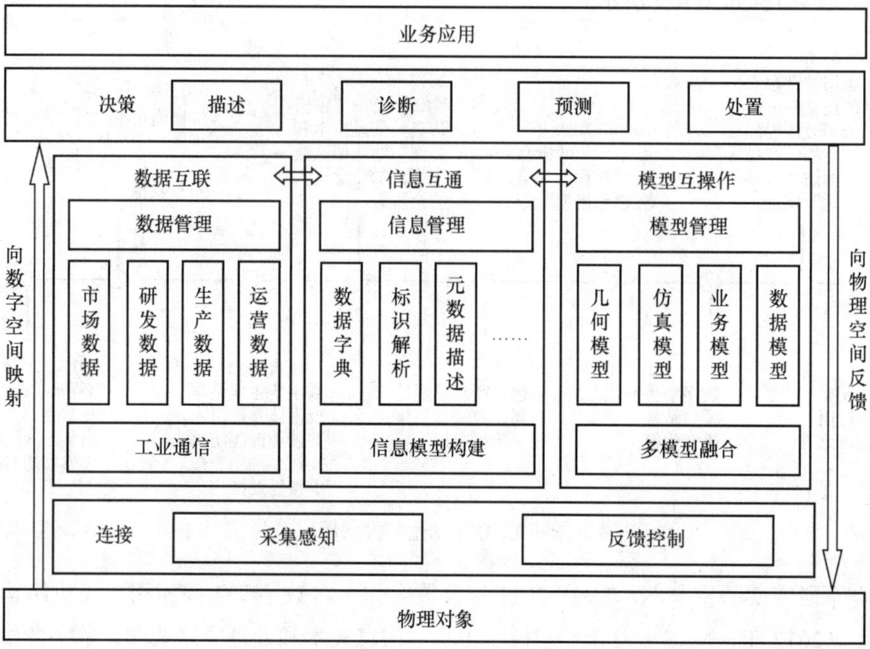


图 4-10　工业数字孪生功能架构

全生命周期实时映射、综合决策、闭环优化是数字孪生技术 3 个典型特征。全生命周期实时映射指孪生对象与物理对象能够在全生命周期实时映射，并持续通过实时数据修正完善孪生模型；综合决策指通过数据、信息、模型的综合集成，构建起智能分析的决策能力；闭环优化指数字孪生能够实现对物理对象从采集感知、决策分析到反馈控制的全流程闭环应用，本质是设备可识别指令、工程师知识经验与管理者决策信息在操作流程中的闭环传递，最终实现智慧的累加和传承。

## 4.5.2　数字孪生技术体系

《工业数字孪生白皮书（2021）》中定义数字孪生技术体系涵盖数字支撑技术、数字线程技术、数字孪生体技术、人机交互技术等，如图 4-11 所示。

（1）数字支撑技术

数字支撑技术具备数据获取、传输、计算、管理一体化能力，支撑数字孪生高质量开发利用全量数据，涵盖采集感知、控制执行、新一代通信、新一代计算、数据和模型管理 5 种类型的技术。未来，集 5 类技术于一身的通用技术平台有望为数字孪生提供“基础底座”服务。

其中，采集感知技术的不断创新是数字孪生蓬勃发展的原动力，支撑数字孪生更深入地获取物理对象数据。一方面，传感器向微型化发展，能够被集成到智能产品中，实现更深层次的数据感知，如美国通用电气公司研发嵌入式腐蚀传感器，并嵌入压缩机内部，能够实时显示腐蚀速率；另一方面，多传感融合技术不断发展，将多类传感器能力集成至单个传感模块，支撑实现更丰富的数据获取。例如，第一款 L3 自动驾驶汽车奥迪 A8 的自动驾驶传感器搭载了 7 种类型的传感器，包括毫米波雷达、激光雷达、超声波雷达等，保证汽车决策的快速性和准确性。

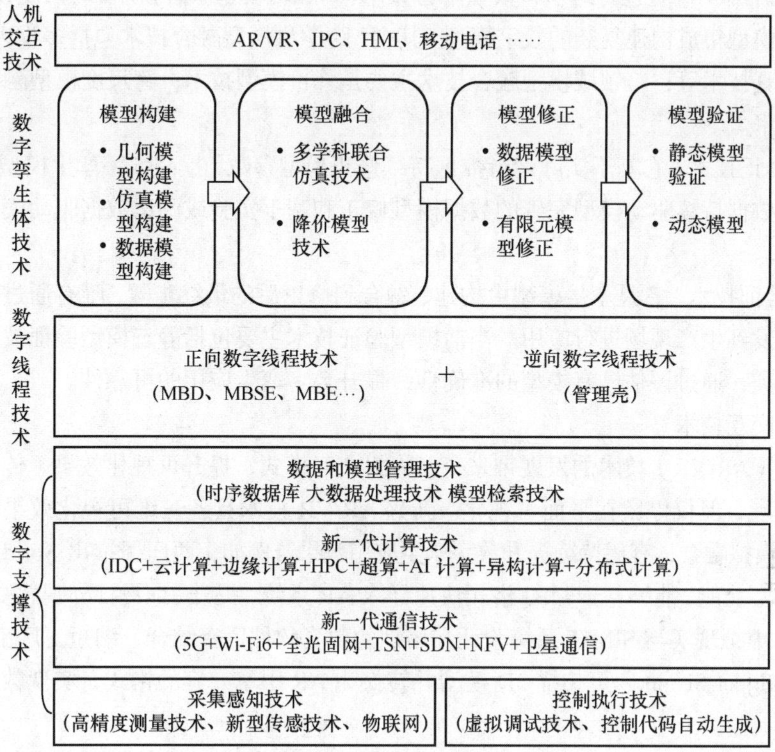


图 4-11　工业数字孪生技术体系

（2）数字线程技术

数字线程技术是数字孪生技术体系中最为关键的技术，能够屏蔽不同类型数据、模型格式，支撑全类数据和模型快速流转与无缝集成，主要包括正向数字线程技术和逆向数字线程技术两大类。其中，正向数字线程技术以基于模型的系统工程（MBSE）为代表，在用户需求阶段就基于统一建模语言（UML）定义好各类数据和模型规范，为后期全量数据和模型在全生命周期集成融合提供基础支撑。当前，基于模型的系统工程技术正加快与工业互联网平台的集成融合，未来有望构建“工业互联网平台+MBSE”的技术体系。逆向数字线程技术以管理壳技术为代表，依托多类工程集成标准，对已经构建完成的数据或模型，基于统一的语义规范进行识别、定义、验证，并开发统一的接口支撑进行数据和信息交互，从而促进多源异构模型之间的互操作。管理壳技术通过高度标准化、模块化方式定义了全量数据、模型集成融合的理论方法论，未来有望实现全域信息的互通和互操作。

（3）数字孪生体技术

数字孪生体是数字孪生物理对象在虚拟空间的映射表现，它包括模型构建、模型融合、模型修正、模型验证 4 项技术。

① 模型构建技术。它是数字孪生体技术体系的基础。在几何建模方面，基于 AI 的创成式设计技术能够提升产品几何设计效率。在仿真建模方面，仿真工具通过融入无网格划分技术缩短仿真建模时间。在数据建模方面，传统统计分析叠加人工智能技术，能够强化数字孪生预测建模能力。在业务建模方面，业务流程管理（BPM）、流程自动化（RPA）等技术加快推动了业务模型的敏捷创新。

② 模型融合技术。它包含跨学科模型融合技术、跨领域模型融合技术、跨尺度模型融合技术，通过不同领域模型集成构建复杂的数字模型。其中，跨学科模型融合技术包括多物理场仿真技术、多学科联合仿真技术等；跨领域模型融合技术主要是降价模型技术；跨尺度模型融合技术主要是多尺度建模技术。

③ 模型修正技术。它基于实际运行数据持续修正模型参数，提高数字孪生模型的精度，主要包括基于实时数据持续驱动模型完善的数据模型修正和基于实验或测试数据驱动模型迭代的有限元模型修正等。

④ 模型验证技术。它是孪生模型由构建、融合到修正后的最终步骤，唯有通过验证的模型才能够安全地下发到生产现场进行应用。当前模型验证技术主要包括静态模型验证技术和动态模型验证技术两大类，通过评估已有模型的准确性，提升数字孪生应用的可靠性。

（4）人机交互技术

虚拟现实（AR/VR）技术的发展带来全新人机交互模式，提升可视化效果。传统平面人机交互技术不断发展，但仅停留在平面可视化。新兴AR/VR技术具备三维可视化效果，正加快与几何设计、仿真模拟融合，有望持续提升数字孪生应用效果。例如，西门子推出Solid Edge 2020产品新增增强现实功能，能够基于OBJ格式快速导入AR系统，提升3D设计外观感受。将COMOS Walkinside 3D虚拟现实与SIMIT系统验证和培训的仿真软件紧密结合，缩短工厂工程调试时间。PTC Vuforia Object Scanner可扫描3D模型并转换为AR引擎兼容的格式，实现数字孪生沉浸式应用。

### 4.5.3 数字孪生在工业互联网中的应用场景和实例

#### 1. 数字孪生的应用场景

（1）模拟仿真

在模拟仿真方面，数字孪生的应用场景包括虚拟测试（如风洞试验）、虚拟验证（如结构验证、可行性验证）、过程规划（如工艺规划）、操作预演（如虚拟调试、维修方案预演）、隐患排查（如飞机故障排查）等。在这些场景中，数字孪生主要用于减少实物实验次数、提高可行性和成功率、降低试制与测试成本、减少危险和失误。

（2）生产监控

在生产监控方面，数字孪生的应用场景包括行为可视化（如虚拟现实展示）、运行监控（如装配监控）、故障诊断（如风机齿轮箱故障诊断）、状态监控（如空间站状态监测）、安防监控（如核电站监控）。在这些场景中，数字孪生的主要作用是识别缺陷、定位故障、信息可视化、保障生命安全等。

（3）生产预测

在生产预测方面，数字孪生的应用场景包括故障预测（如风机故障预测）、寿命预测（如航空器寿命预测）、质量预测（如产品质量控制）、行为预测（如机器人运动路径预测）和性能预测（如实体在不同环境下的表现预测）等。在上述场景中，数字孪生的作用为减少宕机时间、规避风险、避免灾难性破坏、提高产品质量和验证产品适应性等。

（4）生产优化

在生产优化方面，数字孪生的应用场景包括设计优化（如产品再设计）、配置优化（如制造资源优选）、性能优化（如设备参数调整）、能耗优化（如汽车流线性提升）、流程优化（如生产过程优化）和结构优化（如城市建设规划）等。在以上场景中，数字孪生的作用是改进产品开发、提高系统效率、节约资源、降低能耗、提升用户体验和降低生产成本。

（5）生产控制

在生产控制方面，数字孪生的应用场景包括运行控制（如机械臂动作控制）、远程控制（如火电机组远程启停）、协同控制（如多机协同）等。在以上场景中，数字孪生的作用为提高操作精度、适应环境变化、提高生产灵活性和实时响应扰动。

### 2. 数字孪生在西门子数控（南京）中的应用

（1）案例背景

西门子是一家专注于工业、基础设施、交通和医疗领域的科技公司。1996 年，西门子与中国北方工业集团有限公司共同出资成立了西门子数控（南京）有限公司（SNC），其主要产品线覆盖数控系统、通用变频器和齿轮马达等，广泛应用于汽车、航空、电子、物流和能源等高端制造业，并有大量产品出口海外市场。然而，该公司的生产驱动器、电机和数控机床（CNC）控制器等产品处于两处不同的工厂，仓储物流也位于不同的区域，这样的流程复杂且效率低下。因此，西门子于 2022 年在南京建成了全球第一家原生数字化工厂——SNC 新工厂。新工厂的建设有机结合了工厂数据、产线数据、绩效数据甚至建筑模型数据等以实现完整的数字孪生，使其成为西门子在德国以外最大的 CNC 控制器、生产驱动器以及电机的研发和制造中心。

（2）解决方案

西门子指出新工厂的原生指的是从设计、规划、建造和生产运营的全生命周期，从零开始，开创性地完全使用西门子自身的数字化理念和技术，让工厂从无到有，由虚到实。在 SNC 新工厂破土动工之前，西门子就已经在虚拟世界里用西门子自己的软件完成了从工厂需求、分析到建成、运营全过程模拟仿真和验证，而在实际建设过程中，通过大数据分析，进一步优化生产流程，为实际生产提供实时可靠的数据支撑，实现数字化制造和管理。

在设计研发阶段，西门子有 NX 三维设计及仿真软件，可以设计工厂的厂房、产线、产品的三维模型，直观呈现产线布局；各个部门、各个环节产生的机械数据、电气数据以及其他工程组态数据都集成于 Teamcenter 这个贯穿 3 个数字孪生的产品生命周期管理平台，方便各职能部门成员之间的共享和协作。在虚拟生产和虚拟调试阶段，西门子具有覆盖从机器部件、机器、生产单元、生产线到工厂物流的虚拟仿真调试软件。例如，Tecnomatix Process Simulate，可以对数字化制造工艺过程，包括零部件制造、装配规划、资源管理、工厂设计与优化、人力绩效、产品质量规划与分析、生产管理等进行仿真测试。在生产控制阶段，西门子具有业界强大的 TIAPortal 全集成自动化平台和 SIMATIC IT 生产管理软件，以及 Mendix 低代码平台、MindSphere 云平台等，另外，西门子还有工厂现场设备层级的各类仪表、控制器、电机、网络等硬件产品。

（3）实施效果

首先，与 SNC 旧工厂相比，SNC 新工厂的高位货架在施工前就已经在虚拟环境中完成优化，从而在实现生产利用率提高了 40%和生产灵活性提高了 30%的同时，减少了对工厂空间的需求，空间利用效率提升了 40%。其次，SNC 新工厂可在虚拟环境中确认当前的机器和操作工人是否能够满足客户订单需求。工厂根据验证后的规划在现实世界中完成产线构建，产品的交付时间得到优化，若客户需求发生变化，反过来可以根据数字孪生对生产能力进行再评估，随后对生产线和生产单元进行必要的改造。此外，新工厂的产能提高近 2 倍，物料补充速度提高了 50%。

# 4.6 人工智能技术

自人工智能技术在 20 世纪 50 年代被提出以来，人类一直致力于让计算机技术朝着越来越智能的方向发展。人工智能是一门涉及计算机科学、控制论、语言学、神经学、心理学及哲学等的综合性交叉学科。同时，它是一门有强大生命力的学科，试图改变人类的思维和生活习惯，延伸和解放人类智能。

## 4.6.1 人工智能的概念与发展

### 1. 人工智能的概念

“人工智能”的概念是由“人工智能之父”约翰·麦卡锡（John McCarthy）与马文·明斯基（Marvin Lee Minsky）、纳撒尼尔·罗切斯特（Nathaniel Rochester）和克劳德·艾尔伍德·香农（Claude Elwood Shannon）等科学家在美国达特茅斯会议中提出来的，它涉及数学、计算机科学、神经生理学、心理学等多门学科。作为现代前沿的交叉学科，专家学者对人工智能的定义有着不同的理解。有关人工智能代表性的定义如下。

（1）美国斯坦福研究所人工智能中心主任尼尔逊（N. J. Nilsson）对人工智能下了这样一个定义：人工智能是关于知识的学科——怎样表示知识以及怎样获得知识并使用知识的科学。

（2）美国麻省理工学院的帕特里克·温斯顿（Patrick Winston）教授认为：人工智能就是研究如何使计算机去做过去只有人才能做的智能工作。

（3）“人工智能教父”、2018 年图灵奖得主杰弗里·辛顿（Geoffrey Hinton）将人工智能定义为：一种智能的非人类实体。

（4）《人工智能标准化白皮书（2018 版）》给出的定义是：人工智能是利用数字计算机或者数字计算机控制的机器模拟、延伸和扩展人类的智能，感知环境、获取知识并使用知识获得最佳结果的理论、方法、技术和应用系统。

（5）我国人工智能专家、中国工程院院士李德毅认为：人工智能的内涵包括脑认识基础、机器感知与模式识别、自然语言处理与理解、知识工程 4 个方面。

（6）我国钟义信教授认为：人工智能就是探索人类智能（自然智能的最佳代表）的工作机理，并在此基础上研制各种具有人类智能水平的人工智能机器，为人类各种活动提供智能服务。

以上这些人工智能的定义都反映了人工智能学科的基本思想和基本内容，即人工智能是指研究人类智能活动的规律，构造具有一定智能的人工系统，研究如何让计算机去完成以往需要人的智力才能胜任的工作，也就是研究如何应用计算机的软硬件来模拟人类某些智能行为的基本理论、方法和技术。

### 2. 人工智能的发展

人工智能的发展经历了以下 5 个阶段。

（1）起步阶段

20 世纪 50 年代，人工智能经历了兴起和衰落。人工智能在 1956 年首次被提出后，相继出现了一批显著的成果，如机器定理证明、跳棋程序、通用问题求解程序、LISP 语言等。但是由于消解法推理能力有限以及机器翻译等的失败，人工智能走入了低谷。这一阶段的特点是重视问题求解的方法，而忽视了知识的重要性。

（2）发展期

20 世纪 60 年代末到 70 年代，专家系统出现，使人工智能研究出现新高潮。DENDRAL 化学质谱分析系统、MYCIN 疾病诊断和治疗系统、PROSPECTOR 探矿系统、Hearsay-Ⅱ语音理解系统等专家系统的研究和开发，将人工智能引向了实用化。

（3）瓶颈期

20 世纪 80 年代，随着第五代计算机的研制，人工智能得到了飞速的发展。日本在 1982 年开始了"第五代计算机研制计划"，即"知识信息处理计算机系统"（KIPS），其目的是使逻辑推理达到数值运算那么快。虽然此计划最终失败，但它的开展掀起了一股研究人工智能的热潮。

（4）迅速发展期

20 世纪 80 年代末，人工神经网络技术飞速发展。1987 年，在美国召开了第一次神经网络国际会议，宣告了这一新学科的诞生。此后，各国在神经网络方面的投资逐渐增加，神经网络迅速发展起来。

（5）蓬勃发展期

20 世纪 90 年代，人工智能出现新的研究高潮。由于网络技术特别是国际互联网技术的发展，人工智能开始由单个智能主体研究转向基于网络环境下的分布式人工智能研究。不仅研究基于同一目标的分布式问题求解，而且研究多个智能主体的多目标问题求解，使人工智能更加实用。另外，由于 Hopfield 多层神经网络模型的提出，人工神经网络研究与应用出现了欣欣向荣的景象。

进入 21 世纪，人工智能这个话题变得越来越热门，尤其是 2016 年 3 月，阿尔法围棋（AlphaGo）与当时的围棋世界冠军、职业九段选手李世石进行人机大战，并以 4∶1 的总比分获胜，人工智能这个话题在人们之间越来越普遍地被谈论。

### 3. 人工智能的分类

由人工智能的各种定义可知，人工智能的核心思想在于构造智能的人工系统。人工智能是一项知识工程，利用机器模仿人类完成一系列的动作。根据是否能够实现理解、思考、推理、解决问题等高级行为，人工智能又可分为弱人工智能和强人工智能。

（1）弱人工智能

弱人工智能是指不能像人类一样进行推理、思考并解决问题的智能机器。迄今为止，人工智能系统都是实现特定功能的系统，而不是像人类一样，能够不断地学习新知识，适应新环境。现阶段，理论研究的主流力量仍然集中于弱人工智能方面，并取得了一定的成绩，对于某些特定领域，如机器翻译、图片识别等，专用系统的水平已接近于人类的水平。

（2）强人工智能

强人工智能是指机器能像人类一样思考，有感知和自我意识，能够自发学习知识。机器的思考又可分为类人和非类人两大类。类人表示机器思考与人类思考类似；而非类人则是指机器拥有与人类完全不同的思考和推理方式。强人工智能在哲学上存在着巨大的争议，不仅如此，在技术研究层面也面临着巨大的挑战。目前，强人工智能的发展有限，并且可能在未来几十年内都难以实现。

强人工智能的类型可分为两种：一种是类人的人工智能，机器完全模仿人的思维方式和行为习惯；另一种是非类人的人工智能，机器有自我的推理方式，不按照人类的思维行动模式生产生活。强人工智能具有很强的自主意识，它们既可以按照人预先设定的具体指令去做什么，也可以根据具体环境需求自身决定做什么、怎么做，它们具有主动处理事务的能力。也就是说，可以不根据人类事先做好的设定而机械地行动。

目前人工智能还处于弱人工智能阶段，之所以称为“弱”，是因为这样的人工智能不具备自我思考、自我推理和解决问题的能力。笼统地讲，就是没有自主意识，所以并不能称为真正意义上的智能。而强人工智能则恰好相反，若能配合合适的程序设计语言，理论上它们便可以有自主感知能力、自主思维能力和自主行动能力等。

## 4.6.2 人工智能的关键技术

人工智能的产业结构可划分为 3 个方面：基础层、技术层和应用层，如图 4-12 所示。基础层包括算法、算力和算据。海量、多维、实时的算据为训练算法模型提供基础。算力是人工智能应用平台的载体，是推动人工智能实际应用的决定性力量。算法是让机器实现自主学习的算法，典型的算法包括回归算法、分类算法、聚类算法和模式识别算法等。

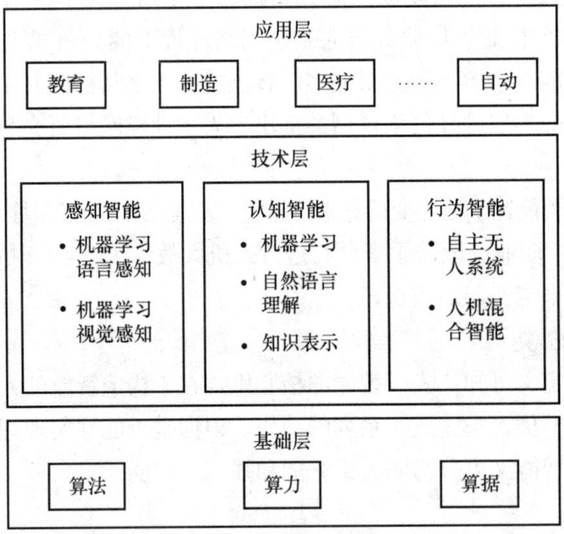


图 4-12 人工智能产业结构

人工智能算法是工业人工智能技术的核心，从功能性上可以划分为有监督学习和无监督学习，判断依据是数据训练时是否有已知数据的标签。有监督学习指的是在已知输入对象（通常是一组特征向量）和输出对象（期望值）的情况下训练出一个模型，将输入映射到输出，以达到对新输入对象产生的期望值进行预测的目的。根据期望值的连续性，有监督学习可以进一步分为回归和分类。回归算法主要包括线性回归、多项式回归、支持向量回归等；分类算法主要包括神经网络、决策树、支持向量机等。无监督学习就是不受监督的学习，即不需要人类进行数据标注，通过模型不断自我认知、自我归纳实现学习过程。与有监督学习寻找输入对象和期望值之间的关系不同，无监督学习的目的在于识别输入对象的模式，典型代表是聚类算法和统计估计算法。常见的聚类算法包括 K 均值聚类、DBSCAN 等；常见的统计估计算法主要包括混合高斯分布估计、隐马尔可夫链等。

技术层包括感知智能、认知智能和与行为智能相关的人工智能技术，其中机器学习和知识表示是两大关键技术。应用层是人工智能产业的延伸，集成一类或多类人工智能基础应用技术，面向特定应用场景需求而形成软硬件产品或解决方案。

### 1. 深度学习

深度学习的核心理念在于通过模拟人脑的层级抽象结构，对大规模的数据利用无监督方式进行特征学习。相较于浅层机器学习的人为提取特征，深度学习能够自动从数据中提取特征。深度学习是指将原始数据的特征，通过多层的特征转换得到更高层次、更抽象的特征表示，并进一步输入预测函数中得到最终结果，如图 4-13 所示。多层感知器、卷积神经网络和循环神经网络是深度学习的 3 类基本模型。

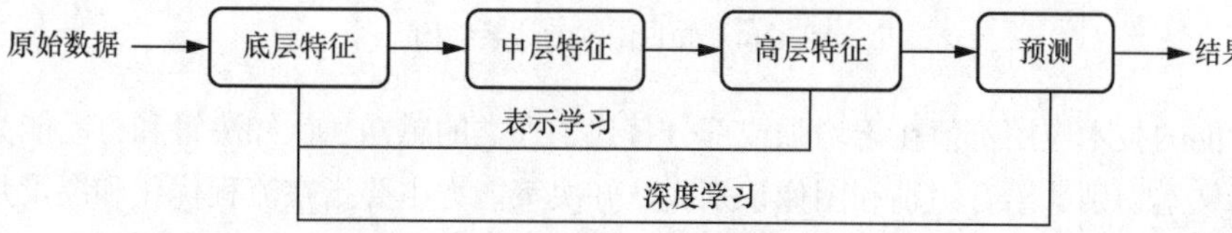


图 4-13　深度学习的数据处理流程

（1）多层感知器

多层感知器（Multi-Layer Perceptron，MLP）也称前向传播网络、深度前馈网络，遵循人类神经系统原理，学习并进行数据预测，主要优势在于其具有快速解决复杂问题的能力。多层感知器的基本结构由输入层、隐藏层和输出层组成，输入元素和权重的乘积被反馈给具有神经元偏差的求和节点。多层感知器通过学习，使用权重存储数据，并根据算法来调整权重以减少训练过程中的偏差。

（2）卷积神经网络

卷积神经网络（Convolutional Neural Network，CNN）是一种有监督学习下的深度模型，其基本思想是在前层网络的不同位置共享特征映射的权重，利用空间相对关系减少参数数量以提高训练性能。

（3）循环神经网络

循环神经网络（Recurrent Neural Network，RNN）是一类以序列数据为输入，在序列的演进方向进行递归且所有节点（循环单元）按链式连接的递归神经网络。

### 2. 知识图谱

知识图谱的概念由谷歌公司在 2012 年正式提出，旨在提高搜索引擎的能力，提高搜索质量，提升用户的搜索体验。知识图谱的本质是一个有向图结构的知识库，一种揭示实体或概念之间关系的语义网络，其中图的节点代表实体或概念，图的边代表实体/概念之间的各种语义关系。

知识图谱在逻辑上可分为数据层与模式层两个层次。数据层主要包含一系列的事实，知识将以事实为单位进行存储；模式层构建在数据层之上，主要通过本体库来规范数据层的一系列事实表达。

大多数的知识图谱都采用自底向上的方式进行构建，通常包括知识抽取、数据整合和知识更新，如图 4-14 所示。知识抽取主要依靠概念层次学习、机器学习的方法对半结构化数据和非结构化数据进行处理而实现，包括实体抽取、属性抽取和关系抽取；数据整合主要依靠异构知识库利用语义集成方式实现；知识更新指对融合后的新知识进行进一步加工，实现质量评估。

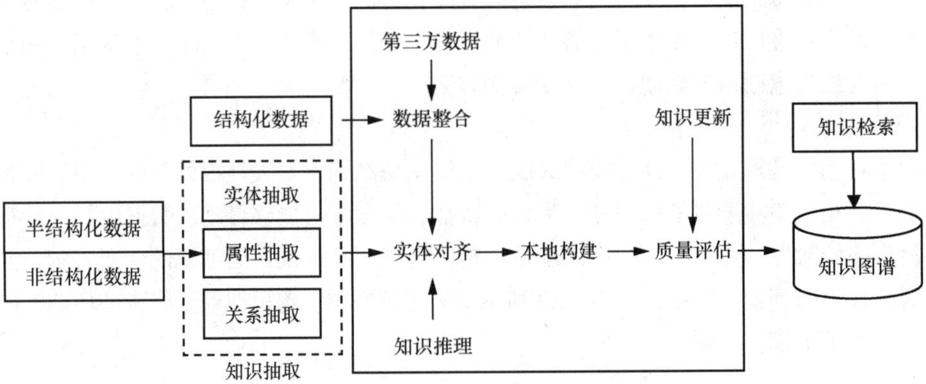


图 4-14　知识图谱的体系结构

人工智能的技术应用价值在于增强或部分替代了人类的感知、认知决策和行动能力。感知能力主要包括文本识别、语音识别和图像识别；认知决策能力主要指在流程优化和决策判断领域寻求最优解的思维能力；行动能力指代替人类高体力成本的行为活动。

## 4.6.3　人工智能在工业互联网中的应用场景和实例

### 1. 人工智能的应用场景

人工智能在工业互联网领域的应用主要面向无法解决的复杂问题和无法预测的不确定性问题，主要应用包括产品型应用、流程型应用和洞察型应用，贯穿产品研发设计、生产制造、质量控制、供应管理和运营维护的全生命周期，实现资源的精准化配置、网络化协同、多维化融合。

人工智能应用在工业互联网的场景分类，按照不同的划分依据和维度，分类方式各不相同，以下分别从工业系统层级和环节、产业分工协作、业务应用以及应用场所和资源要素角度对工业互联网场景进行分类。

（1）从工业系统层级和环节角度，工业人工智能的应用场景可以划分为产品、生产和商业 3 个维度，其中产品全生命周期包括产品研发、产品智能服务、无人操作设备、产品溯源等；生产过程与系统包括不规则物体分拣、复杂指标软测量、安全风险分析、复杂质量检测、全厂优化、设备维护、厂内物流优化、生产能源管理、制造过程优化、设备运行优化、设备自执行、视觉检测、工艺指标软测量、生产排程、库存管理、生产成本管理、信息可视化等；商业过程与系统包括采购计划、用户需求分析、融资风险管控、供应链风险预测、供应链物流优化、用户需求预测等。

（2）从产业分工协作角度，工业人工智能的应用场景可以划分为设备/产品管理、业务与运营优化和社会化资源协作。设备/产品管理包括状态监测与报警、预测性维护、远程运维管理、故障诊断和产品全生命周期管理。业务与运营优化涵盖生产制造优化、能源管理、研发设计优化、供应链优化、资源调度优化、质量管理、安全管理等。社会化资源协作由按需定制、协同制造、分享制造、产融合作和协同研发设计组成。

（3）从业务应用角度，工业互联网的应用场景可划分为智能机器、预测性维护、智能运营、工业知识图谱、产业链金融和工业企业软件 AI 化。智能机器实现人工辅助操作到无人化操作，实现人力的解放。预测性维护指基于数据挖掘和深度学习建立动态的机器健康模型（故障诊断模型、异常报警模型和寿命预测模型等）。智能运营是人工智能支撑下的工业工艺流程优化和复杂决策的智能化。工业知识图谱是指以结构化的形式描述工业领域设计、仿真、工业和维修等概念及其关系的集合，将工业知识和知识之间的关系转变成机器可理解的结构化网络。产业链金融是指借助生产设备运行数据采集，机器训练的模型与金融融合创造新的商业模式。工业企业软件 AI 化指传统工业企业软件（如 CRM、ERP 和 MES）的智能化升级。

（4）从应用场所和资源要素角度，工业互联网的应用场景可划分为工厂、外场、机队和基础设施。在工厂环境，应用侧重在产品和生产过程的提质、降本、增效。在外场环境，关注点在于设备状态监控和资源之间的匹配优化。在机队环境，注重任务的动态调整和任务间的协同优化，优化资源利用率和降低运维成本。在基础设施环境的应用以能效优化、连续稳定运行和无人值守为核心。

### 2. 人工智能在广汽本田中的应用

（1）案例背景

在汽车制造领域，质检是非常重要的一件事。总装车间是汽车生产的最后一个环节，所有零部件都在这里进行组装，再拼接成一台完整的汽车，质检员也在这里检测并保证每台车的质量。然而，传统的质检主要依赖人眼+经验，速度慢，容易漏检。但在数字化时代，市场对高品质产品的需求越来越多，这对生产线、工人的各项能力要求也越来越高，传统模式需要不断创新。

以广汽本田总装车间最后一道工序——全车车灯质检为例，有两道关必须把好：一是检测车灯有无装错；二是检测车灯有无故障。传统的人工肉眼检测过程，犹如“摆阵”：先在被检车辆前后各放两面大镜子，再由质检员坐进车里对着四面镜子观察，在克服总装线上严重灯光干扰的同时，用经验识别不同车型及与之配套的车灯，之后用纸质表单手动登记检测结果。这样的操作方式存在不少问题：一是人工检测考验经验与肉眼视力，速度慢、易漏检，而且眼睛长时间接触光源后容易产生视觉疲劳，可能埋下质量隐患；二是人工录入检测结果，没有实现数字化，难以高效进行细化统计，车型/车灯物料偏差后不可追溯，形成了遇到问题才分析原因的惯性，严重影响了整体组装效率。

（2）实施方案与效果

在“云智一体”百度智能云工业互联网平台的助力下，广汽本田实现了全流程、图形化、零代码的 AI 视觉模型生产，提升了视觉数据管理、图像数据标注、视觉模型训练、模型预测、模型下发等一整套功能，同时大幅提升了质检效率。

在百度智能云工业视觉智能一体化解决方案中，通过在产线上装设 7 台球型摄像机实现了全方位检测，展现出准、快、全的效果，具体如下。

① 准：可自动识别多达 6 款车型以及同一款车型的不同车灯配置，准确率高达 99%。

② 快：针对单一车型的 22 种以上车灯，可通过 7 台相机同步拍摄，同步计算 120 张细节图片，检测全程仅需 1 s。

③ 全：通过高速扫码器自动扫描车头规格纸的二维码并自动识别不同型号，根据型号从系统中调取手动配置的产品标准进行检验，并存储过程数据用于质量追溯。

目前，广汽本田在质检领域始终处于全球领先地位，一次性出品合格率一直保持全国第一，新车质量排名第一。从长远来看，智能质检及其背后的技术应用，实质上使企业由粗放型生产向精细化生产转型。例如，通过将产品质量数据数字化，原有人工录入、粗颗粒度的纸质表单变为数据化模型，可反复应用到后续生产建模上，为企业生产数字化转型提供有效的数据基础。

# 【实训演练】

## 实训 1　使用华为云工业互联网平台的设备接入服务实现云端双向通信

【实训目的】

微课

实训 1 操作视频

设备接入服务可以通过海量设备连接上云、设备和云端双向消息通信、批量设备管理、远程控制和监控、OTA 空中下载技术升级、设备联动规则等服务，帮助物联网行业用户快速完成设备联网及行业应用集成。

本次实训的目的是使读者学会使用华为云工业互联网平台的设备接入服务实现云端双向通信。

【场景描述】

在正常环境下，建议计算机系统为 Windows 10 及以上，打开浏览器进入华为云工业互联网平台。

【实训步骤】

（1）准备环境和资源

① 访问华为云工业互联网平台，网址为 https://www.huaweicloud.com/。

② 单击界面右上方的“注册”按钮，并根据提示完成账号注册/登录和实名认证。

③ 成功登录后，单击“产品”选项，在产品类别下选择“IoT 物联网”→“设备接入 IoTDA”选项。

④ 在设备接入 IoTDA 界面中，单击设备接入 IoTDA 下的“免费试用”按钮，进入设备接入服务标准版界面，区域选择“华北-北京四”，实例名称系统默认，单击“立即创建”按钮，如图 4-15 所示。

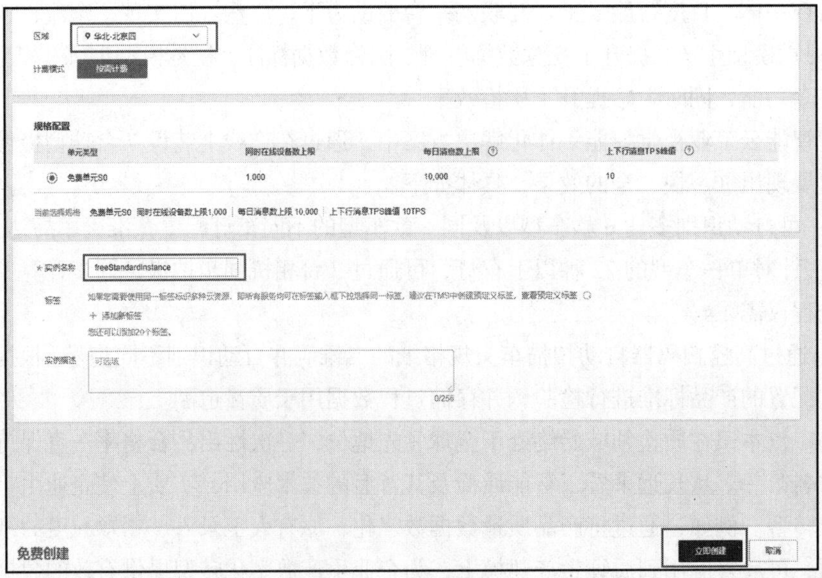


图 4-15　创建实例

（2）创建产品

① 登录管理控制台，单击左侧导航栏中的“产品”选项，单击界面右上角的“创建产品”按钮，如图 4-16 所示。

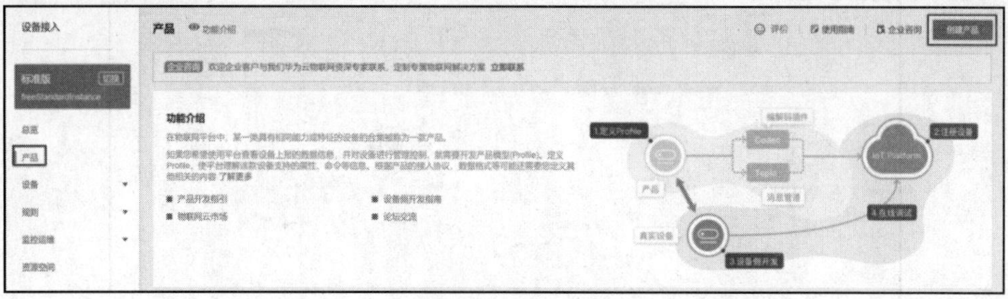


图 4-16　创建产品

② 根据提示设置参数，其中，“所属资源空间”为默认，“产品名称”为“SmartAir-conditioner”，“数据格式”为“JSON”，“设备类型”为“智能空调”，单击“确定”按钮，如图 4-17 所示。

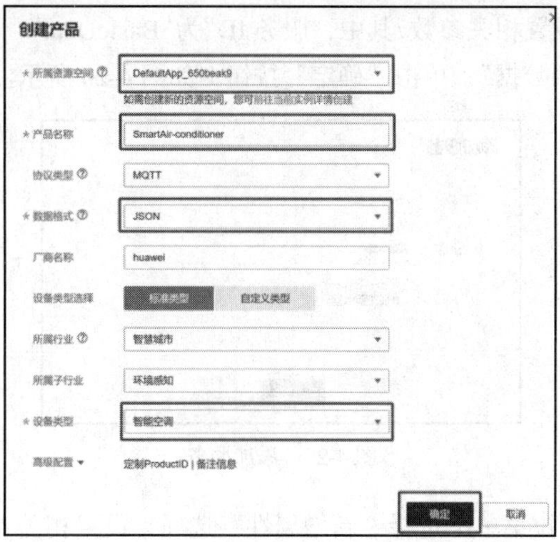


图 4-17　设置产品参数

（3）开发产品模型

① 在产品界面的新增产品部分，单击“查看”选项，如图 4-18 所示。

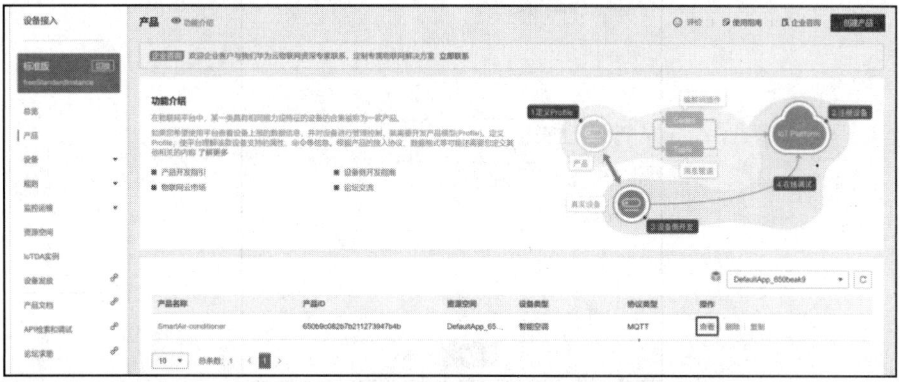


图 4-18　查看产品详情

② 在产品详情模型定义界面，单击“自定义模型”按钮，配置产品的服务，如图 4-19 所示。

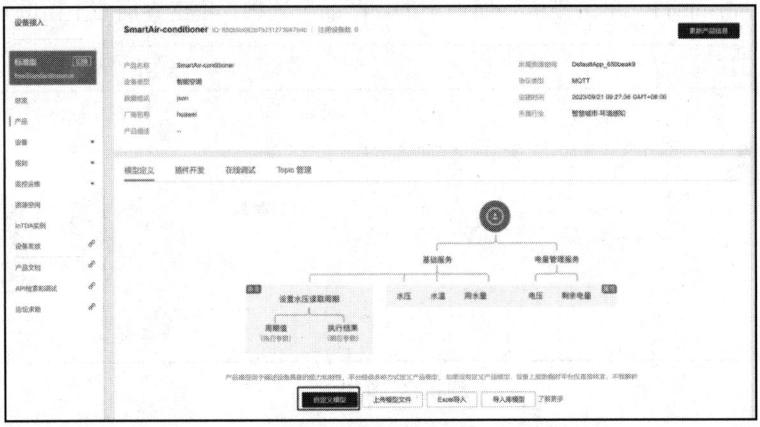


图 4-19　自定义模型

③ 添加服务类型。

a. 在添加服务界面，设置相关参数，其中，“服务 ID”为“BasicData”，“服务类型”为“BasicData”，“服务描述”为“上报空调数据”，单击“确定”按钮，如图 4-20 所示。

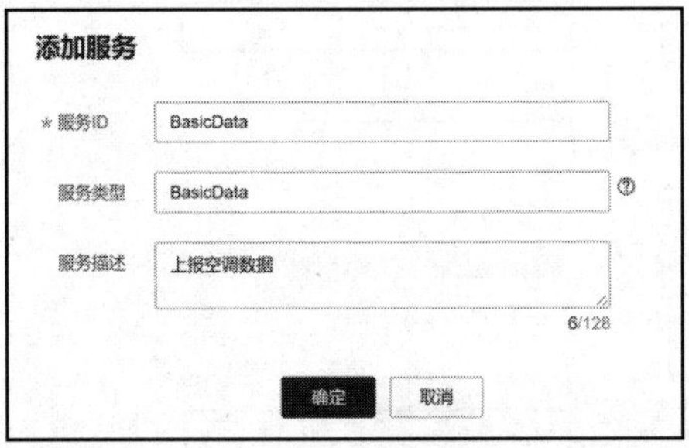


图 4-20　添加服务

b. 在 BasicData 的下拉菜单下选择“新增属性”选项，设置相关参数，其中 “属性名称”为“temperature”，“数据类型”为“int(整型)”，“访问权限”为“可读”“可写”，“取值范围”为“16～30”，如图 4-21 所示，单击“确定”按钮。

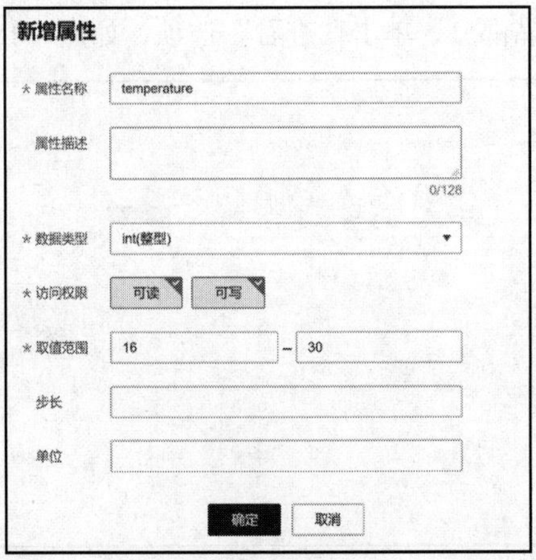


图 4-21　新增属性

c. 在 BasicData 的下拉菜单下选择“添加命令”选项，设置相关参数，其中，“命令名称”为“temperatureControl”，单击“确定”按钮，如图 4-22 所示。

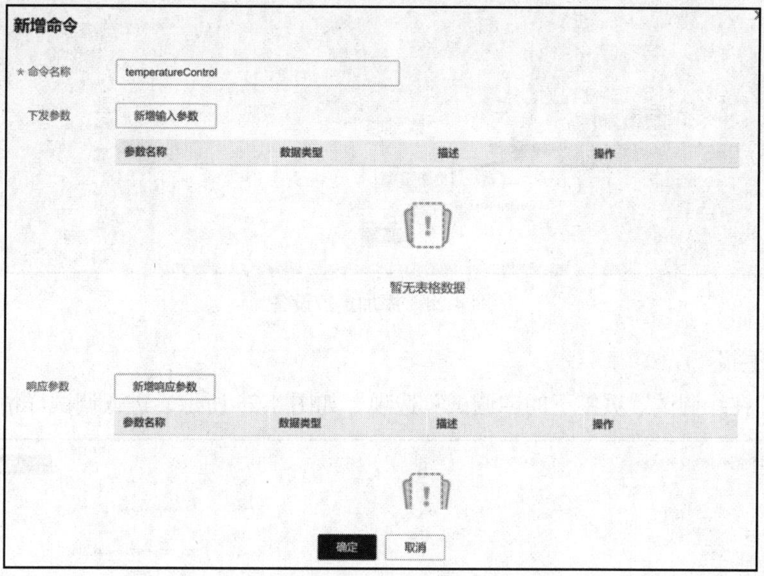


图 4-22　添加命令

d. 在新增命令界面，单击“新增输入参数”选项，进行相应设置，其中“参数名称”为“switch”，“参数描述”为“下发开关命令”，“数据类型”为“string(字符串)”，“长度”为“15”，“枚举值”为“ON,OFF”，单击“确定”按钮，如图 4-23 所示。

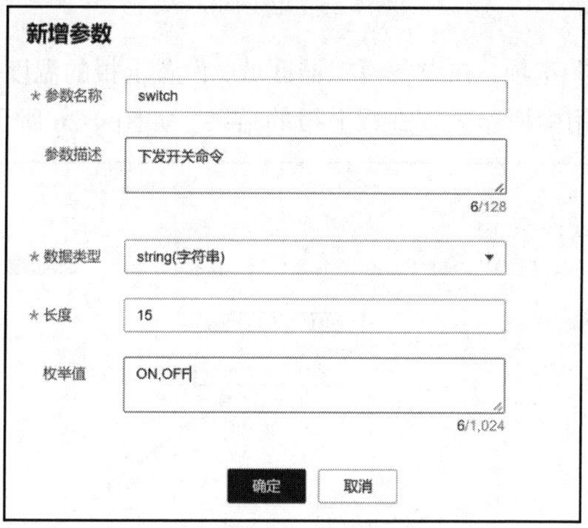


图 4-23　新增输入参数

（4）添加虚拟设备

① 在产品界面的新增产品部分，单击“查看”选项，进入产品详情界面。

② 单击“在线调试”页签下的“新增测试设备”按钮，在弹出的对话框中选择“虚拟设备”选项，单击“确定”按钮，如图 4-24 所示。

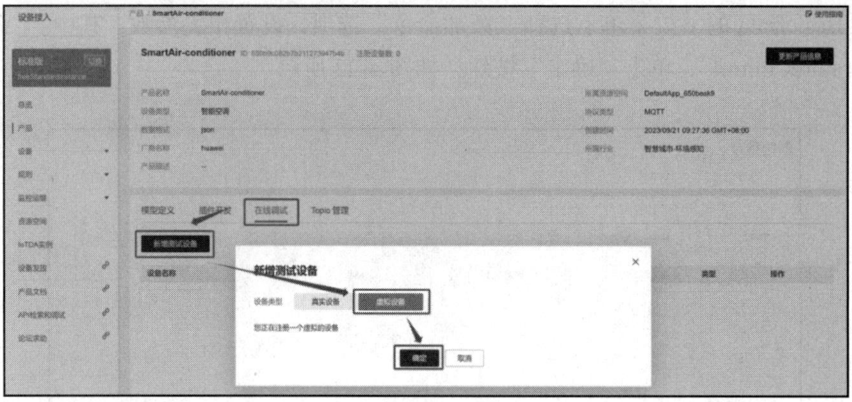


图 4-24　添加虚拟设备

（5）数据上报

① 单击“在线调试”页签下的“调试”选项，如图 4-25 所示，进入调试详情界面。

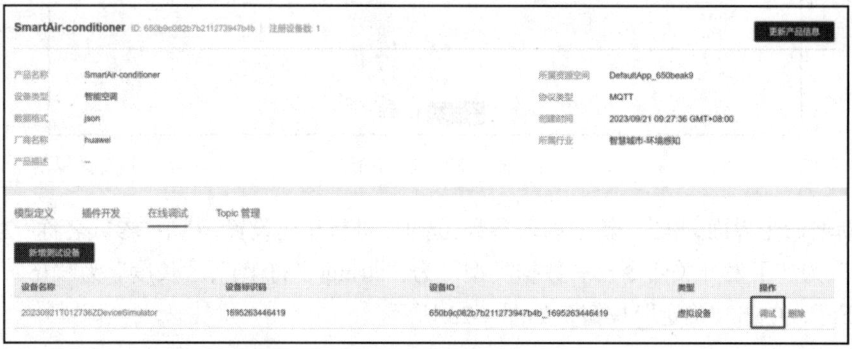


图 4-25　单击调试

② 单击“设备模拟器”选项，在设备模拟器区域，设置上报的温度值“temperature”为“26”，单击“发送”按钮，在应用模拟器区域查看上报的结果，如图 4-26 所示。

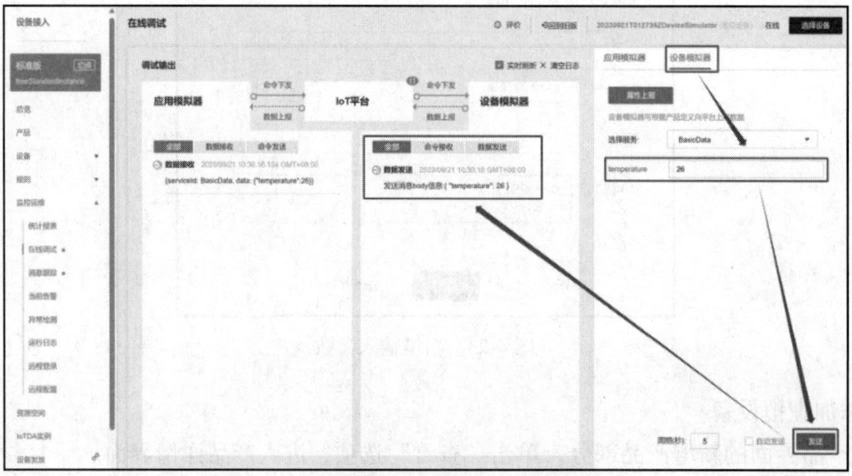


图 4-26　数据上报

（6）命令下发。在应用模拟器区域选择命令参数后，下发远程控制开关灯命令，在设备模拟器区域可以查看接收到的命令，如图 4-27 所示。

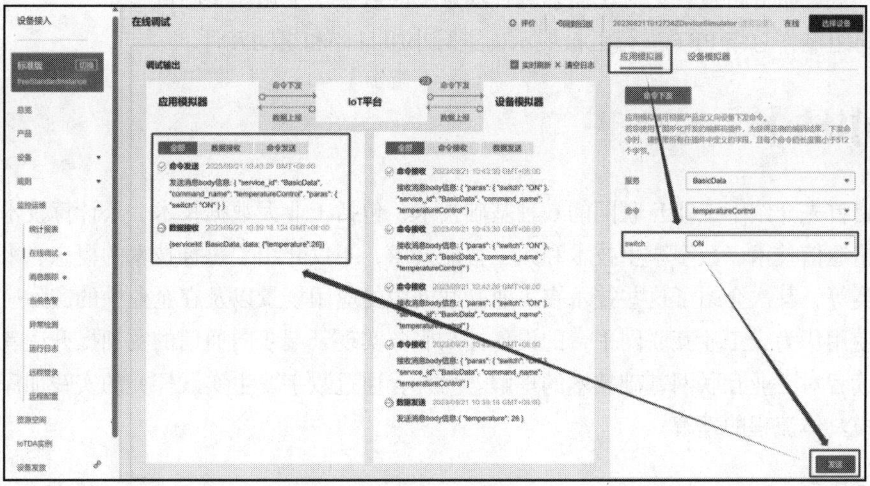


图 4-27　命令下发

## 实训 2　数字孪生实践探究

【实训目的】

在中国知网中下载并阅读下面两篇文献，学习数字孪生技术在两种场景下的具体实施步骤。

[1]姚江,王智强,侯卫钢,等. 基于工业互联网的露天矿数字孪生建模系统和方法[J]. 金属矿山,2023 (1):161-171.

[2]许继平,孔德政,王昭洋,等. 基于工业互联网的大米供应链数字孪生系统构建[J]. 农业机械学报,2023,54(3):372-381.

【场景描述】

姚江等在《基于工业互联网的露天矿数字孪生建模系统和方法》中提出了基于工业互联网的露天矿数字孪生建模系统和方法，能够实现采矿一块屏，对地质、测量、设计到采矿生产环节的生产管控、安全管控、设备能耗管控等方面的一体化集成，所有采矿过程都能通过露天矿数字模型完成，最终形成智慧矿山的整体解决方案。

许继平等在《基于工业互联网的大米供应链数字孪生系统构建》中介绍了如何设计基于标识解析体系的各环节全要素标识编码，使用数字孪生建模技术构建了三维可视化原型系统，实现了对大米供应链全流程动态监控以及数据共享。此外，该系统融入了算法模型对历史数据进行分析，以及对系统进行优化、预测性维护等，为大米供应链产线安全运营提供了保障。

【实训步骤】

（1）班内分组，团队协作完成上述两篇文献的阅读。

（2）采用网上调研方式，阅读上述文献。

（3）学习《基于工业互联网的露天矿数字孪生建模系统和方法》，梳理在露天矿场景下建模的流程和方法，体会云计算、大数据、数字孪生等技术在该方法中的融合应用。阅读《基于工业互联网的大米供应链数字孪生系统构建》，学习针对大米供应链业务流程的数字孪生模型构建方法以及可视化系统的设计方法，体会工业互联网标识解析技术与数字孪生技术的融合应用。

（4）形成调研分析报告，对比梳理两种场景下的数字孪生建模实施流程。

（5）每组制作总结 PPT 进行汇报展示，进行小组自评和组间互评。

# 【项目小结】

本项目首先介绍了工业互联网的 6 种基础技术，包括工业大数据技术、云计算技术、物联网技术、网络通信技术、数字孪生技术和人工智能技术，不仅介绍了每种技术的概念、来源、关键技术和分类等，其次介绍了这些技术在工业互联网中的应用场景以及在企业中的实际应用案例。最后通过使用华为云工业互联网平台的设备接入服务实现云端双向通信的实训提升读者的动手能力并加深读者对工业互联网基础技术的理解。另外，通过数字孪生实践探究的实践加深读者对数字孪生建模具体流程的理解。

# 【练习题】

1. 名词解释

（1）工业大数据　（2）云计算　（3）物联网　（4）网络通信技术

（5）数字孪生　（6）数字线程技术　（7）人工智能　（8）深度学习

2. 选择题

（1）工业大数据相较于大数据的特征包括（　　）。

A. 动态性　　B. 真实性

C. 跨尺度　　D. 开放性

（2）企业信息化数据不包括（　　）。

A. 产品研发数据　　B. 客服数据

C. 生产监控数据　　D. 物流数据

（3）用户可在任意位置使用终端以通过互联网获取相应的服务，这说的是云计算的（　　）特点。

A. 通用性　　B. 按需服务

C. 虚拟化　　D. 高可靠性

（4）基于自主组网技术不包括（　　）。

A. Wi-Fi　　B. ZigBee

C. LoRa　　D. LTE Cat.1

（5）工业总线的基本类型不包括（　　）。

A. 传感器级总线　　B. 控制总线

C. 设备级总线　　D. 现场总线

（6）数字孪生体中（　　）模型融合技术包括多物理场仿真技术、多学科联合仿真技术等。

A. 跨学科　　B. 跨领域

C. 跨尺度　　D. 跨维度

（7）人工智能的概念是由“人工智能之父”（　　）与几位不同学科的专家提出的。

A. 尼尔逊　　B. 帕特里克·温斯顿

C. 约翰·麦卡锡　　D. 帕特里克·格鲁克

3. 判断题

（1）数据分析是挖掘和展现工业大数据价值的基础。（　）

（2）云计算能够大幅节省成本，规模是极其重要的因素，但如果企业要建设自己的私有云，规模不大，就不会有自己的成本优势。（　）

（3）感知层在实现其感知功能时所用到的主要技术有 RFID 技术、传感器技术、摄像头技术、GPS 技术。（　）

（4）第三代合作伙伴计划的 5G 定义了 3 类应用场景：增强移动宽带、海量机器类通信、高可靠低时延通信。其中，增强移动宽带场景主要针对海量的现场设备通信。（　）

（5）数字孪生的概念模型曾被称为“镜像的空间模型”“信息镜像模型”等，主要包括物理空间的实体产品、虚拟空间的虚拟产品以及二者之间的连接，即数据和信息接口。（　）

（6）人工智能算法是工业人工智能技术的核心，从功能性上可以划分为有监督学习和无监督学习，判断依据是数据训练时是否有已知数据的标签。（　）

4. 填空题

（1）工业大数据可以分为__________、__________、__________3 类。

（2）云计算的服务类型分为 3 类，即__________、__________和__________。

（3）物联网的技术复杂、形式多样，通过对物联网多种应用需求进行分析，目前比较认可的是把物联网分为 3 个层次：__________、__________和__________。

（4）有线网络通信技术主要分为__________和__________两大技术体系。

（5）数字孪生技术的 3 个典型特征：__________、__________和__________。

（6）__________是指机器能像人类一样思考，有感知和自我意识，能够自发学习知识。

5. 简答题

（1）列举 3～5 个工业大数据技术在工业互联网中的应用场景。

（2）简述虚拟化技术的概念和功能。

（3）简述物联网技术的特征。

（4）列举 3～5 个数字孪生技术在工业互联网中的应用场景。

（5）简述知识图谱的概念和逻辑层次。

## 【拓展演练】

自“十二五”起，云计算行业开始成为我国重点发展任务。“十三五”期间，国务院发布了《“十三五”国家科技创新规划》，提出大力发展云计算技术及其应用。在 2021 年的“十四五”规划中，政府将云计算列为重点发展行业，将继续加强云计算的基础设施建设，强化国家战略科技力量，推动经济快速发展。请上网查阅《云计算白皮书（2022 年）》，了解我国云计算市场的发展现状、发展特色和发展趋势，探究云计算技术的产业动向。

# 项目5

# 工业互联网标识技术

## 【项目引入】

工业互联网标识解析体系是工业互联网重要的网络基础设施，是支撑工业互联网互联互通的神经枢纽，其作用类似互联网域名系统的作用。工业互联网标识解析体系通过赋予每个实体物品（产品、零部件、机器设备等）和虚拟资产（模型、算法、工艺等）唯一的“身份证”，实现全网资源的灵活区分和信息管理，是实现工业企业数据流通、信息交互的关键枢纽。在商品生产、加工、物流、贸易、消费过程中，通过统一的工业互联网标识，为产品品质测试、实地验证、工厂检查等检验检测提供技术手段，通过标识解析系统实现对商品质量全过程、全链条的信息获取，为政府监管部门、生产商、贸易商、终端消费者提供公共服务。

## 【知识目标】

- 了解各类物体标识技术的基本概念和特点。
- 掌握从码制、维数方面对条码的分类，熟悉常见的一维条码和二维条码。
- 理解 RFID 技术的基本原理和分类。
- 理解 CCD、CMOS 和 IPC 的原理、组成和应用。
- 掌握 GPS、GIS 和北斗卫星导航系统对应的概念和特点。
- 了解工业互联网标识的应用场景。

## 【能力目标】

- 能描述各种物体标识技术的基本概念和原理等。
- 能应用工业互联网中场景记录和位置定位技术。

- 能简单阐述工业互联网中各种标识技术的基本应用场景。

## 【素质目标】

- 养成按国家标准或行业标准从事专业技术活动的职业习惯。
- 通过对技术发展的两面性探究，增强安全意识。
- 培养良好的团队协作能力和沟通能力。

## 【学习路径】

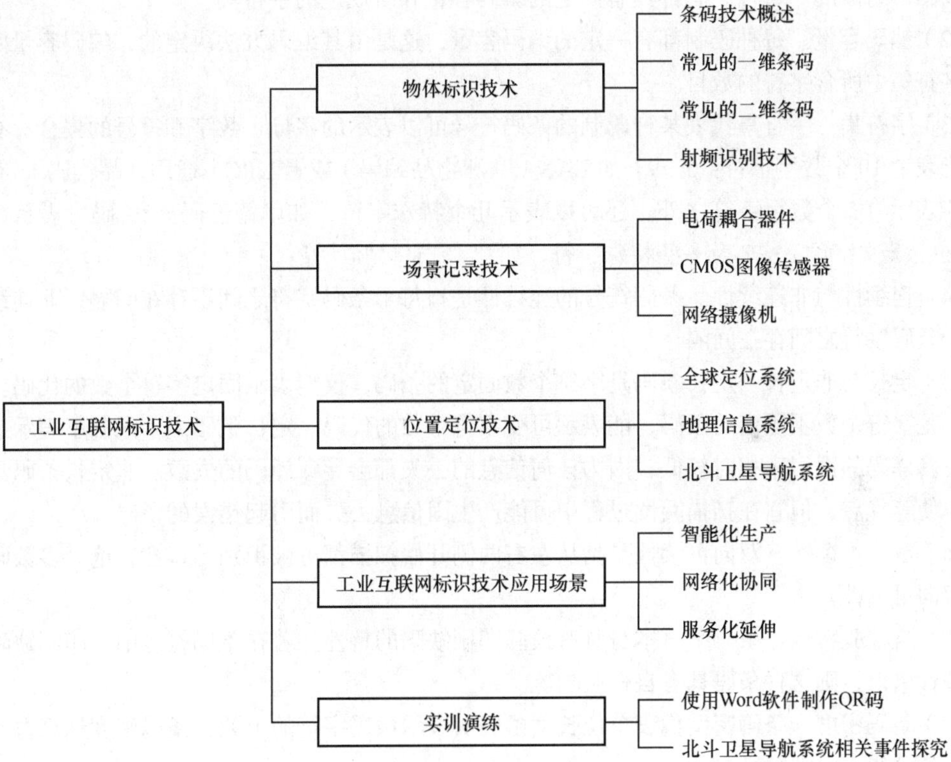


## 【知识准备】

## 5.1 物体标识技术

物体标识主要用来给每个物体确定唯一的编号，并通过便捷的方法来识别该编号。就像人的身份证一样，在工业互联网时代，每个智能物体都会有自己唯一的标识，通过这个标识，可以追踪其制造、销售、使用的全生命周期信息。通常的物体标识技术包括一维形码、二维条码、射频识别等技术。

### 5.1.1 条码技术概述

条码是一种信息代码，由一组宽度不同、反射率不同的条和空按规定的编码规则（码制）组合起来，用以表示组数据的符号。它是一种用光电设备扫描并使数据输入计算机的特殊代码。在物流过程中，利用条码技术可以实现数据的自动采集、自动识别。在商品从供应商到消费者的整个物流过程中，都可以通过条码来实现数据共享，使信息的传递更加方便、快捷、准确，也使经济效益得到提高。

1. 条码技术涉及的基本概念

（1）码制。码制指条码符号的类型，每种类型的条码符号都是由符合特定码制的“条”和“空”组合或图形组成的。每种码制都具有固定的编码容量和所规定的字符集。

（2）编码容量。每种码制都有一定的编码容量，这是由其编码方法决定的，编码容量限制了条码字符集中所含字符的数目。

（3）字符集。字符集代表某种码制的条码符号可以表示的字母、数字和符号的集合。有些码制仅能表示 10 个数字字符：0～9，如 EAN（欧洲物品编码）或者 UPC（通用产品代码）；有些码制除能表示 10 个数字字符之外，还可以表示几个特殊字符，如库德巴码。39 码可表示数字字符 0～9、英文字母 A～Z 及一些特殊字符，如“-”“$”“%”等。

（4）连续性与非连续性。条码符号的连续性是指每个条码字符之间不存在间隔；非连续性是指每个条码字符之间存在间隔。

（5）定长与非定长。定长条码是字符个数固定的条码，仅能表示固定字符个数的代码。非定长条码是字符个数不固定的条码，能表示可变字符个数的代码。定长条码由于限制了表示字符的个数，其译码的误识率相对较低，因为任何信息的丢失都会导致译码的失败。非定长条码具有灵活、方便等优点，但它在扫描阅读过程中可能产生因信息丢失而引起错误的译码。

（6）双向可读性。双向可读性是指从左右两侧开始扫描都可被识别的特性，绝大多数码制都具有双向可读性。

（7）自校验特性。条码字符本身具有校验印刷缺陷的特性。若在条码符号中，印刷缺陷不会导致替代错误，则这种条码具有自校验功能。

（8）条码密度。条码密度代表单位长度条码所表示条码字符的个数，条码密度越高，所需扫描设备的分辨率也就越高。

（9）条码质量。条码质量主要指的是条码的印制质量，其判定主要从外观、条（空）反射率、条（空）尺寸误差、空白区尺寸、条高、数字和字母的尺寸、校验码、译码正确性、放大系数、印刷厚度和印刷位置几个方面进行。

2. 一维条码

一维条码由宽度不同、反射率不同的“条”和“空”，按照一定的码制编制而成，如图 5-1 所示。

图 5-1　一维条码

条码信息靠“条”和“空”的不同宽度与位置来传递，信息量的大小由条码宽度和印刷的精度来决定，条码越宽，包容的“条”和“空”越多，信息量越大；条码的印刷精度越高，单位长度内可容纳的“条”和“空”越多，传递的信息量也就越大。条码中的“条”指对光线反射率较低的部分，“空”指对光线反射率较高的部分。

白色物体能反射各种波长的可见光，黑色物体能吸收各种波长的可见光，这是识读一维条码的基本原理。当条码扫描器光源发出的光经凸透镜照射到条空相间的条码上时，会收到与“条”和“空”相应的、强弱不同的反射光信号，“条”和“空”的宽度不同，相应的电信号持续时间长短也不同。反射光信号经过光电转换器转换成相应的电信号输出到放大整形电路，并转换成数字信号，数字信号经译码器译成数字、字符信息，通过接口电路传送到计算机系统进行数据处理与管理，便完成了一维条码识别的全过程。

一个完整的一维条码的组成次序依次为静区（前）、起始符、前缀码、数据符（左侧数据符、右侧数据符）、中间分隔符（主要用于 EAN）、供人识别字符、校验码、终止符、静区（后），如图 5-2 所示。

图 5-2　一维条码的结构

### 3. 二维条码

在水平和垂直方向的二维空间存储信息的条码，称为二维条码。二维条码最早发明于日本，它是用某种特定的几何图形按一定规律在平面（二维方向上）分布的、黑白相间的图形记录数据符号信息的。

二维条码是在一维条码无法满足实际应用需求的前提下产生的。由于受信息容量的限制，一维条码通常是对物品的标识，而不是对物品的描述。所谓对物品的标识，就是给物品分配一个代码，代码以条码的形式标识在物品上，用来标识该物品以便自动扫描设备的识读，代码或一维条码本身不表示该产品的描述性信息。

因此，在 UPC 的应用系统中，对商品信息（如生产日期、价格等）的描述必须依赖数据库的支持。在没有预先建立商品数据库或不便联网的地方，用一维条码表示汉字和图像信息几乎是不可能的，即使可以表示，也显得十分不便且效率很低。随着现代高新技术的发展，迫切需要用条码在有限的几何空间内表示更多的信息，以满足千变万化的信息表示的需要。

二维条码的主要特点如下。

（1）信息容量大。根据不同的条空比例，每平方英寸（1 英寸≈2.54 厘米）可以容纳 250～1100 个字符。在国际标准的证卡有效面积上（相当于信用卡面积的 2/3，约为 76 mm×25 mm），二维条码可以容纳 1848 个字母字符或 2729 个数字字符，约 500 个汉字信息。这种二维条码比一维条码信息容量高几十倍。

（2）编码范围广。二维条码可以对照片、指纹、掌纹、签字、声音、文字等凡可数字化的信息进行编码。

（3）保密、防伪性能好。二维条码具有多重防伪特性，它可以采用密码防伪、软件加密及利用所包含的信息（如指纹、照片等）进行防伪，因此具有极强的保密、防伪性能。

（4）译码可靠性高。一维条码的译码错误率约为百万分之二，而二维条码的误码率不超过千万分之一，译码可靠性极高。

（5）修正错误能力强。二维条码采用了世界上最先进的数学纠错理论，如果破损面积不超过50%，那么由于条码污损等所丢失的信息，也可以照常破译出来。

（6）容易制作且成本很低。利用现有的点阵、激光、喷墨、热敏/热转印、制卡机等打印技术，即可在纸张、卡片、PVC（聚氯乙烯）甚至金属表面上印出二维条码。由此所增加的费用仅是油墨的成本，因此人们又称二维条码是“零成本”技术。

（7）条码符号的形状可变。在同样的信息量下，二维条码的形状可以根据载体面积及美工设计等进行调整。

由于二维条码具有成本低、信息可随载体移动、不依赖于数据库和计算机网络、保密防伪性能强等优点，结合我国人口多、对证件的防伪措施要求较高等特点，因此二维条码在我国的推广价值很大。

## 5.1.2 常见的一维条码

目前常用的一维条码的码制有 UPC、EAN、25 码、交叉 25 码、39 码、库德巴码和 128 码等，而商品条码中最常使用的码制就是 EAN。以下重点介绍 UPC、EAN 和 25 码。

1. UPC

UPC 码是美国统一代码委员会（UCC）制定的商品条码，主要用于美国和加拿大地区。UPC 是最早大规模应用的条码，是一种长度固定、具有连续性的条码，由于其应用范围广，又被称为万用条码。UPC 仅可用来表示数字，其字符集为数字 0～9。UPC 有 A、B、C、D、E 5 种版本，如表 5-1 所示。常用的商品条码版本为 UPC-A 和 UPC-E。UPC-A 是 UPC 的标准版本，UPC-E 是 UPC-A 的压缩版。

表 5-1 UPC 的各种版本

| 版本 | 应用对象 | 格式 |
|---|---|---|
| UPC-A | 通用商品 | S××××× ×××××C |
| UPC-B | 医药卫生 | S××××× ×××××C |
| UPC-C | 产业部门 | ×S××××× ×××××C× |
| UPC-D | 仓库批发 | S××××× ×××××C×× |
| UPC-E | 商品短码 | ×××××× |

UPC-A 供人识读的数字代码只有 12 位，它的代码结构由厂商识别代码（6 位，包括系统字符 1 位）、商品项目代码（5 位）和校验码（1 位）3 个部分组成，如图 5-3 所示。

UPC-A 的代码结构中没有前缀码，它的系统字符为一位数字，用以标识商品类别。UPC-E 是 UPC-A 的压缩版，是 UPC-A 系统字符为 0 时，通过一定规则销 0 压缩得到的。

0 89600 12456 9

图 5-3 UPC-A

2．EAN

1977 年，欧洲各国按照 UPC 的标准制定了欧洲物品编码 EAN，与 UPC 兼容，而且两者具有相同的符号体系。EAN 目前已成为一种国际性的条码系统。EAN 系统的管理流程是由国际商品条码总会（International Article Numbering Association，IANA）负责各会员的代表号码的分配与授权，再由各会员的商品条码专责机构，对其制造商、批发商、零售商等授予厂商代表号码。

EAN 的字符编号结构与 UPC 的相同，都是长度固定的、连续型的数字式码制，其字符集是数字 0～9。它采用 4 种元素宽度，每个“条”或“空”是 1 倍、2 倍、3 倍或 4 倍单位元素宽度。EAN 有两种类型，即标准版 EAN-13 和缩短版 EAN-8，如图 5-4 所示。

6 901234 567892　6901 2341

图 5-4　标准版 EAN-13 和缩短版 EAN-8

3．25 码

25 码（标准 25 码）是根据宽度调节法进行编码，并且只有“条”表示信息的非连续型条码，如图 5-5 所示。每个条码符号由规则的 5 个“条”组成，其中有 2 个是宽单元，3 个是窄单元，因此称为“25 码”。它的字符集为数字 0～9。

1234567890

图 5-5　25 码

## 5.1.3　常见的二维条码

二维条码可以分为堆叠式/行排式二维条码和矩阵式二维条码。

1．堆叠式/行排式二维条码

堆叠式/行排式二维条码，其编码原理建立在一维条码的基础之上，按需要堆积成多行。它在编码设计、校验原理、识读方式等方面继承了一维条码的一些特点，识别设备、条码印刷与一维条码技术兼容。常见的堆叠式/行排式二维条码有 16K 码、49 码、PDF417 条码等。

（1）16K 码是一种多层、连续型、可变长度的条码符号，可以表示全 ASCII 字符集的 128 个字符及扩展 ASCII 字符。它采用 UPC 及 128 码字符。一个 16 层的 16K 码符号，可以表示 77 个 ASCII 字符或 154 个数字字符。每个符号字符单元总数为 6，即每个字符由 3 个“条”和 3 个“空”组成，符号高度为 2～16 层（行），每层都具有自校验功能，如图 5-6 所示。16K 码的其他特性包括工业特定标志、区域分隔符字符、信息追加、序列符号连接和扩展数量长度选择等。

（2）49 码是一种多层、连续型、可变长度的条码符号，它可以表示全 ASCII 字符集的 128 个字符。每个 49 码符号由 2～8 层组成，每层有 18 个“条”和 17 个“空”，如图 5-7 所示。层与层之间由一个层分隔条分开。每层都有一个起始字符和一个终止字符，每层都具有自校验功能。最后一层包含表示符号层数的信息。

图 5-6　16K 码

图 5-7　49 码

（3）PDF 417 条码是一种多层、非定长、具有高容量和纠错能力的二维条码。PDF 意为便携数据文件，由于组成条码的每个符号的字符均由 4 个“条”和 4 个“空”共 17 个模块组成，因此称为 PDF 417 条码，如图 5-8 所示。每个 PDF 417 条码符号可表示 1100B，或者 1800 个 ASCII 字符或 2700 个数字的信息。PDF 417 条码的优势在于其庞大的数据容量和极强的纠错能力。

2. 矩阵式二维条码

矩阵式二维条码又称棋盘式二维条码，是在一个矩形空间中通过黑、白像素在矩阵中的不同分布来进行编码的，是建立在计算机图像处理技术、组合编码原理等基础上的一种新型图形符号自动识读处理码制。矩阵式二维条码以矩阵的形式组成，在矩阵相应元素位置上用“点”表示二进制“1”，用“空”表示二进制“0”，由“点”和“空”的排列组成代码，其中“点”可以是方点、圆点或其他形状的点。具有代表性的矩阵式二维条码有 QR 码（Quick Response Code）、Maxicode、Data Matrix 等。

（1）QR 码是由日本 Denso 公司于 1994 年 9 月研制出的一种矩阵式二维条码，如图 5-9 所示。QR 码呈正方形，在条码的左上角、右上角和左下角，印有较小、像“回”字的正方图案。这 3 个图案是位置探测图形，能够帮助解码软件定位，使用者不需要对准，无论从任何角度扫描，资料都可被正确读取。

图 5-8　PDF 417 条码

图 5-9　QR 码

（2）Maxicode 是一种中等容量、尺寸固定的矩阵式二维条码，它由紧密相连的六边形模块和位于符号中央位置的定位图形所组成，如图 5-10 所示。每个 Maxicode 具有一个大小固定且唯一的中央定位图形，通常为 3 个黑色的同心圆，用于扫描定位，在此虚拟六边形的 6 个顶点上各有 3 个黑白色不同组合式所构成的模组，称为“方位从”（Orientation Cluster），其为扫描器提供重要的方位信息。中央定位图形周边共有 884 个六边形模块，分为 33 层环绕，每层最多包含 30 个模块。Maxicode 特别为高速扫描而设计，主要用于包裹搜寻和追踪。

（3）Data Matrix 由美国国际资料公司在 1989 年发明，它的外观是一个由许多小方格组成的正方形或长方形，如图 5-11 所示，其信息的存储以二位元码（Binary-code）方式来编码，因此计算机可直接读取其资料内容，而不需要借助如传统一维条码的符号对应表。

图 5-10　Maxicode

图 5-11　Data Matrix

## 5.1.4　射频识别技术

射频识别（RFID）作为一种突破性技术，它不仅涵盖微波技术与电磁学理论，还包括通信原理及半导体集成电路技术。RFID 技术与互联网、通信技术相结合，可实现全球范围内的物品跟踪与信息共享。在物联网中，物品能够进行“交流”，就依赖于 RFID 技术。RFID 技术为物流管理指明了新的发展方向。

### 1. RFID 技术的概念和原理

简单地说，RFID 技术是一种利用无线电波进行数据信息读写的非接触式自动识别技术或无线电技术。

埃森哲实验室首席科学家弗格森认为 RFID 技术是一种突破性的技术：第一，可以识别单个的、非常具体的物体，而不是像条形码那样只能识别一类物体；第二，其采用无线电射频，可以透过外部材料读取数据，而条形码必须靠激光来读取数据；第三，可以同时对多个物体进行识读，而条形码只能一个一个地识读。此外，利用该技术存储的信息量也非常大。

RFID 系统是利用感应无线电波或微波能量进行非接触式双向通信、识别和交换数据的自动识别技术。电子标签由耦合元件及芯片构成，内置天线，阅读器和电子标签之间可按约定的通信协议互传信息。

RFID 的工作原理如图 5-12 所示。阅读器通过发射天线发送一定频率的载波信号，当电子标签进入发射天线工作区域时，产生感应电流，电子标签获得能量被激活，将自动编码等信息通过内置发射天线发送出去；当系统通过天线接收到从电子标签发送的载波信号时，经天线调节器将载波信号传送到阅读器，阅读器对接收的载波信号进行解调和解码，然后发送到后台应用系统进行相关处理。

图 5-12　RFID 的工作原理

### 2. RFID 技术的特点

RFID 技术是一项易于操控、简单实用并且适用于自动化控制的应用技术，它不仅支持只读工作模式，也支持读写工作模式，可以在恶劣环境下工作。具体来说，RFID 有以下几个方面的特点。

（1）全自动快速识别多目标。RFID 阅读器利用无线电波，全自动瞬间读取电子标签的信息，并且可以同时识别多个 RFID 电子标签。

（2）动态实时通信。RFID 电子标签以每秒 50～100 次的频率与阅读器进行通信，所以只要 RFID 电子标签所附着的物体出现在阅读器的有效识别范围之内，就可以对它的位置进行动态追踪和监控。

（3）应用面广。电子标签很小，因此可以轻易地嵌入或附着在不同类型、形状的产品上，而且在利用 RFID 技术读取时不受尺寸与形状的限制，不需要为了读取的精确度而配合纸张的固定尺寸和印刷品质。

（4）数据容量大。数据容量最大的条形码可存储 2000～3000 B 的数据，RFID 系统中电子标签包含的存储设备，其容量可以根据用户的需要扩充到数 MB，而且随着存储技术的进一步发展，存储容量会越来越大。

（5）环境适应性强。RFID 电子标签将数据存储在芯片中，可识别高速运动物体，对水、油和药品等物质具有强力抗污性，而且可以在黑暗或脏污的环境中读取数据。

（6）可重复使用。RFID 电子标签中的数据可以被重复增加、修改、删除，提高利用率，降低电子污染，而条码是一次性、不可改变的。

（7）防碰撞机制。RFID 电子标签中有快速防碰撞机制，能防止电子标签之间出现数据干扰。因此，阅读器可以同时处理多张非接触式电子标签。

（8）穿透性和无屏障阅读。在被覆盖的情况下，RFID 电子标签可穿透纸张、木材和塑料等非金属或非透明的材质与阅读器进行信息交换，具有很强的穿透性。

（9）易读取数据。RFID 技术采用的是无线电射频，可以通过外部资料读取数据，而条形码必须靠激光来读取数据。

（10）安全性能高。RFID 电子标签承载的是电子信息，其数据内容可通过密码保护、冗余校验等措施，使其不易被伪造及修改，因此，使用 RFID 技术更具安全性。

### 3. RFID 技术与条码识别技术的区别

RFID 技术为计算机提供了快速、准确进行数据采集输入的有效手段，解决了通过键盘手动输入数据速度慢、错误率高的难题，因而在人们的日常生活和工作中得到广泛的应用。例如，超市购物结算时采用的是条码识别技术；通过银行卡在 POS 机上刷卡消费或在自动柜员机上取款时，采用的是磁卡识别技术。

RFID 技术已经初步形成了一个集磁卡识别技术、生物特征识别技术、语音识别技术、图像识别技术、光学字符识别技术、条码识别技术等于一体的高新技术学科。RFID 技术与条码识别技术的比较如表 5-2 所示。

表 5-2　RFID 技术与条码识别技术的比较

| 项目 | RFID 技术 | 条码识别技术 |
|---|---|---|
| 信息载体 | 存储器 | 纸或物质表面 |
| 信息量 | 大 | 小 |
| 读写性 | 读/写 | 只读 |
| 读取方式 | 无线通信 | CCD 或激光扫描 |
| 识别速度 | 快（约 0.5 s） | 低（约 4 s） |
| 识别距离 | 远 | 近 |
| 读取数量 | 可同时读取多个 | 一次一个 |
| 国际标准 | 有 | 有 |
| 成本 | 高 | 低 |
| 使用寿命 | 长 | 一次性 |
| 方向位置影响 | 无 | 很小 |
| 受污染/潮湿影响 | 无 | 严重 |

条码识别技术和 RFID 技术各具特色，就目前而言，条码识别技术虽然有不少缺陷，但是低成本是其仍然被广泛应用的原因之一。RFID 技术虽然弥补了条码识别技术的很多不足，但是它

的成本高和技术不成熟使其难以被大面积推广。

## 5.2 场景记录技术

场景记录技术指通过成像方法来记录场景的技术，正如有些人说的“一张图片胜过 1000 个字”，图像是记录场景的最佳办法。图像包含非常丰富的信息，远非文字描述可比。当前，工业设计已渗透人们生活的方方面面，涵盖广泛的领域，工业、技术和设计的相互作用提高了工业社会的生产力和生活水平，丰富和拓展了人们的文化视野。在产品的生产过程中，场景记录技术可以缩短生产时间，提高产品生产效率，保证了设计师在生产过程中的沟通。

### 5.2.1 电荷耦合器件

20 世纪 70 年代，贝尔实验室的科学家威拉德・博伊尔和乔治・史密斯用简单的线性装置捕捉影像，从此电荷耦合器件（Charge Couple Device，CCD）诞生。CCD 的产生使得人们可以获得数字图像，可以把场景变为数据，这是场景记录技术的重大突破。威拉德・博伊尔和乔治・史密斯也因为这项发现获得 2009 年诺贝尔物理学奖。

CCD 一经问世，人们就对它在摄像领域中的应用产生了浓厚的兴趣，于是精心设计出各种 CCD 线阵摄像器件和 CCD 面阵摄像器件，CCD 摄像器件不但具有体积小、质量轻、功耗小、工作电压低和抗烧毁等优点，并且在分辨率、动态范围、灵敏度、实时传输和自扫描等方面的优越性也是其他摄像器件无法比拟的。目前，CCD 摄像器件不论是在文件复印、传真、零件尺寸的自动测量和文字识别等民用领域，还是在空间遥感遥测、卫星侦察及水下扫描摄像机等军用领域中都发挥着重要的作用。

1. CCD 的分类

CCD 图像传感器可直接将光学信号转变为模拟电流信号，模拟电流信号经过放大和模数转换，实现图像的获取、存储、传输、处理和复现。CCD 从功能上可分为线阵 CCD 和面阵 CCD 两大类。

（1）线阵 CCD

对于线型器件，它可以直接接收一维光信息，而不能直接将二维图像转变为视频信号输出。如果要得到整个二维图像的视频信号，就必须用扫描的方法来实现。

通常将 CCD 内部电极分成数组，每组称为一相，并施加同样的时钟脉冲。其所需相数由 CCD 芯片内部结构决定，结构相异的 CCD 可满足不同场合的使用要求。线阵 CCD 有单沟道和双沟道之分，其光敏区是 MOS（金属-氧化物半导体）电容或光敏二极管结构，生产工艺相对简单。它由光敏区阵列与移位寄存器扫描电路组成，如图 5-13 所示。线阵 CCD 的特点是处理信息速度快，外围电路简单，易实现实时控制，但获取信息量小，不能处理复杂的图像。

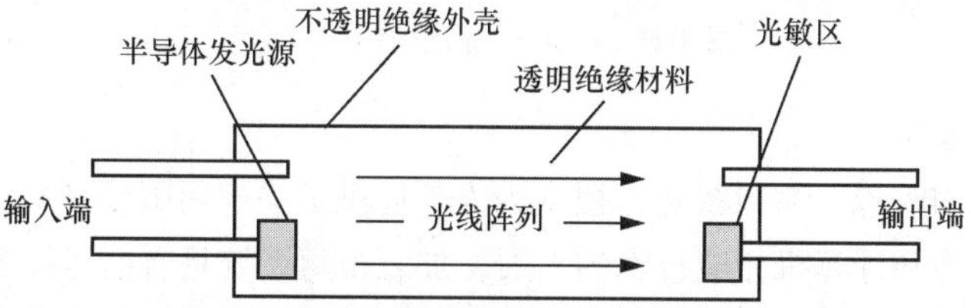


图 5-13　线阵 CCD 结构

（2）面阵 CCD

相较于线阵 CCD，面阵 CCD 的结构要复杂一些，它按一定的方式将一维线阵 CCD 的光敏区阵列及移位寄存器扫描电路排列成二维阵列，并以一定的形式连接成一个器件，即可以构成二维面阵 CCD，其结构如图 5-14 所示。由于排列方式不同，面阵 CCD 常有帧转移、隔列转移和线转移 3 种形式，其具备获取信息量大、能处理复杂的图像的特点。

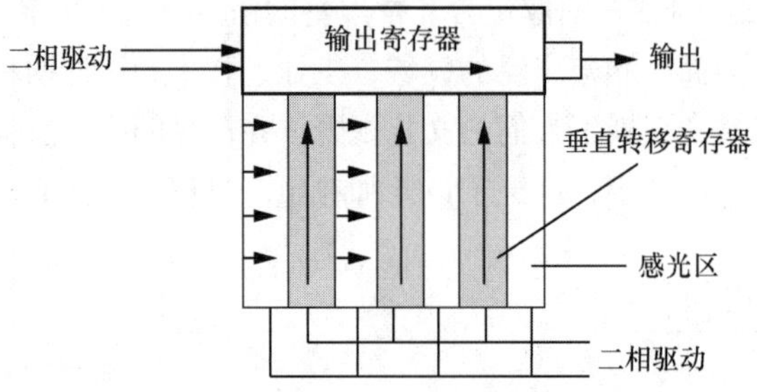


图 5-14 面阵 CCD 结构

## 2. CCD 在工业互联网中的应用

自 CCD 问世以来，由于其分辨率高、结构简单、灵敏度高、使用寿命长及性能稳定等优点，被广泛应用于工业互联网领域，这里介绍它的几种主要的应用。

（1）尺寸测量

CCD 图像传感器具有高分辨率、高灵敏度和较宽的动态范围，这些特点决定了它可以广泛应用于自动控制和自动测量中，尤其适用于图像识别技术。CCD 图像传感器在检测物体的位置、工件尺寸的精确测量及工件缺陷的检测方面有独到之处。

（2）内窥镜

在工业质量控制、测试及维护中，正确地识别裂缝、应力、焊接整体性及腐蚀等缺陷是非常重要的，但是传统的光线内窥镜的光纤成像常使检查人员难以判断是真正的瑕疵还是图像不清造成的结果。而 CCD 工业内窥镜电视摄像系统利用了光电图像传感器，可以使难以直接观察的地方通过电视荧光屏形成一个清晰的、色彩真实的放大图像。根据这个明亮且分辨率高的图像，检查人员能够快速而准确地进行检查工作。CCD 工业内窥镜的组成如图 5-15 所示。

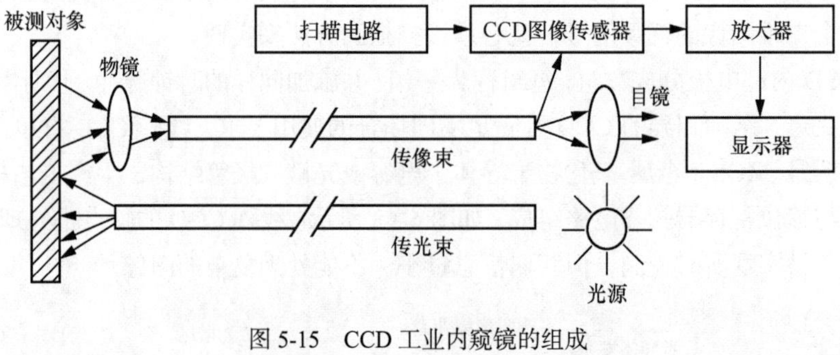


图 5-15 CCD 工业内窥镜的组成

（3）机器人视觉系统

人类接收的信息 60%以上来自视觉，视觉为人类提供了关于周围环境最详细可靠的信息。由于计算机图像处理能力和计算机相应技术的发展，加之视觉系统具有信号探测范围宽、目标信息完整、获得环境信息的速度快等优势，近年来，视觉传感器在移动机器人导航、障碍物识别中的应用越来越受人们重视。

机器人视觉系统的基本原理：机器人视觉系统中的 CCD 图像传感器通过光学镜头汇聚由场景中反射光线对其产生的电荷累积感应，并由摄像机和图像采集卡对信号进行数字化后，传输到计算机，视觉算法对这些数据进行处理后，将结果显示在人机界面上。图 5-16 所示为一种基于工业 CCD 图像传感器的机器人视觉系统的应用。

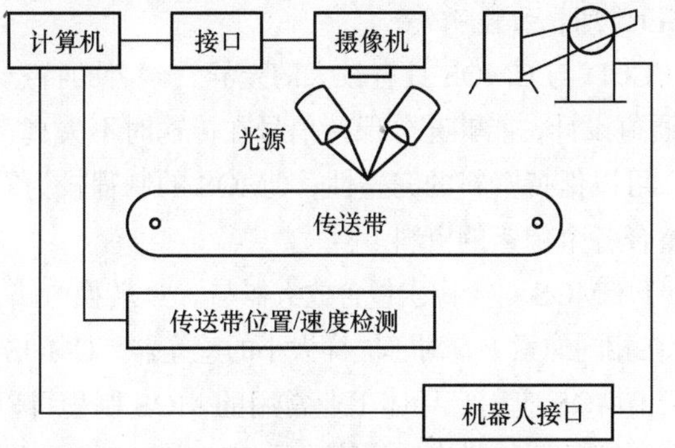


图 5-16　机器人视觉系统的应用

## 5.2.2　CMOS 图像传感器

随着 CCD 应用范围的扩大，人们发现 CCD 具有两个局限。首先，CCD 技术芯片工艺复杂，不能与标准工艺兼容，很难将其他功能模块与其集于一体。其次，CCD 技术芯片需要的电压功耗大，因此 CCD 技术芯片价格昂贵且使用不便。为了降低成本，人们使用标准的互补金属氧化物半导体（Complementary Metal Oxide Semiconductor，CMOS）技术来生产图像传感器，即 CMOS 图像传感器。

### 1. CMOS 图像传感器的结构

COMS 图像传感器通常由像敏单元阵列、行地址译码器、列地址译码器、模数转换器、接口电路、预处理电路、同步控制电路、时序脉冲电路等几部分组成，并且被集成到同一块硅片上，如图 5-17 所示。其中，像敏单元阵列有线阵和面阵之分。

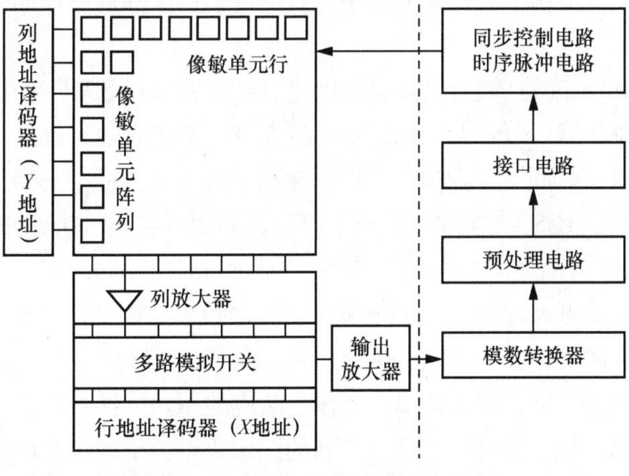


图 5-17　COMS 图像传感器的组成

像敏单元阵列按 $X$ 和 $Y$ 方向排列成方阵，方阵中的每个像敏单元都有它的 $X$、$Y$ 方向上的地址，并可分别由两个方向的地址译码器进行选择；每列像敏单元对应一个列放大器，列放大器的输出信号分别接到由 $X$ 方向地址译码器进行选择的多路模拟开关上，并输出至输出放大器；输出放大器的输出信号送至模数转换器进行模数转换，经预处理电路处理后通过接口电路输出。图中的时序脉冲电路用于为整个 COMS 图像传感器提供各种工作脉冲。

### 2. CMOS 和 CCD 的特点差异

由于构造上的不同，CCD 与 CMOS 具有较大的差异，两者的特点比较如下。

（1）CCD 采用专属通道设计，能够充分保持信号在传输时不失真，透过每个像素集合至单一放大器上再做统一处理，可以保持资料的完整性；CMOS 的制程较为简单，没有专属通道设计，因此必须先进行放大再整合各个像素的资料。

（2）在感光度上，由于 CMOS 每个像素包含放大器与 A/D 转换电路，额外设备压缩单一像素的感光区域的表面积，因此在相同像素下，对于同样大小的感光器，CMOS 的感光度会低于 CCD 的。

（3）在成本上，由于 CMOS 应用半导体工业常用的 MOS 制程可以一次整合全部周边设施于单晶片中，节省加工晶片所需负担的成本和提高良品率；而 CCD 采用电荷传递的方式输出资讯，必须另辟传输通道，如果通道中有一个像素故障（Fail），就会导致一整排的信号拥塞，无法传递，因此 CCD 的良品率比 CMOS 的低，加上另辟传输通道和外加模数转换器等周边装置，CCD 的制造成本要高于 CMOS 的。

目前 CCD 在影像品质等方面均优于 CMOS，但 CMOS 具有低成本、低耗电以及高整合度的特性。目前 CMOS 图像传感器主要应用于小尺寸、低价格、摄像质量无过高要求的场合，如安保器材、微型照相机、手机、计算机网络视频会议系统、无线手持式视频会议系统、条形码扫描器、传真机、玩具、生物显微计数、某些车用摄像系统等大量商用领域。随着制造技术不断地更新，CMOS 图像传感器的影像品质不断提高。有人预测，CMOS 图像传感器将在未来 3～5 年内代替 CCD 图像传感器而成为市场主流的图像传感器产品。

### 3. COMS 图像传感器在工业互联网中的应用实例

2022 年 12 月 8 日，思特威（上海）电子科技股份有限公司（后文简称思特威），重磅推出首颗 LA（Linear）线阵系列 4K 分辨率高速工业 CMOS 图像传感器——SC430LA。该图像传感器支持出色的 Trilinear（三线）彩色模式和 32x 模拟增益，集高稳定性、高精准度、低噪声、高行频四大性能优势于一身，可适用于各种工业环境，以高传输速度和高图像品质赋能全天候工业线阵相机。

SC430LA 采用思特威先进的模拟电路设计，模拟增益可以最高支持开放到 32 倍，在相同画面亮度时，较高的增益能够显著降低光源亮度，进而减少整机发热，提高整机效率，运行期间拥有卓越的稳定性，足以长时间为工业应用实时采集可靠的图像数据。该款新品拥有 4K 分辨率，并基于思特威独有的 SmartGS®-2 全局快门技术打造，采用背照式（Backside Illumination，BSI）工艺，在 500 nm 波段下有高达 77%的量子效率（Quantum Efficiency，QE），相较业内同规格工业产品提升 10%，在工业低照环境下提供更多真实有效的影像信息，实现 4K 分辨率。

另外，凭借思特威研发的超低噪声外围读取电路技术及升级的色彩工艺，SC430LA 可实现出色的噪声控制和色彩呈现效果。其固定噪声与像素响应的不均匀性均有大幅下降，相比业内同类产品，暗电流降低 51%，显著提升了产品捕获到的图像质量，呈现更高的颜色精准度和更丰富的图像细节，能够充分满足工业应用对高精度传感器的要求。

随着智能制造领域的不断发展，越来越多的自动化生产线引入工业 CMOS 图像传感器来提高生产效率和质量。随着制造业转型升级的进一步深入，工业 CMOS 图像传感器将充分受益于各产业升级带来的需求扩容。知名半导体分析机构 Yole 数据显示，2021 年工业 COMS 图像传感器的市场出货量为 2.52 千万颗，预测 2021—2027 年，工业 CMOS 图像传感器出货量将以近 10%的年复合增长率增长，到 2027 年将达到 4.41 千万颗。

### 5.2.3　网络摄像机

网络摄像机（Internet Protocol Camera，IPC）由网络编码模块和光学成像模块组合而成。光学成像模块用于把光学图像信号转变为电信号，以便存储或者传输。当人们拍摄一个物体时，此物体上反射的光被摄像机镜头采集，使其聚焦在摄像器件的受光面（如摄像管的靶面）上，再通过 CCD 或 CMOS 图像传感器把光转变为电能，即得到了“视频信号”。光电信号很微弱，需通过预放电路进行放大，再经过各种电路进行处理和调整，最后得到标准信号。网络编码模块用于将光学成像模块采集到的“视频信号”编码压缩成数字信号，从而可以直接接入网络交换及路由设备。

#### 1. 网络摄像机的发展

网络摄像机诞生于 20 世纪 90 年代中期。早期的网络摄像机采用运动静止图像压缩（M-JPEG）的非实时压缩方式。由于早期的全球互联网网络以窄带为主，因此速度较慢。网络带宽与编码技术的落后，限制了网络视频的应用。21 世纪初期，MPEG-4 的压缩算法开始被应用于网络监控领域。随着互联网带宽的增大，网络视频技术逐步被大规模应用，这为网络摄像机的发展奠定了良好的技术基础、提供了良好的应用环境。

直到 2004 年，网络视频技术日渐成熟和网络视频服务器产品竞争日趋激烈，各主要厂商开始将网络视频技术转向网络摄像机，并逐步推出了各种型号的产品。截至 2008 年年底，全世界网络摄像机生产厂商从几个快速发展到上千个，编码技术也已经趋向于 H.264 编码方式。目前，网络摄像机已逐步成为主流监控产品。

#### 2. 网络摄像机的组成

网络摄像机是新一代网络视频监控系统中的核心硬件设备，通常采用嵌入式架构，集成了视频音频采集、信号处理、压缩编码、智能分析、缓冲存储及网络传输等多种功能。结合数字硬盘录像系统及管理平台，可构建成大规模、分布式的智能网络视频监控系统。

（1）网络摄像机各组成模块及功能

网络摄像机各组成模块及功能如表 5-3 所示。

表 5-3　网络摄像机各组成模块及功能

| 组成模块 | 主要功能 |
| --- | --- |
| 视频模块 | 采集并压缩编码视频信号 |
| 音频模块 | 采集并压缩编码音频信号 |
| 网络模块 | 依据 IP 对压缩编码后的视音频数据进行打包，通过 IP 网络传输云台和镜头控制模块，通过网络对云台和镜头的各种动作进行控制 |
| 缓存模块 | 把采集压缩的视/音频数据临时存储在本地的存储介质中以备后续调用 |

续表

| 组成模块 | 主要功能 |
| --- | --- |
| 报警输入输出模块 | 用来接收、处理报警输入输出信号，即具备报警联动功能 |
| 视频分析模块 | 自动对视频场景进行分析，比对预设原则并触发报警 |
| 视觉参数调节模块 | 完成饱和度、对比度、色度、亮度等视觉参数的调整 |
| 编码参数调节模块 | 用来调整帧率、分辨率、码流等编码参数 |
| 系统集成模块 | 实现与视频管理平台的集成，实现大规模系统监控 |

（2）网络摄像机的硬件构成

网络摄像机的硬件构成一般包括图像传感器、信号处理器、编码压缩芯片、网络接口等部分，如图 5-18 所示。光线通过镜头进入图像传感器，然后转换成数字信号由内置的信号处理器进行预处理，处理后的数字信号由编码压缩芯片进行编码压缩，最后通过网络接口发送到网络上进行传输。

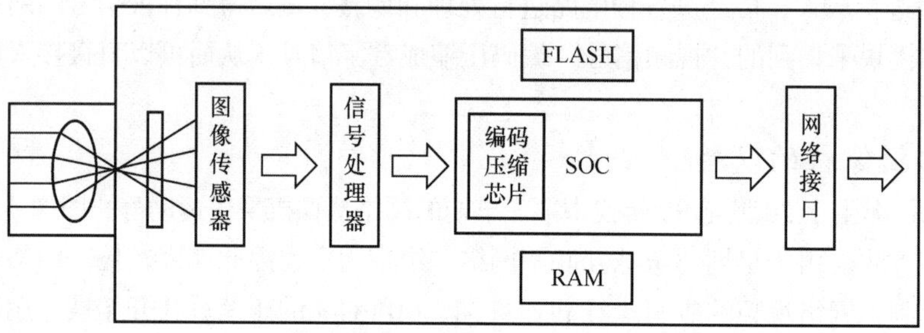


图 5-18　网络摄像机的硬件构成

网络摄像机是传统摄像机与网络技术相结合而产生的新一代摄像机，它可以将影像通过因特网传输发送到任何网络可及的地点。网络摄像机集成了 CCD 模块组、网络服务器和网卡 3 个部分，并且在网络服务器中还固化包含 CPU、操作系统和设置软件等，其工作原理如图 5-19 所示。

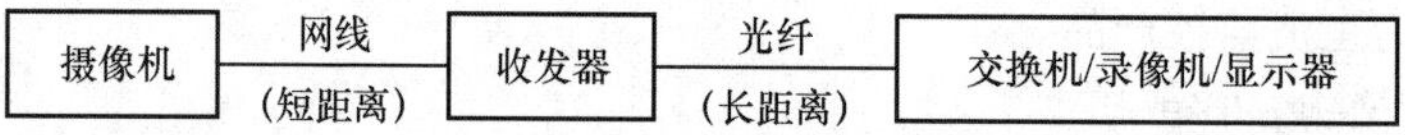


图 5-19　网络摄像机的工作原理

在使用网络摄像机时，只需要接通电源和网线就能正常工作，不需要使用计算机终端设备，而在远端的浏览者不需要使用任何专业软件，只要使用标准的网络浏览器，如 Internet Explorer 或 Netscape Navigator 就能够看到所需要的远程视频图像。

网络摄像机最高速率可达 30 帧/秒，同时提供在设定告警状态下存储图像，并将图像发到指定的电子邮箱。摄像机背部有基本网络卡（BNC）接口，可以连接另外的普通摄像机或 CCD 摄像头，从而可以观察到多个场景的动态图像，可以同屏多画面或各个画面轮流查询显示。

### 3. 网络摄像机关键技术

近年来，高分辨率计算机显示器和数字摄像机不断出现，用户也开始要求将图像分辨率提高到百万像素的级别，视频监控应用的用户也开始提出类似的要求。现阶段，许多主流厂商已陆续推出 100 万像素、200 万像素和 300 万像素的高分辨率网络摄像机。

网络摄像机得到广泛应用依赖于以下几项关键技术。

（1）以太网供电（Power over Ethernet，PoE）技术

PoE 技术用一条以太网电缆同时传输以太网信号和直流电源的技术，它将电源和数据集成在同一有线系统中，在确保现有结构化布线安全的同时，保证了现有网络的正常运作。PoE 网络摄像机在施工上安装简单，只需要对交换机进行集中供电，供电的范围比较集中，容易管理，成本较低。

（2）支持无线网络

网络摄像机需要支持无线网络技术，以便可以接入无线接入点（AP），实现采集前端视频信息到后端的目的，尤其适用于偏远或不便于搭建网络环境的网络监控系统。

（3）安全通信技术

安全通信技术可以使网络摄像机对采集到的视频信号先进行加密，然后通过网络进行传输，从而确保视频信息无法被非数字证书对连接请求进行认证，确保只有特定的网络摄像机才能够接入系统，从而有效避免视频信息被非授权人员获取或者篡改的风险。网络摄像机还可以在视频数据中加入“水印”信息。“水印”信息可包括图像摘要、时间、地点、日期、用户信息、报警信息等，从而在安全事件发生之后确保系统保存了有效的证据。

（4）前端智能化技术

智能监控系统中的许多技术适合在前端实现，如车牌识别、人脸检测、行为分析、目标跟踪等。网络摄像机拥有专用的、高度集成化的硬件设备，其自身可实现高级视频分析算法，这一特性大大降低了对后端设备的性能要求。一些高级智能视频分析算法（如车牌号码识别、人数统计等）也可以集成到网络摄像机中，从而使用户可以构建出超大规模的智能视频系统。

## 5.3 位置定位技术

位置定位技术指获取和记载物体位置的技术。位置包含与物体有关的坐标。坐标可以是二维或三维的，通常包含物体所在位置的经度和纬度有关的信息。各类基于位置信息的工业互联网新兴业务、场景的规模化应用，对定位的精度、实时性、可靠性等方面提出了更高的要求，本节将详细介绍全球定位系统、地理信息系统、北斗卫星导航系统 3 个主要定位系统。

### 5.3.1 全球定位系统

全球定位系统（GPS）是由美国国防部开发的一个基于卫星的无线导航系统。GPS 利用分布在高度为 20200 km 的 6 个轨道上的 24 颗卫星对地面目标的状况进行精确测定，每个轨道上拥有 4 颗卫星，在地球上任何一点、任何时刻都可以同时接收到来自 4 颗卫星的信号，卫星所发射的空间轨道信息覆盖整个地球表面。

1. GPS 的概念

GPS 从根本上解决了人类在地球及其周围空间的导航及定位问题，它不仅可以广泛地应用于海上、陆地和空中运动目标的导航、制导和定位，而且可为空间飞行器进行精密定轨，满足军事部门的需要。同时，它在各种民用部门成功获得了应用，在大地测量、工程勘探、地壳监测等众多领域展现了极其广阔的应用前景。

GPS 的定位精度很高，覆盖面广且观测时间短，可以在任何时间、任何地点连续覆盖全球范

围，同时，GPS 具有被动式和全天候的导航能力，定位方式隐蔽性好，不会暴露用户位置，用户数据也不受限制，接收机可以在各种气候条件下工作，系统的机动性强，通常所用的大地测量方式是将平面与高程采用不同方法分别施测。GPS 可同时精确测定测站的三维坐标。目前 GPS 水准可满足四维水准测量的精度。随着 GPS 接收机的不断改进，自动化程度越来越高，接收机的体积越来越小，质量越来越轻，极大地减轻了测量工作者的工作紧张程度和劳动强度。

### 2. GPS 的分类

GPS 按接收机用途的不同可以分为以下几类。

（1）导航型接收机

导航型接收机主要用于运动载体的导航，它可以实时给出载体的位置和速度。这类接收机一般采用 C/A 码伪距测量，单点实时定位精度较低，一般为±25 m，这类接收机价格便宜，应用广泛。根据应用领域的不同，此类接收机还可以进一步进行分类，如表 5-4 所示。

表 5-4　GPS 导航型接收机的分类

| 类型 | 用途 |
| --- | --- |
| 车载型 | 用于车辆导航定位 |
| 航海型 | 用于船舶导航定位 |
| 航空型 | 用于飞机导航定位，由于飞机运行速度快，因此在航空上用的接收机要求能高速运转 |
| 星载型 | 用于卫星的导航定位，由于卫星的运动速度达 75 km/s 以上，因此对接收机的要求更高 |

（2）测地型接收机

测地型接收机主要用于精密的大地测量和精密的工程测量。这类仪器主要采用载波相位观测值进行相对定位，定位精度高，但仪器结构复杂，价格较贵。

（3）授时型接收机

授时型接收机主要利用 GPS 卫星提供的高精度时间标准进行授时，常用于天文台及无线电通信。

### 3. GPS 的组成

GPS 以全球 24 颗定位人造卫星为基础，向全球各地全天候地提供三维位置、三维速度等信息。其基本原理是测量出已知位置的卫星到用户接收机之间的距离，然后综合多颗卫星的数据即可知道接收机的具体位置。

GPS 系统包括 3 个部分：空间部分（GPS 卫星星座）、地面监控部分（地面监控系统）、用户设备部分（GPS 信号接收机）。GPS 的构成如图 5-20 所示。

（1）空间部分（GPS 卫星星座）

GPS 卫星星座由均匀分布在 6 个轨道上的 24 颗（其中有 3 颗备用卫星）高轨道工作卫星构成，每个轨道平面交点的经度相隔 60°，轨道平面相对地球赤道的倾角为 55°，每个轨道上均匀分布着 4 颗卫星，相邻轨道之间的卫星彼此呈 30°，以保证全球均匀覆盖的要求。

（2）地面监控部分（地面监控系统）

地面控制站是由美国国防部控制的，其主要工作是追踪及预测 GPS 卫星、控制 GPS 卫星状态及轨道偏差、维护整套 GPS 卫星工作正常。GPS 工作卫星的地面监控系统由 3 个部分组成，包括 1 个主控站、3 个注入站和 5 个监测站。地面监控系统主要用于追踪卫星轨道，根据接收的导航信息计算相对距离、校正数据等，并将这些资料传回主控站，以便分析。

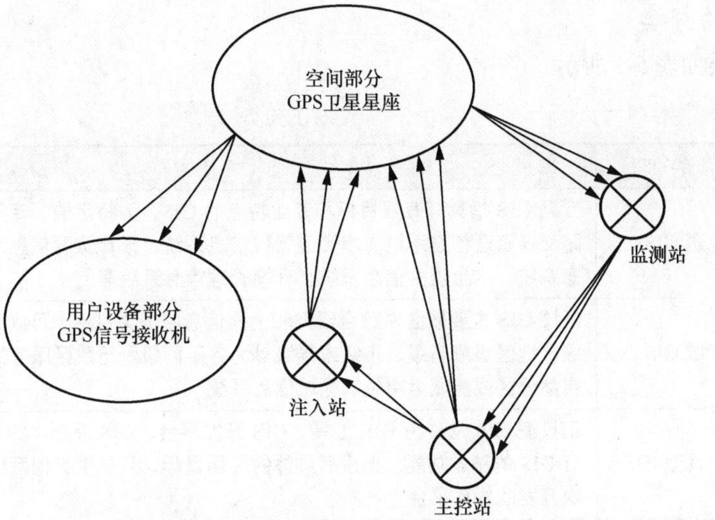


图 5-20　GPS 的构成

（3）用户设备部分（GPS 信号接收机）

GPS 的空间部分和地面监控部分是用户应用该系统进行导航定位的基础，用户只有使用 GPS 信号接收机才能实现其定位、导航的目的。GPS 信号接收机能够捕获到按一定卫星高度截止角所选择的待测卫星的信号，并跟踪这些卫星的运行，对所接收的 GPS 信号进行变换、放大和处理，以便测量出 GPS 信号从卫星到接收机天线的传播时间，解译出 GPS 卫星所发送的导航电文，实时地计算出测站的三维位置，甚至三维速度和时间。

## 5.3.2　地理信息系统

地理以及描述地理的信息与日常生活息息相关。人们所做出的每个决定几乎都受着地理信息方面的影响。运输需要选择最便捷的道路，对流行疾病的研究和控制要确定其流行面积和传播速度，农业区划需要知道土地利用状况、土壤类型、气候等。正是基于这种需求和时代背景，一种利用计算机来进行管理和分析空间数据的技术——地理信息系统（GIS）应运而生并迅速发展。如今，GIS 不仅是一种日趋成熟的技术或工具，还发展成为一门科学——空间系统科学。

1. GIS 的概念

信息是向人们或机器提供关于现实世界新的事实的知识，是数据、消息中所包含的意义，它不随载体物理设备形式的改变而改变。信息具有客观性、实用性、传输性、共享性等特点。数据是指对某一目标定性、定量描述的原始资料，包括数字、文字、符号、图形、图像及它们能转换成的数据等形式。

GIS 是一种特定的、十分重要的空间信息系统。它是在计算机硬件、软件系统支持下，对整个或部分地球表层（包括大气层）空间中的有关地理分布数据进行采集、存储、管理、处理、分析、显示和描述的技术系统。GIS 处理、管理的对象是多种地理空间实体数据及其关系，包括空间定位数据、图形数据、遥感图像数据、属性数据等，用于分析和处理在一定地理区域内分布的各种现象和过程，解决复杂的规划、决策和管理问题。

## 2. GIS 的分类

GIS 的分类如表 5-5 所示。

表 5-5　GIS 的分类

| 分类方式 | 类别 | 内容 |
|---|---|---|
| 按内容分类 | 专题 GIS | 专题 GIS 指具有有限目标和专业特点的 GIS，为特定的、专门的目的服务，如道路交通管理信息系统、水资源管理信息系统、矿产资源信息系统、农作物估产信息系统、水土流失信息系统、环境管理信息系统等 |
| | 区域 GIS | 区域 GIS 主要以区域综合研究和全面信息服务为目标，可以有不同规模，如国家级、地区级或省级、市级或县级等为各不同级别行政区服务的区域信息，也有以自然分区或流域为单位的区域信息系统 |
| 按功能分类 | 工具型 GIS | 工具型 GIS 常称为 GIS 工具、GIS 开发平台、GIS 外壳、GIS 基础软件等，它具有 GIS 的基本功能，但没有具体的应用目标，只是供其他系统调用或用户进行二次开发的操作平台 |
| | 应用型 GIS | 应用型 GIS 具有具体的应用目标、特定的数据、特定的规模和特定的服务对象。通常，应用型 GIS 是在工具型 GIS（基础软件）的支持下建立起来的 |
| 按数据结构分类 | 矢量型 GIS | 当空间数据是由矢量数据结构表示地理实体时，这种 GIS 称为矢量型 GIS |
| | 栅格型 GIS | 当空间数据是由栅格数据结构表示标的物或现象的分布时，这种 GIS 称为栅格型 GIS |
| | 混合型 GIS | 混合型 GIS 是指矢量、栅格数据结构并存的 GIS |

## 3. GIS 的组成

完整的 GIS 主要由 4 个部分构成：计算机硬件系统、计算机软件系统、地理空间数据及系统管理和操作人员。其核心部分是计算机硬件系统和计算机软系统，地理空间数据反映 GIS 的地理内容，而系统管理和操作人员则决定系统的工作方式与信息的表现方式。GIS 的组成如图 5-21 所示。

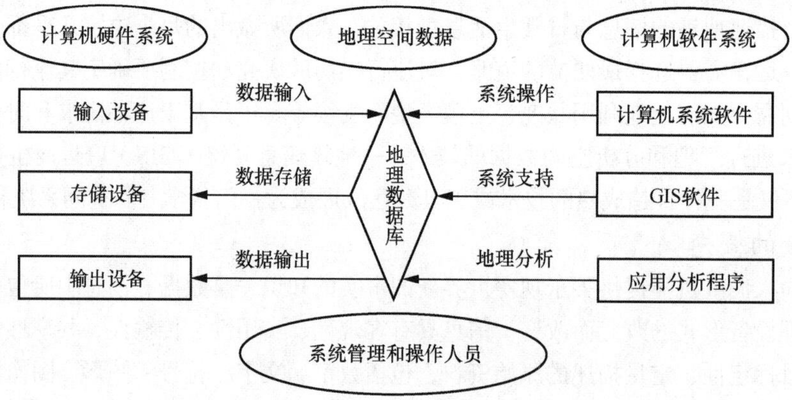


图 5-21　GIS 的组成

（1）计算机硬件系统

计算机硬件是计算机系统中的实际物理装置的总称，可以是电的、磁的、机械的、光的元件或装置，是 GIS 的物理外壳，系统的规模、精度、速度、功能、形式、使用方法甚至软件都与硬件有极大的关系，受硬件指标的支持或制约。GIS 由于其任务的复杂性和特殊性，必须有计算机设备支持。

（2）计算机软件系统

计算机软件系统指 GIS 运行所必需的各种程序，通常包括以下几种。

① 计算机系统软件：由计算机厂家提供的、为用户开发和使用计算机提供方便的程序系统，通常包括操作系统、汇编程序、编译程序、诊断程序、库程序及各种维护使用手册、程序说明等，是 GIS 日常工作所必需的。

② GIS 软件和其他支撑软件：可以是通用的 GIS 软件，也可以是数据库管理软件、计算机图形软件包、CAD 软件、图像处理软件等。

③ 应用分析程序：系统开发人员或用户根据地理专题或区域分析模型编制的、用于某种特定应用任务的程序，是系统功能的扩充与延伸。

（3）地理空间数据

地理空间数据是指以地球表面空间位置为参照的自然、社会和人文景观数据，可以是图形、图像、文字、表格和数字等，由系统的建立者通过数字化仪、扫描仪、键盘、磁带机或其他通信系统输入 GIS，是系统程序作用的对象，是 GIS 所表达的现实世界经过模拟抽象的实质性内容。

（4）系统管理和操作人员

人是 GIS 中的重要构成元素，GIS 不是一幅地图，而是一个动态的地理模型，仅有计算机软硬件系统和地理空间数据还不能构成完整的 GIS，需要人进行系统组织、系统管理、系统维护和数据更新。一个成熟的 GIS 也需要人来不断地更新完善，需要人来利用系统的功能完成显示、分析、决策和研究。因此，GIS 行业中的系统开发、管理和使用人员是 GIS 的重要组成部分。

### 4. GIS 的应用领域

经济、社会、人口、自然资源、环境等方面的大量信息，绝大多数都带有空间位置的属性，GIS 的最大特点就是能进行空间操作，即对空间数据进行存储、管理、分析和更新。这表明 GIS 的应用可以扩展到非常广的范围。下面简要介绍 GIS 的一些主要应用。

（1）测绘与地图制图

GIS 技术源于机助制图，GIS 技术与遥感技术、全球定位系统技术在测绘界的广泛应用，为测绘与地图制图带来了深刻变化。这种变化集中体现在：地图数据获取与成图的技术流程发生了根本性改变；地图的成图周期大大缩短；地图成图精度大幅提高；地图的品种大大丰富。数字地图、网络地图、电子地图等一批崭新的地图形式为广大用户带来了巨大的应用便利。测绘与地图制图进入了一个崭新的时代。

（2）资源管理

资源管理是 GIS 基本的职能，这时系统的主要任务是将各种来源的数据汇集在一起，并通过系统的统计和覆盖分析功能，按多种边界和属性条件，提供区域多种条件组合形式的资源统计和进行原始数据的快速再现。

（3）城乡规划

城乡规划要处理许多不同性质和不同特点的问题，它涉及资源、环境、人口、交通、经济、教育、文化和金融等多个地理变量和大量数据。GIS 的数据库管理有利于将这些数据信息归并到统一系统中，最后进行城市与区域多目标的开发和规划，包括城镇总体规划、城市建设用地适宜性评价、环境质量评价、道路交通规划、公共设施配置以及城市环境的动态监测等。这些规划功能的实现，是由 GIS 的空间搜索方法、多种信息的叠加处理和一系列分析软件（如回归分析、投入产出计算、模糊加权评价、0-1 规划模型、系统动力学模型等）加以保证的。

总之，GIS 正逐渐成为国民经济各有关领域必不可少的应用工具，相信它的不断成熟与完善将为社会的进步和发展做出更大的贡献。

### 5.3.3 北斗卫星导航系统

北斗卫星导航系统（本小节简称北斗系统，英文缩写为 BDS）是我国着眼于国家安全和经济社会发展需要，自主建设运行的全球卫星导航系统，是为全球用户提供全天候、全天时、高精度的定位、导航和授时服务的国家重要时空基础设施。北斗系统是继 GPS、GLONASS 之后第三个成熟的卫星导航系统。

1. 北斗系统的发展历程

20 世纪后期，我国开始探索适合国情的卫星导航系统发展道路，逐步形成了“三步走”发展战略：2000 年年底，建成北斗一号系统，向中国提供服务；2012 年年底，建成北斗二号系统，向亚太地区提供服务；2020 年，建成北斗三号系统，向全球提供服务。北斗系统发展经历的 3 个重要阶段，如图 5-22 所示。

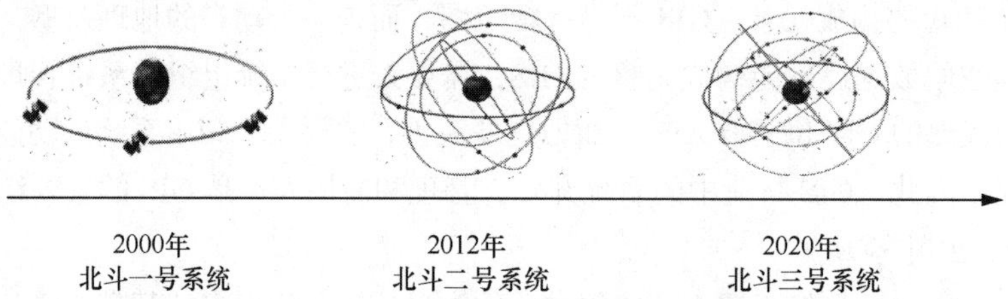


图 5-22 北斗系统发展经历的 3 个重要阶段

（1）建设北斗一号系统

1994 年，启动北斗一号系统工程建设。2000 年年底，发射 2 颗地球静止轨道卫星，建成系统并投入使用，采用有源定位体制，为中国用户提供定位、授时、广域差分和短报文通信服务；2003 年，发射第 3 颗地球静止轨道卫星，进一步增强系统性能。

（2）建设北斗二号系统

2004 年，启动北斗二号系统工程建设。2012 年年底，完成 14 颗卫星（5 颗地球静止轨道卫星、5 颗倾斜地球同步轨道卫星和 4 颗中圆地球轨道卫星）发射组网。北斗二号系统在兼容北斗一号系统技术体制的基础上，增加无源定位体制，为亚太地区用户提供定位、测速、授时和短报文通信服务。

（3）建设北斗三号系统

2009 年，启动北斗三号系统工程建设。2018 年年底，完成 19 颗卫星发射组网，基本系统建设完成，向全球提供服务。2020 年 6 月，成功发射北斗三号系统第五十五颗导航卫星，暨北斗三号最后一颗全球组网卫星，至此，北斗三号卫星导航系统星座部署比原计划提前半年完成。

2020 年 7 月 31 日上午 10 时 30 分，北斗三号卫星导航系统建成暨开通仪式在人民大会堂举行。截至 2023 年 3 月，自 2020 年建成开通北斗三号卫星导航系统以来，全国已有超过 790 万辆道路营运车辆、4.7 万多艘船舶、4 万多辆邮政快递干线车辆应用该系统，近 8000 台各型号北斗终端在铁路领域应用推广；北斗自动驾驶系统农机超过 10 万台，覆盖深耕、插秧、播种、植保、收获、秸秆处理和烘干等各个环节；2587 处水库应用北斗短报文通信服务水文监测，650 处变形滑坡体设置了北斗监测站点；搭载国产北斗高精度定位芯片的共享单车投放已突破500万辆，覆盖全国450余个城市；基于北斗高精度的车道级导航功能，已在8个城市成功试点，并逐步向全国普及。

### 2. 北斗系统的功能和优势

（1）北斗系统的功能

北斗系统具有实时导航、快速定位、精准授时、位置报告和短报文通信5个主要功能。

① 实时导航：结合交通、测绘、地震、气象、国土等行业监测站网资源，提供实时米级、分米级、厘米级等增强定位精度服务，生成高精度的实时轨道、钟差、电离层等产品信息，以满足实时用户应用。

② 快速定位：北斗系统的性能达到国外同类系统水平，其中瞬态和快速定位指标居国际领先地位，可为服务区域内用户提供全天候、高精度、快速实时的定位服务。

③ 精准授时：北斗系统时钟通过星载高精度的铷原子钟和氢原子钟与协调世界时（UTC）时间同步，地面用户北斗接收机接收到来自卫星的时钟信号后，即可完成高精度的时间传递。

④ 位置报告：北斗系统全球位置报告是用户将卫星无线电导航业务（RNSS）定位结果，通过北斗组网星座中全球连续覆盖的入站链路发送至地面控制中心，实现位置报告功能。

⑤ 短报文通信：北斗系统是全球首个在定位、授时之外集报文通信于一体的卫星导航系统，短报文通信是北斗系统的核心优势。它通过空间卫星将信号传输到接收机（如船舶接收机）上，既可以避免传输距离近的弊端，又可以提高通信质量。

（2）北斗系统的优势

与其他卫星导航系统相比，北斗系统具有以下优势。

① 北斗系统采用高、中、低3种轨道卫星组成混合星座，与其他卫星导航系统相比，高轨卫星更多，抗遮挡能力强，尤其在低纬度地区服务优势更为明显。

② 北斗系统提供多个频点的导航信号，能够通过多频信号组合使用等方式提高服务精度。

③ 北斗系统创新融合了导航与通信能力，具备基本导航、短报文通信、星基增强、国际搜救、精密单点定位等多种服务能力。

### 3. 北斗系统的应用方向

目前，北斗系统不仅广泛用于交通运输、基础测绘和搜救打捞等领域，还在金融、通信、电力、工程勘测、精准农业、资源调查、地震监测、公共安全、应急救灾、全球搜救和国防建设等许多方面大显身手，北斗系统有以下8个主流应用方向。

（1）交通

北斗系统助力实现交通运输信息化和现代化，对建立畅通、高效、安全、绿色的现代交通运输体系具有十分重要的意义。北斗系统在陆地中的应用，包括车辆自主导航、车辆跟踪监控、车辆智能信息系统、车联网应用、铁路运营监控等；北斗系统在航海中的应用，包括远洋运输、内河航运、船舶停泊与入坞等；北斗系统在航空中的应用，包括航路导航、机场场面监控、精密进近等。随着交通的发展，对北斗系统的高精度应用需求加速增长。

（2）公安

反恐、维稳、警卫、安保等大量公安业务，具有高度敏感性和保密性要求。基于北斗系统的公安信息化系统，可实现警力资源动态调度、一体化指挥，大大提高响应速度与执行效率。北斗系统在该领域中的主要应用有公安车辆指挥调度、民警现场执法、应急事件信息传输、公安授时服务等，其中，应急事件信息传输使用了北斗特有的短报文通信功能。

（3）农业

北斗卫星导航技术结合遥感、地理信息等技术，使传统农业向智慧农业加速发展，显著降低了生产成本，提升了劳动生产效率，提高了劳动收益。北斗系统在该领域中的主要应用有农田信息采集、土壤养分及分布调查、农作物施肥、农作物病虫害防治、特种作物种植区监控、农业机械无人驾驶、农田起垄播种、无人机植保等。

（4）林业

林业是北斗系统应用较早的行业之一。林业管理部门利用北斗系统进行林业资源清查、林地管理与巡查等，大大降低了管理成本，提升了工作效率。北斗系统在该领域中的主要应用有林区面积测算、木材量估算、巡林员巡林、森林防火、测定地区界线等应用，其中巡林员巡林、森林防火等使用了北斗系统特有的短报文通信功能。

（5）渔业

渔业是北斗系统短报文通信特色服务普及较早、应用广泛的行业。北斗系统在该领域中的主要应用有渔船出海导航、渔政监管、渔船出入港管理、海洋灾害预警、渔民短报文通信等。特别是在没有移动通信信号的海域，使用北斗系统短报文通信功能，渔民能够通过北斗终端向家人报平安，有力保障了渔民生命安全、国家海洋经济安全并实现海洋资源保护和海上主权维护。

（6）电力

电力传输时间同步涉及国家经济与民生安全，电力管理部门通过使用北斗系统的精准授时功能，实现电力全网时间基准统一，保障电网安全稳定运行。北斗系统在该领域中的主要应用有电网时间基准统一、电站环境监测、电力车辆监控等应用，其中电网时间基准统一等迫切需要高精度北斗服务。

（7）防灾减灾

防灾减灾领域是北斗系统应用较为突出的领域之一。通过北斗系统的短报文通信与位置报告功能，实现灾害预警速报、救灾指挥调度、快速应急通信等，可极大地提高灾害应急救援反应速度和决策能力。北斗系统在该领域中的主要应用有灾情上报、灾害预警、救灾指挥、灾情通信、楼宇桥梁水库监测等。其中，救灾指挥、灾情通信等应用使用了北斗系统特有的短报文通信功能，楼宇、桥梁、水库监测等应用利用了高精度北斗服务。

（8）大众应用

手机、可穿戴设备等北斗系统大众应用，逐步成为近年来北斗系统应用的新亮点。利用北斗系统的快速定位功能，实现手机导航、路线规划等一系列位置服务功能，使人们的生活更加便捷。北斗系统在该领域中的主要应用有手机应用、车载导航设备、可穿戴设备等，通过与信息通信、物联网、云计算等技术深度融合，实现了众多的位置服务功能。

## 5.4 工业互联网标识技术应用场景

### 5.4.1 智能化生产

智能化生产是指在生产、加工、运输、检测产品等环节中，通过扫描原材料、在制品、产品的标识编码来自动获取相关信息，从而实现更加高效、灵活、智能、精准的参数配置、设备操控、工艺关联、问题分析等应用。工业互联网标识在智能化生产中的应用包括生产工艺智能匹配、基于质量信息的可信监造、智能化物料管控等。

### 1. 生产工艺智能匹配

目前，在大部分工业自动化行业的生产流程中，智能化生产设备的使用占比越来越高，需要生产人员预先将各项生产参数设置好，并需要凭借经验做好调试，这对生产人员的工作经验提出了非常高的要求。通过标识解析，可以实现智能化生产场景中生产工艺智能匹配，降低生产过程中对生产人员经验的依赖，提升生产效率，实现标准生产和“防呆防错”。

例如，某电子行业企业，在印制电路板（PCB）生产流程中，首先在同类型机台上，对加工各类原材料所需设置的生产参数组合进行大量前置测试，得出标准化的生产参数组合后进行存储，生成数字化的作业指导书。生产人员上机台生产不再需要凭经验来设置新原料的生产参数并花费1～2 h进行调测，仅需通过机台设备自带的扫码设备读取原材料标识，通过标识解析接入原材料（如覆盖膜）生产企业，自动获得如聚酰亚胺（PI）厚度、离型纸厚度等信息后，再与数字化的作业指导书智能匹配形成推荐参数组合，15 min 内即能完成调试并开始正式生产，从而解放生产过程中对工人经验的约束，规避人员操作风险，有效提升了生产过程的信息化管理和工艺标准化管理水平。

上述工业互联网标识应用的成效：企业试产到量产的时长从原来的 1.5～2 h 下降到 15 min 左右；用于测试的覆盖膜材料损耗量从原来平均每次耗费 12500 $cm^2$、10 片左右下降为 3750 $cm^2$ 以内、3 片以内；良品率从原来的 96%上升到 98%。

### 2. 基于质量信息的可信监造

我国制造业面临管理模式相对传统、产品质量对实操员依赖程度高、从配件到整机企业全流程信息不透明等问题，导致生产过程重复检测，产品质量难以全面管控，生产厂商与产品消费使用脱节，难以提供产品升级改造等延伸服务。基于质量信息的可信监造可充分发挥标识解析体系作用，利用标识打通行业全链条制造监控，实现产品制造过程中各个环节异构、异主、异地信息交互，解决因“信息孤岛”而导致行业链条不可控、不可管的问题，从而提升产品质量、客户满意度及产品市场表现。

例如，某科技企业把工业互联网标识作为全流程质量监控的“神经系统”，上下游企业通过标识解析二级节点，实现供应链管理与质量数据协同。

通过对企业生产的产品、上游的原配件进行赋码，并利用标识解析实现原料管控、设备监测、零部件监测、制造过程监测、品控监测、维护保养等全流程过程数据关联，从而形成产品多维度、透明化管控，建立泛家居认证体系，让不良品“进不来”，也让不良品“出不去”。消费者只要扫描产品上的标识编码，通过标识解析，就可以从产品生产企业、上游零部件企业获取产品零部件检测、产品生产过程检测、产品出厂质量在线检测等质量检测信息，并提供质量反馈渠道，形成从生产到使用的质量监测闭环，打造可信制造生态体系，让消费者用得放心、用得安心。

上述工业互联网标识应用的成效：企业产品生产产量提高了 16%；生产品质合格率提高了 23%；部门人员沟通率提升了 15%；为企业减少了 12%的能源消耗。

### 3. 智能化物料管控

智能化物料管控是工业互联网标识的又一个应用场景。以船舶制造行业为例，该产业链结构复杂、参与主体多、信息同步难、工人水平差异大、物资物料标准化程度低、上下游信息不对称，导致数据分散在不同环节、不同主体、不同位置，难以实现物料统一调度管理。通过基于标识解析体系的智能化物料管控系统，面向行业及产业链上下游企业提供标识解析服务，实现物料追踪、物料量预警、库存量可视化等应用服务，同时提供稳定、灵活、高效、智能的优质数据服务。

例如，某船舶企业在船东、设计、总装、供应、材料、物流、维保等不同环节部署企业节点，打通内部系统与外部制造商，进行编码统一管理，为上游供应的设备、物料等赋予唯一标识；打通机物管理基础数据，面向船东、船厂、质量监管机构提供统一的标识解析服务，并开放接口标准协议供其他企业调用，从而可以快速准确地对船舶建造质量问题进行溯源，实现整船的智能化物料管控。例如，总装厂组装部门扫描舾装件上的标识，经标识解析接入外协厂获取绞机、锚机、导缆孔等参数的最新信息，并与库存的舾装件进行比对，避免使用过时产品安装造成的返工损耗、反复沟通或操作不当。

上述工业互联网标识应用的成效：为船舶的各重要零部件、工艺等赋予标识，通过数字化统一交付，实现无纸化非标件管理模式；每年节省约 40 万元人工成本；全年共节约 600 t 非标件实际用量，价值约 600 万元；平均为每家上游企业节约了 1 名信息记录员。

### 5.4.2　网络化协同

网络化协同是指在产品的工艺设计、生产加工、供应链等环节，通过与标识解析体系建立信息关联，企业间可实时共享设计图样、工艺参数、产能库存、物流运力等信息，实现设计与（外部）生产的联动、制造能力的在线共享和供应链的精准管理，并提供多样的创新应用模式。工业互联网标识在网络化协同中的应用包括供应链优化管理、网络化运营联动等。

1. 供应链优化管理

在传统的供应链管理中，参与主体多、信息同步难、环节流程多、覆盖面广，并且企业间技术标准、规范、编码不统一，造成上下游企业间缺乏信息共享，供应链全流程数据难以监控，无法高效协同。通过标识解析连接机器、物料、人、信息系统，实现供应链相关数据的全面感知、动态传输、实时分析和优化管理，改善上下游供应链关系，提高制造资源配置效率。

例如，某企业在工业互联网平台基础上，集成标识解析二级节点，为供应链上的各合作伙伴提供标准的企业接入服务，对供应链企业的物料及物料相关的供应商代码、物流单号、产品编号、票据信息等进行统一编码。下游企业通过扫描这些编码，可以获取物料的相关信息，从而实现对不同企业、不同环节原材料、生产、运输、销售等关键数据的自动、安全采集，进而快速整合产品的信息流、资金流、商流、物流，实现四流合一，为企业提供高效、低成本的供应链协同管理服务，满足离散型生产模式运营效率、成本控制管理的需要。

上述工业互联网标识应用的成效：供应链内各环节交易时间平均缩短 20%；减少采购管理人员的投入，供应商库存周转率提升 30%。

2. 网络化运营联动

网络化运营联动是指在交通运输涉及的车辆运行、管理、服务等环节的各种前端智能终端设备中嵌入标识，实现对终端设备的管理和信息采集，实时监测人、车、路、环境的运行状态，并通过多种数据的关联分析挖掘，实现基于标识的客流信息追溯、车辆智能调度、主动安全防控、综合信息服务等数字化应用。近年来，我国城市运营车辆发展迅猛，与过去的单线、多线运营相比，城市运营车辆的管理面临管理服务对象多元、车辆运行环境复杂、安全防控态势严峻等问题。工业互联网标识为解决这些问题提供了有效的方法。

例如，某企业在车辆调度运营方面，综合应用基于标识解析的智能排班动态调度，通过标识解析二级节点，在车载终端、视频监控、刷卡终端、手机终端、站台安全门、闸机等智能终端设备中嵌入工业互联网标识，为智能终端赋予数字身份；采用主动标识载体技术，定时向标识解析体系发送解析请求；通过终端设备标识，解析获取目标平台 IP 地址，从而向目标平台传输数据。智能终端可与多个目标平台连接，满足多目标平台的多源信息感知、综合运行调控等需求，有效提高交通运输企业、交通管理部门、应急指挥部门的管理效率和信息联动能力。

该企业通过为车载视频监控设备赋予标识，并关联司机安全驾驶行为、司机健康状况、车身周围行车环境、道路运行状态实时监控数据，通过标识实现对营运车辆的实时、数字化、可视化管理，实现“一张图、一个平台”，为车辆运营综合管理、应急调度指挥、主动安全防控提供支撑服务。

上述工业互联网标识应用的成效：减少人工调度成本约 40%，配车数在 10 台及以上的线路，平均线路配车可节约 2/3 的车辆数；总体事故率预计同比下降 27.36%，违章率预计同比下降 22.79%。

### 5.4.3　服务化延伸

服务化延伸是指在生产、物流、维修等环节，通过扫描产品的标识编码从上下游企业自动获取原材料、在制品和产品的相关信息，结合数据治理，实现产品溯源、预测性维护、备品备件管理等标识应用。工业互联网标识在服务化延伸中的应用包括设备精细化管理、产品溯源、备品备件智能售后管理等。

1. 设备精细化管理

目前，工业企业大量采用的设备未网络化，因此对设备的运行状态、健康指数、用能信息等情况缺乏详细数据，难以实现精准控制和管理。在设备网络化改造过程中，可以基于标识解析实现各种智能化管理和服务。例如，电力行业，通过对发、输、变、储、用及交易等各个环节设备进行联网和赋码，可以打通各环节的信息隔阂，实现精细化管理。

例如，某企业基于标识解析体系开发智慧用能系统，在用户用能关口安装采集设备且赋予标识，并关联采集设备采集的信息。企业用户通过扫描采集设备上的标识编码，经标识解析可以获取设备的状态信息、用能信息，实现用能费用的结算和用能设备的管理维护。对于工业企业而言，智慧用能应用上线之后，通过自动识读，可减轻用能维护系统班组工作量，通过基于标识的批量线上派单、批量智能维护等模块，实现能源设备精细化、智慧化管理服务增值。

上述工业互联网标识应用的成效：通过定期线上巡查，检查各关键节点的设备状态和用能信息，极大范围地代替了原有的人工巡查的工作；企业能源系统运维人员费用支出下降 40%；能源系统导致的生产非计划停机时间缩短 30%左右。

2. 产品溯源

传统产品溯源缺乏统一标准和信息关联手段，影响不同企业间的产品信息交换与共享，“数据孤岛”普遍存在，难以满足更加复杂的企业管理需求。例如，医药行业，药品种类繁多，经营方式多样，各经营主体间相互独立，信息脱节，加大了药品安全事故发生的风险。通过赋予产品唯一标识，精确记录产品全环节信息，通过标识解析系统将跨主体信息互通，实现产品正向、逆向或不定向追踪，达到来源可查、去向可追、责任可究的目的。

例如，某制药企业通过激光打码对药品进行赋码，把原有的医药编码加入标识前缀做映射关联，与订单、生产流程进行绑定。医疗机构在药品检验合格后，将药品检查信息与药品标识绑定；在药品出库时，将订单信息与药品标识绑定，消费者通过扫描药品标识，可以获取这些信息来验证产品真伪，同时能获取衍生服务，包括企业品牌、产品知识、用药常识、会员推广等一站式服务。

上述工业互联网标识应用的成效：提升了医保监控、问题药品召回等监管能力；提高了医疗机构管理透明化和管理效率，改善了医患关系；促进了医药行业质量追溯体系的建设和完善。

#### 3. 备品备件智能售后管理

在传统备品备件管理中，主要以人工维护数据纸质单据为主，参与人员多，且存在信息数据传递滞后、操作烦琐等弊端，直接导致备品备件出入库业务运转效率低下，系统库存与实际库存差异大等问题，很难快速精准对应更换的备品备件。

备品备件智能化管理通过标识解析体系，打通备品备件采购、使用、仓储、维修等数据，可以追溯从售后服务到前期生产过程各环节中产品的信息，快速应对维保服务时发生的备件更换业务。

例如，某集团基于工业互联网标识解析体系构建装备制造行业服务平台，将核心零部件和对应备品备件进行统一赋码管理。出入库时，业务人员可直接通过扫描标识，对备品备件的出入库信息、库存信息等内容进行实时更新，并与备品备件供应商物资管理系统打通，实现物资调配协同。在售后服务中，需要对零部件进行维修或备件更换时，利用标识解析技术，可快速精准确定备品备件信息（如名称、图纸、型号规格等）及库存信息，实现即时对应，快速响应维护更换需求。同时，通过将物料的流转和出入库信息实时更新到后台数据库，对不同区域备件仓和备件种类的分析，可以快速分析出备品备件合理库存数量和库存仓库的需求量，从而对库存进行预测，大幅降低物流费用和库存量，合理对备品备件进行库存管理，显著降低企业库存成本。

上述工业互联网标识应用的成效：备品备件的领料时间从每单 30 min 缩短至每单 5 min 以内，效率提升了 6 倍；备品备件的维护成本降低 20%，维护及时率提升 35%；售后满意度提升 20%；库存降低 10%以上；对有时间周期限制类的物料（如橡胶件、易老化品等）进行先进先出的管理，库存周转率显著提升。

## 【实训演练】

微课

实训 1 操作视频

### 实训 1　使用 Word 软件制作 QR 码

【实训目的】

QR 码是二维条码的一种，正如 QR 的英文“Quick Response”的含义，QR 码可让其内容快速被解码，同时 QR 码相比一维条码可储存更多资料，也无须像一维条码般在扫描时需直线对准扫描器，是当前生活中比较流行的码，电子支付、交通、名片等诸多地方都会用到 QR 码。

本次实训的目的是使读者学会利用 Word 软件制作 QR 码，并将其指向某个内容或网址。

【实训步骤】

（1）调出“Word 选项”对话框中“开发工具”：选择“文件”→“选项”，在出现的“Word 选项”对话框中选择“自定义功能区”→“开发工具”，如图 5-23 所示。

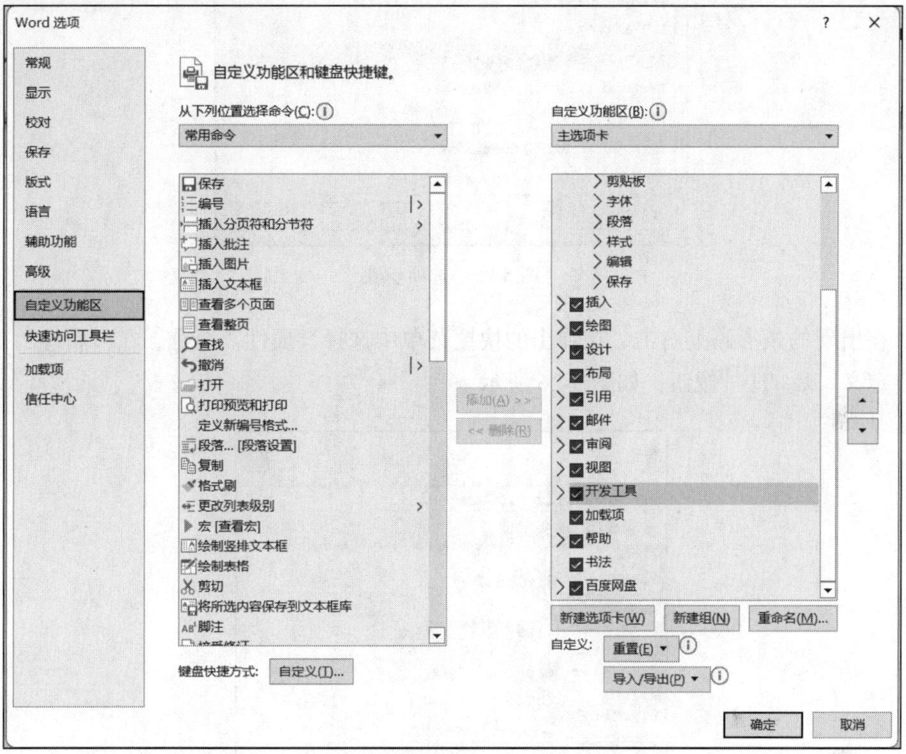


图 5-23　调出“开发工具”

（2）单击“开发工具”栏，找到控件子栏中的“ActiveX 控件-其他控件”，如图 5-24 所示。

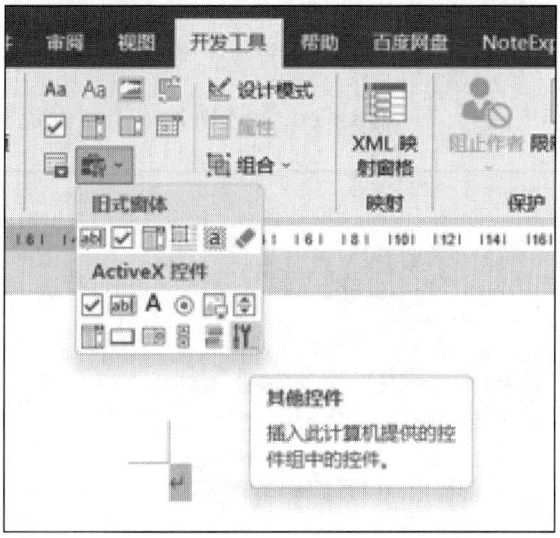


图 5-24　“ActiveX 控件-其他控件”位置

（3）在“其他控件”对话框中，选择“Microsoft BarCode Control 16.0”选项，如图 5-25 所示。

图 5-25　选项步骤

（4）在出现的条形码上右击，在弹出的快捷菜单中选择“属性”命令，在“属性”对话框中单击“自定义”后的…按钮，如图 5-26 所示。

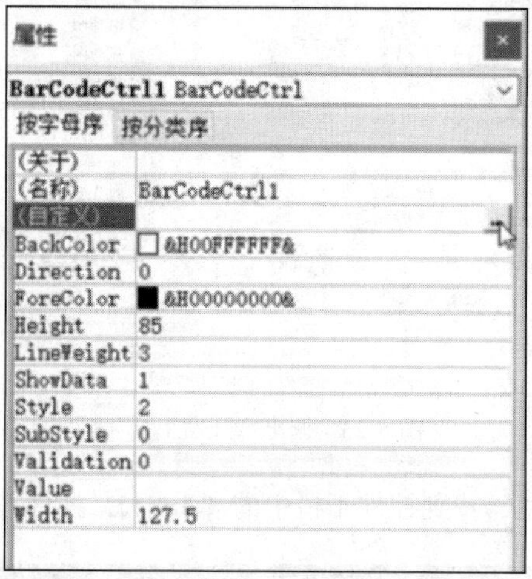


图 5-26　单击“自定义”后的…按钮

（5）在“样式”列表框中选择“11-QR Code”选项，单击“确定”按钮，如图 5-27 所示。

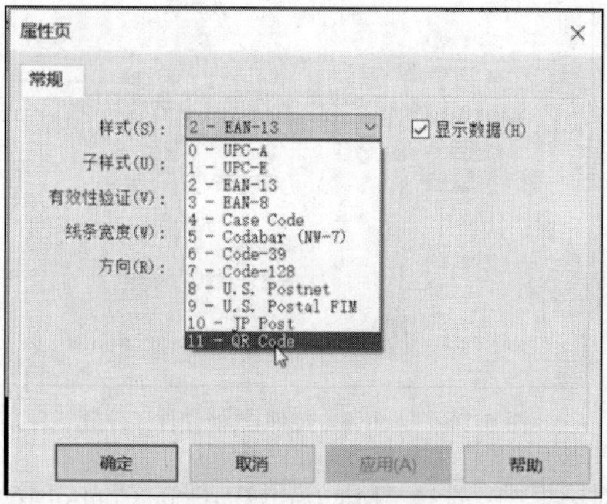


图 5-27　选择 QR 码样式

（6）在 QR 码属性中的“Value”一行输入内容或指向性网址，QR 码就制作完成了，如图 5-28 所示。

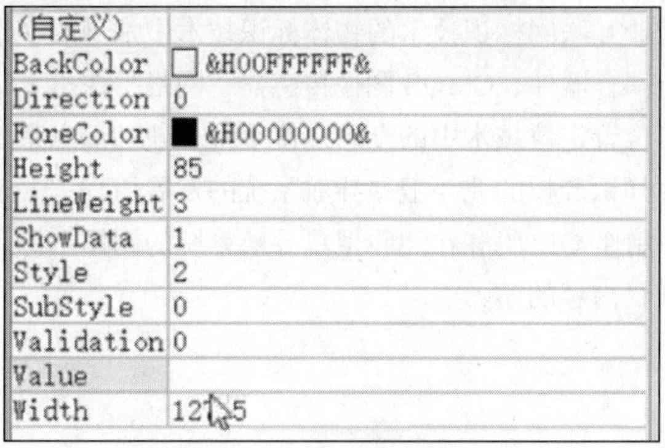
(自定义)
BackColor &H00FFFFFF&
Direction 0
ForeColor &H00000000&
Height 85
LineWeight 3
ShowData 1
Style 2
SubStyle 0
Validation 0
Value
Width

图 5-28　QR 码内容填充处

## 实训 2　北斗卫星导航系统相关事件探究

【实训目的】

通过探究北斗卫星发射事件、北斗卫星导航系统平台，深刻学习相关知识，提高爱国和国防安全意识。

【场景描述】

2023 年 5 月 17 日 10 时 49 分，我国在西昌卫星发射中心用长征三号乙运载火箭，成功发射第五十六颗北斗导航卫星。该卫星属于地球静止轨道卫星，是我国北斗三号工程的首颗备份卫星，入轨并完成在轨测试后，将接入北斗卫星导航系统。此次发射是北斗三号工程高密度组网之后，时隔 3 年的首发任务。

该卫星的发射将进一步提升系统服务性能，对推广北斗卫星导航系统特色服务、支撑北斗卫星导航系统规模应用具有重要意义。该卫星实现了对现有地球静止轨道卫星的在轨热备份，将增强系统的可用性和稳健性，提升系统现有区域短报文通信容量 1/3，提高星基增强和精密单点定位服务性能，有助于用户实现快速高精度定位。

此次发射的北斗导航卫星和配套运载火箭由中国航天科技集团有限公司所属的中国空间技术研究院和中国运载火箭技术研究院分别抓总研制。这是长征系列运载火箭的第 473 次发射。北斗系统的建设实践，走出了在区域快速形成服务能力、逐步扩展为全球服务的中国特色发展路径，丰富了世界卫星导航事业的发展模式。

【实训步骤】

（1）班内分组，团队协作完成任务。

（2）采用网上调研方式，感受北斗卫星所带来的观测角度和感受，同时详细了解中国北斗卫星导航系统的相关资讯。

（3）思考通过对北斗卫星导航系统的了解和学习后带来的启示。

（4）每组制作调研分析报告和总结 PPT 进行汇报展示，以及小组自评和组间互评。

# 【项目小结】

本项目首先介绍了工业互联网标识技术的物体标识技术中常见的一维条码、二维条码、FRID等技术；其次介绍了电荷耦合器件、CMOS图像传感器、网络摄像机3个场景记录技术中的核心元器件；再次详细介绍了位置定位技术中的全球定位系统、地理信息系统和北斗卫星导航系统，重点介绍了我国具有自主知识产权的北斗卫星导航系统的发展历程、功能、优势和主要应用领域；最后通过使用Word软件制作QR码和在北斗卫星导航系统的网站上深入学习北斗卫星导航系统的相关知识来巩固对本项目内容的学习。

# 【练习题】

1. 名词解释

（1）码制　（2）RFID　（3）CCD　（4）CMOS

（5）IPC　（6）GPS　（7）GIS　（8）BDS

2. 单选题

（1）有些码制仅能表示10个数字字符：0～9，如（　　）。

A. UPC　　B. UCC

C. 交叉25码　　D. 49码

（2）（　　）是最成熟、应用领域最广泛的一种自动识别技术。

A. 生物识别技术　　B. 条码技术

C. 语音识别技术　　D. 图像识别技术

（3）目前常用的一维条码的码制不包括（　　）。

A. 39码　　B. 25码

C. EAN　　D. 36码

（4）RFID技术是一种利用（　　）进行数据信息读写的非接触式自动识别技术或无线电技术。

A. 红外线　　B. 微波

C. 超声波　　D. 无线电波

（5）CCD图像传感器可直接将光学信号转变为（　　）信号。

A. 数字电流　　B. 模拟电流

C. 数字电压　　D. 模拟电压

（6）GPS的（　　）是指它的空间部分。

A. 地面监控系统　　B. GPS卫星星座

C. GPS信号系统　　D. GPS信号接收机

（7）按（　　）对GIS进行分类，可分为工业型GIS和应用型GIS。

A. 内容　　B. 功能

C. 数据结构　　D. 应用领域

（8）（　　）的建成，标志着北斗系统全面建设完成并开通。

A. 北斗一号系统　　B. 北斗二号系统

C. 北斗三号系统　　D. 北斗四号系统

3. 多选题

（1）一维条码的码制有（　　）。

A. EAN　　B. 25 码

C. 库德巴码　　D. 49 码

（2）矩阵式二维条码有（　　）。

A. QR 码　　B. Maxicode

C. Data Matrix　　D. PDF417

（3）我国研制的北斗卫星导航系统可应用于（　　）。

A. 搜索营救　　B. 灾害预测

C. 环境评估　　D. 城市规划

（4）下列关于工业互联网标识应用场景描述的选项有（　　）。

A. 机器直接帮助完成自动化作业　　B. 智能化生产

C. 网络化协同　　D. 个性化定制

4. 填空题

（1）一维条码通常是对物品的__________，而不是对物品的__________。

（2）RFID 具有__________、__________、__________、__________等特点。

（3）CCD 图像传感器可直接将__________转变为__________，__________经过放大和模数转换，实现图像的获取、存储、传输、处理和复现。

（4）CMOS 图像传感器具有__________、__________、__________等特点，适合大规模批量生产，适用于尺寸小、低价格、摄像质量无过高要求的应用。

（5）GPS 以全球__________颗定位人造卫星为基础，向全球各地全天候地提供__________、__________等信息。

（6）GIS 的最大特点就是__________，即对空间数据进行__________、__________、__________和__________。

（7）工业互联网标识的应用场景有__________、__________和__________。

5. 判断题

（1）PDF 417 条码是一种多层、非定长、具有高容量和纠错能力的二维条码。（　　）

（2）RFID 技术是一项易于操控、简单实用并且适用于自动化控制的应用技术，它不仅支持只读工作模式，还支持读写工作模式，可以在恶劣环境下工作。（　　）

（3）CCD 摄像器件不但具有体积小、质量轻、功耗小、工作电压低和抗烧毁等优点，而且其在分辨率、动态范围、灵敏度、实时传输和自扫描等方面具有优越性。（　　）

（4）北斗系统空间段采用 3 种轨道卫星组成的混合星座，与其他卫星导航系统相比，高轨卫星更多，抗遮挡能力强，尤其是低纬度地区性能特点更为明显。（　　）

（5）服务化延伸是指在生产、物流、维修等环节，通过扫描产品的标识编码从上下游企业自动获取原材料、在制品和产品的相关信息，结合数据治理，实现产品追溯、预测性维护、备品备件管理等标识应用。（　　）

6. 简答题

（1）举例说明现实中 RFID 技术的应用场景。

（2）简述 CCD 的工作原理。

（3）GPS 由几部分组成？每部分分别有什么内容？

（4）简述北斗卫星导航系统的主要功能和优势。

（5）简述工业互联网标识在供应链优化管理中的应用。

（6）简述工业互联网标识在产品智能售后管理中的应用。

## 【拓展演练】

2022 年 11 月 19 日，以“共助标识应用，赋能数字转型”为主题的“2022 中国 5G+工业互联网大会·工业互联网标识论坛”在武汉成功举办。会议提到，工业互联网标识解析体系作为支撑工业互联网互联互通的神经中枢，是实现工业企业数据流通、信息交互的关键枢纽，对推动工业转型升级发展具有重要意义。会议上发布了《工业互联网标识行业应用指南》，涵盖仪器仪表、服装、环保、物流、建材、化肥、煤炭 7 个行业，为垂直行业产业链相关参与方落地实施工业互联网标识应用提供了重要参考和关键支撑。

请上网查阅“2022 中国 5G+工业互联网大会·工业互联网标识论坛”相关内容，探究工业互联网标识技术的发展趋势。

# 项目6 工业互联网边缘计算

## 【项目引入】

工业互联网边缘计算技术，通过在现场终端与云服务器之间部署具有计算、存储能力的边缘节点，将云计算服务应用拓展到工业互联网的边缘。边缘计算参考架构3.0，基于模型驱动的工程方法进行设计，将系统分为3层，即云层、边缘层和现场设备层，并通过商业视图、使用视图、功能视图和部署视图来展示边缘计算架构。从全球范围来看，各国都将边缘计算作为产业数字化转型中的关键环节进行统筹部署，从政策环境构建、产业联盟建立到项目引导、试点应用等，都提出了相关举措，积极推进边缘计算的发展。

## 【知识目标】

- 理解边缘计算的概念和特征。
- 了解边缘计算发展历程中的有关模型。
- 掌握边缘计算与云计算的区别和联系。
- 了解边缘计算参考架构3.0的组成部分。
- 熟悉边缘计算参考架构3.0中的4个视图。
- 掌握工业互联网对边缘计算的需求。
- 了解边缘计算在工业互联网中的应用特点和场景。

## 【能力目标】

- 理解边缘计算的概念和实际意义。
- 能描述边缘计算参考架构3.0的各个组成部分。
- 能叙述边缘计算的应用场景。

## 【素质目标】

- 了解边缘计算技术在工业互联网中的重要作用，激发学习兴趣。
- 学习边缘计算的应用特点，增强应用科技意识。
- 培养良好的团队协作能力和沟通能力。

## 【学习路径】

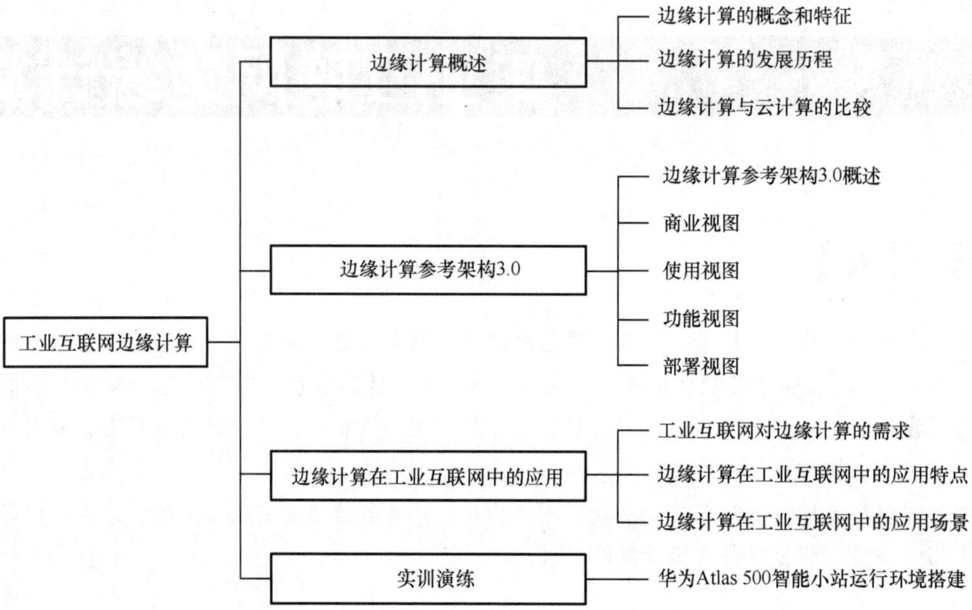


## 【知识准备】

# 6.1 边缘计算概述

随着物联网的飞速发展，万物互联的时代快速到来，各类移动设备爆炸式增长，移动互联网产业结构正在发生前所未有的深刻变化，当今时代正逐步向移动大数据时代演进。根据 IDC 预测，2025 年全球数据量将高达 175 ZB。其中，中国数据量增速最为迅猛，预计 2025 年将增至 48.6 ZB，占全球数据圈的 27.8%，平均每年的增长速度比全球快 3%。届时，中国将成为全球最大的数据圈。如此持续快速的数据量增长推动了整个计算模式的演变，增强/虚拟现实、智能驾驶、智能制造、动态内容交付等一系列资源密集、延迟敏感型应用相继出现并被广泛使用。

新兴物联网应用对网络边缘侧的实时管理和智能分析提出了更高的要求，而传统的云计算的效率不足以支持这些应用程序。边缘计算正是在这种背景下产生的，它要求数据的处理在网络边缘处进行，通过将计算能力从云数据中心扩展至网络边缘，为实现万物互联提供支持。边缘计算的产生为解决响应时间要求、节省带宽成本以及数据的安全性和隐私性等问题提供了新的方法。

### 6.1.1　边缘计算的概念和特征

1. 边缘计算的概念

有些学者用人的大脑与末梢神经的关系来形象地解释边缘计算的概念，即将云计算比喻成人的大脑，边缘计算相当于人的末梢神经。例如，当人的手被针刺到时，会下意识地将手缩回。将手缩回的过程是由末梢神经做出的快速反应，同时末梢神经会将被针刺到的信息传递给大脑，由大脑从更高层面判断受到了什么样的伤害，并指挥人体做出进一步的反应。

目前，关于边缘计算并没有形成统一的概念，表 6-1 给出了有关边缘计算的一些定义。

表 6-1　有关边缘计算的一些定义

| 学者或机构 | 定义 |
|---|---|
| 美国卡内基梅隆大学教授马哈德夫·萨蒂亚那拉亚南 | 一种新的计算模式，这种模式将接收和存储的资源（如微云、雾计算节点、微型数据中心等）部署在更贴近移动终端或传感器网络的边缘 |
| 边缘计算产业联盟 | 在靠近物或数据源头的网络边缘设置的融合网络、计算、存储、应用等核心能力的开放平台，能就近提供边缘智能服务，满足行业进行数字化在敏捷连接、实时处理、数据优化、应用智能、安全与隐私保护等方面的关键需求。它可以作为连接物理和数字世界的桥梁，使智能资产、智能网关、智能系统与智能服务成为可能 |
| OpenStack 社区 | 为应用开发者和服务提供商在网络的边缘侧提供云服务和 IT 环境服务，目标是在靠近数据输入或用户的地方提供计算、存储和网络带宽 |
| 美国韦恩州立大学计算机科学系教授施巍松 | 指在网络边缘执行计算的一种新型计算模式，边缘计算中边缘的下行数据表示云服务，上行数据表示万物互联服务，而边缘计算的边缘是指从数据源到云计算中心路径之间的任意计算和网络资源 |
| ISO | 一种将主要处理和数据存储放在网络边缘节点的分布式计算形式 |

表 6-1 中的这些定义，都强调边缘计算是一种新型计算模式，它的核心理念是“计算应该更靠近数据的源头，可以更贴近用户”。这里“贴近”一词有多种含义。首先可以表示网络距离近，这样由于网络规模的缩小使带宽、延迟、抖动等不稳定因素都易于控制和改进。其次还可以表示为空间距离近，这意味着边缘计算资源与用户处在同一个情景之中（如位置），根据这些情景信息可以为用户提供个性化服务（如基于位置信息的服务等）。网络距离与空间距离有时可能没有关联，但应用可以根据自己的需要来选择合适的计算节点。

综上所述，可以将边缘计算理解为一种新的计算模式，将在地理距离或网络距离上与用户邻近的资源统一起来，为应用提供计算、存储和网络服务。

2. 边缘计算的特征

边缘计算位于网络的边缘，即数据源附近，就近提供边缘智能服务，适应产业数字化、敏捷连接、实时业务、数据优化、应用智能、安全和隐私保护等关键需求。具体来说，边缘计算具有数据处理实时性、业务数据可靠性、应用开发多样性等特征，如图 6-1 所示。

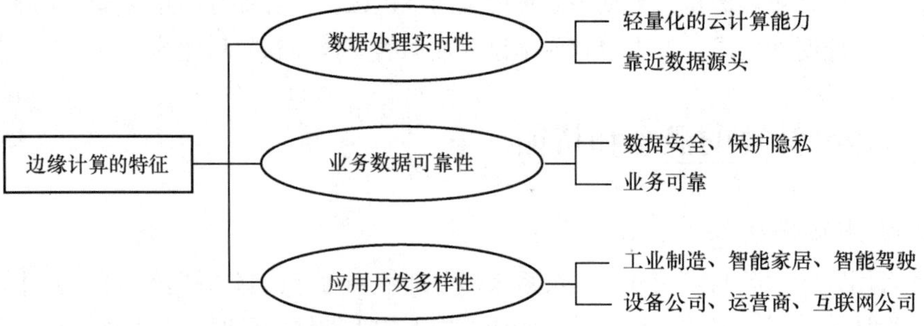


图 6-1　边缘计算的特征

（1）数据处理实时性

边缘计算兼具数据采集、分析、执行等功能，可以有效降低数据传输的延迟，提高本地 IoT 设备的工作性能和需求响应速度。边缘计算还可以加速数据流的生成，在数据创建时，智能设备和应用程序即时响应，这可以有效减少对网络带宽资源的占用，降低成本，让远程应用程序实现高效运行。

（2）业务数据可靠性

在边缘计算出现之前，用户的大部分数据都需要上传至数据中心，用户的数据尤其是隐私数据存在被泄露的风险。边缘计算可以在靠近数据源的一端处理数据，不必将数据传输到云中心处理，即便广域网因意外事故无法工作，也能保证本地业务稳定、可靠地运行。同时，用户可以将个人隐私等关键数据保留在边缘计算的数据源一端，不必将这些数据传输到公有云，这就为公共互联网带来的信息安全问题提供了有效的解决方案。

（3）应用开发多样性

边缘计算允许通过分散的计算基础结构沿通信路径分布计算资源和应用程序服务。在工业制造、智能家居、智能驾驶、智能交通、智能零售等场景，绝大部分数据将在靠近数据源的一端处理，不必传输到云中心处理。在这种情况下，用户可以结合自己的实际需求来定义 IoT 设备的应用。

对于工业互联网，边缘计算降低了应用传输、存储数据的门槛，有助于工业互联网中的设备实现自动化和智能化，加快工业互联网的落地应用。在用户需求、政策扶持和资本驱动等多种因素的影响下，边缘计算将很快进入高速发展阶段。

## 6.1.2　边缘计算的发展历程

边缘计算的发展主要经历了以下几个阶段。

（1）20 世纪 90 年代，Akamai 公司首次提出了内容分发网络（Content Delivery Network，CDN）的概念，被认为是边缘计算的最早起源。在 CDN 概念中，通过在地理位置上更接近用户的位置引入网络节点，以缓存的方式实现图像、视频等内容的高速传输。

（2）1997 年，边缘计算成功应用于移动技术的语音识别，两年后又被应用于延长手机电池的使用寿命。这一过程在当时被称为“网络搜寻”（Cyber Foraging），也就是当时苹果公司的 Siri 和谷歌语音识别的工作原理。

（3）2006 年，亚马逊首次提出弹性计算云的概念，在计算、可视化和存储等方面开启了许多新的机遇。

（4）2009 年，美国卡内基梅隆大学教授马哈德夫·萨蒂亚那拉亚南等提出了基于微云（Cloudlet）的体系架构，它是一种受信任、资源丰富的计算机集群，分散并广泛分布，其计算和存储资源可以被附近的移动计算机使用，即把云服务器的计算迁移到靠近用户的 Cloudlet 上，通过移动终端与 Cloudlet 的近距离交互降低网络时延并提高服务质量。

（5）2012 年，思科公司提出了雾计算的概念，其定义为迁移云计算中心任务到网络边缘设备执行的一种高度虚拟化的计算平台。提出雾计算的目的是克服云计算架构由于计算从用户侧集中到数据中心，让计算远离了数据源而带来计算延迟、拥塞、低可靠性和安全攻击等问题。因此，雾计算就是本地化的云计算，是云计算的补充。云计算更强调计算的方式，雾计算更强调计算的位置。

（6）2014 年，欧洲电信标准协会（ETSI）成立移动边缘计算规范工作组，推动边缘计算标准化。2016 年，ETSI 启动了多接入边缘计算（Multi-Access Edge Computing，MEC）标准化参考模型项目，基本思想就是把云计算平台从移动核心网络内部迁移到移动接入网边缘，实现计算及存储资源的弹性利用。

在计算模型的演进过程中，边缘计算紧随面向数据的计算模型的发展。在面向数据的计算模型研究中，典型的计算模型有分布式数据库模型、点对点（Peer to Peer，P2P）模型、CDN 模型、移动边缘计算模型、雾计算模型和海云计算模型等。

### 1. 分布式数据库模型

分布式数据库模型是数据库技术和网络技术两者结合的结果，在大数据时代，数据种类和数量的增长使得分布式数据库成为数据存储和处理的核心技术之一。分布式数据库部署在自组织网络服务器或分散在互联网、企业网或外部网以及其他自组织网络的独立计算机上。数据存储在多台计算机上，分布式数据库操作不局限于单台的机器，而允许在多台机器上执行事务交易，以此来提高数据库访问的性能。

按照进行处理的数据类型，分布式数据库主要包括关系（SQL）、非关系（NoSQL）、基于可扩展标记语言（XML）以及 NewSQL 分布式数据库。其中，NoSQL 和 NewSQL 分布式数据库使用较为广泛。

NoSQL 分布式数据库是一种具有实时性、复杂分析、快速查询等特征的，面向大数据环境下海量数据存储的关系分布式数据库，主要为满足大数据环境下，海量数据对数据库高并发、高效存储访问、高可靠性和高扩展性的需求，可将其分为键值存储类数据库、列存储数据库、文档型数据库、图形数据库等。

相较于边缘计算，分布式数据库提供大数据环境下的数据存储，较少关注其所在设备端的异构计算和存储能力，主要用于实现数据的分布式存储和共享。分布式数据库计算所需的空间较大且数据的隐私性较低，对于基于多数据库的分布式事务处理而言，数据的一致性技术是分布式数据库所要面对的重要挑战。

### 2. P2P 模型

P2P 计算（Peer-to-Peer Computing，对等计算）不仅与边缘计算紧密相关，而且是较早将计算迁移到网络边缘的一种文件传输技术。P2P 这个术语早在 2000 年就被提出了，并用于实现文件共享系统。此后，逐渐发展成分布式系统的重要子领域，其中分散化、最大化可扩展性、容忍较高层节点流失以及防止恶意行为等是 P2P 主要的研究主题。

在 P2P 模型中，每台计算机（节点）具有相同的功能，没有主从之分，既没有专用服务器，也没有专用工作站。每个节点既充当服务器为其他节点提供服务，又享用其他节点提供的服务，其模型如图 6-2 所示。P2P 的特点包括去中心化、鲁棒性、可扩展性、高性价比、负载均衡等。

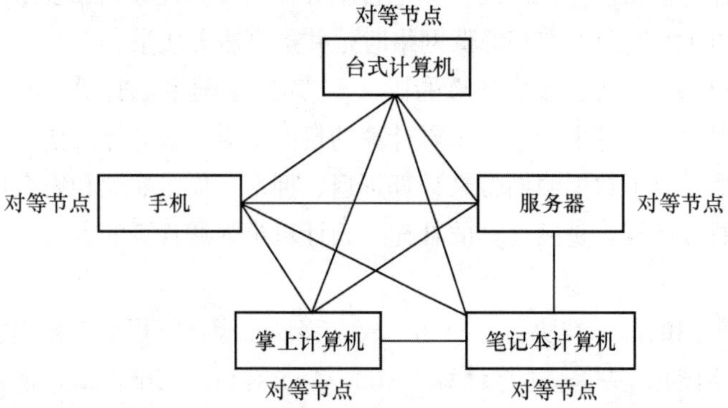


图 6-2　P2P 模型

（1）去中心化：P2P 中每个节点既是服务器又是客户端，通过节点间的协作，信息的传递和服务直接在节点之间进行，因此可以有效地避免 C/S 模式中的网络瓶颈问题。

（2）鲁棒性：P2P 具有较好的鲁棒性，主要体现在耐攻击和高容错两方面。在 P2P 中，当部分节点被破坏或失效时，对整个网络的整体影响不大，能够自动调整系统拓扑结构，保持整个对等网络中节点的连接。P2P 系统可以根据节点数量、网络负载、网络带宽等的变化，不断地进行适应调整。

（3）可扩展性：P2P 具有很高的扩展性。随着网络节点数量的增加，相应的网络通信开销将由更多的节点分担，因此每个节点所承担的负荷不会很大。

（4）高性价比：计算机硬件技术飞速发展，计算机的计算能力、存储能力、网络带宽能力越来越强，P2P 技术有效地利用了因特网上空置的计算机资源，把存储资料和计算任务分散到网络中的节点上，所以 P2P 具有很高的性价比。

（5）负载均衡：由于 P2P 中每个节点既是服务器又是客户端，因此减少了传统 C/S 模式对中央服务器的依赖，通过节点间的协助来完成资源和服务的提供，可以有效地避免单点故障和网络拥塞问题，很好地实现整个网络的负载均衡。

3. CDN 模型

CDN 是 1998 年 Akamai 公司提出的一种基于互联网的缓存网络，通过在网络边缘部署缓存服务器来降低远程站点的数据下载延时、加速内容交付等，得到了学术界和工业界的高度关注并快速发展。

近年来，研究人员实现了一种新的体系结构模型——主动内容分发网络（Active Content Distribution Network，ACDN），作为对传统的 CDN 的一种改进，帮助内容提供商免于预测预先配置的资源和决定资源的位置。ACDN 允许应用部署在任何一台服务器上，通过设计一些新算法，根据需要进行应用在服务器之间的复制和迁移。

我国学术界也在深入研究 CDN 优化技术，如清华大学团队设计和实现的边缘视频 CDN，其提出利用数据驱动的方法组织边缘内容热点。我国产业界也涌现出许多 CDN 服务公司，如蓝汛（ChinaCache）、网宿科技等。

在早期的边缘计算中，“边缘”仅限于分布在世界各地的 CDN 缓存服务器，但是目前的边缘计算的发展远远超出了 CDN 的范畴，边缘计算模型的“边缘”不再局限于边缘节点，还包括从数据源到云计算中心路径之间的任意计算、存储和网络资源。需要说明的是，边缘计算更加强调计算功能，而不只是早期 CDN 中的静态内容分发。

4. 移动边缘计算模型

物联网的发展实现了网络中多类型设备之间的互联（如智能手机、平板计算机、无线传感器、可穿戴的智能设备等），而大多数网络边缘设备的能量和计算资源是有限的，这使得万物互联的设计变得尤为困难。移动边缘计算（Mobile Edge Computing，MEC）是在接近移动用户的无线接收范围内，提供信息技术服务和云计算能力的一种新型网络结构，它已成为一种标准化、规范化的技术。

2014 年，ETSI 提出移动边缘计算术语的标准化，并指出移动边缘计算提供一种新的生态系统和价值链。利用移动边缘计算，可以将密集型移动计算任务迁移到附近的网络边缘服务器。由于移动边缘计算位于无线接入网内，并且贴近移动用户，因此可以实现较低延时、较高带宽来提高服务质量和用户体验。移动边缘计算也是发展 5G 的一项关键技术，有助于从延时、可编程性、扩展性等方面满足 5G 的高标准要求。移动边缘计算通过在网络边缘部署服务和缓存，中心网络不仅可以减少拥塞，还能高效地响应用户请求。移动边缘计算已经被应用到车联网、物联网网关、辅助计算、智能视频加速、移动大数据分析等多种场景。

移动边缘计算模型强调在云计算中心与边缘计算设备之间建立边缘服务器，在边缘服务器上完成终端数据的计算任务，但移动边缘终端设备基本是被认为不具有计算能力的。相较而言，边缘计算模型中的终端设备具有较强的计算能力，因此，移动边缘计算类似一种边缘计算服务器的架构和层次，作为边缘计算模型的一部分。

5. 雾计算模型

2012 年思科公司将雾计算定义为一种高度虚拟化计算平台，其中心思想是将云计算中心任务迁移到网络边缘设备上。

作为对云计算的补充，雾计算在终端设备和传统云计算中心之间提供计算、存储、网络服务。它是一种面向物联网的分布式计算基础设施，可将计算能力和数据分析应用扩展至网络“边缘”，它使客户能够在本地分析和管理数据，从而通过连接获得即时的信息。西班牙教授巴克罗（Vaquero）对雾计算进行了较为全面的定义，雾计算通过在云和移动设备之间引入中间层，扩展基于云的网络结构，而中间层实质是由部署在网络边缘的雾服务器组成的“雾层”。雾计算避免云计算中心和移动用户之间的多次通信。通过雾计算服务器，可以显著减少主干链路的带宽负载和耗能，在移动用户量巨大时，可以访问雾计算服务器中缓存的内容，请求一些特定的服务。此外，雾计算服务器可以与云计算中心互联，并使用云计算中心强大的计算能力以及丰富的应用和服务。

边缘计算和雾计算的概念具有很大的相似性，在很多场合表示的是相同或相似的意思。仔细区分二者，边缘计算除了关心基础设施，还关心边缘设备，更强调边缘智能的设计和实现；而雾计算更关注后端分布式共享资源的管理。

6. 海云计算模型

在万物互联的背景下，待处理数据量将达到 ZB 级，信息系统的感知、传输、存储和处理的能力必须有大幅度的提高。针对这一挑战，中国科学院于 2012 年启动了 10 年战略优先研究倡议，称为下一代信息与通信技术（Next Generation Information and Communication Technology，NICT）倡议。

该倡议的主旨是要开展“海云计算系统项目”的研究，其核心是通过云计算系统和海计算系统的协同与集成，增强传统云计算能力。其中，“海”端指由人类本身、物理世界的设备和子系统组成的终端（客户端）。“海云计算系统项目”的目标是实现面向 ZB 级数据处理的能效要比现有的技术提高 1000 倍，研究内容主要包括从整体系统结构层、数据中心级服务器及存储系统层、处理器芯片级等角度提出系统级解决方案。

与边缘计算相比，海云计算关注“海”的终端设备，而边缘计算关注从“海”到“云”数据路径之间的任意计算存储和网络资源，海云计算是边缘计算的一个非常好的子集实例。

### 6.1.3 边缘计算与云计算的比较

云计算显著的优势在于全局性、非实时、长周期的大数据处理与分析；而边缘计算更适用于局部性、实时、短周期数据的处理与分析，对本地业务的实时智能化决策有更好的支持。因此，边缘计算与云计算之间不是替代关系，而是互补协同关系，二者相辅相成，为行业发展提供助力，只有二者协同应用，才能满足社会发展的需要。不管是边缘计算还是云计算，其实都是处理大数据的一种方式，边缘计算是对云计算的一种补充和优化。简言之，云计算把握整体，边缘计算更专注局部。边缘计算与云计算比较如表 6-2 所示。

表 6-2　边缘计算与云计算比较

| 比较内容 | 边缘计算 | 云计算 |
|---|---|---|
| 架构 | 分布式 | 集中式 |
| 目标应用 | 物联网或移动应用 | 一般互联网应用 |
| 服务器节点的位置 | 边缘网络（如网关、Wi-Fi 接入点、蜂窝基站等） | 数据中心 |
| 客户端与服务器的通信网络 | 无线局域网、4G/5G 等 | 广域网 |
| 网络延迟 | 低 | 高 |
| 实时性 | 高 | 低 |
| 可服务的设备（用户）数量 | 数十亿 | 数百万 |
| 提供的服务类型 | 基于本地的信息 | 基于全局的信息 |
| 位置感知 | 支持 | 不支持 |

从表 6-2 中可以看出，边缘计算和云计算都是对数据进行处理的方式，但是二者的应用场景和特点不同。边缘计算是在数据源头的物理边缘进行的，其优点是减少了数据在网络上转移的步骤，所产生的网络服务也会更快，缺点则是需要自行处理大量的数据，因此对硬件的要求比较高；云计算是指通过网络把众多数据计算处理程序分解，通过服务器组成的系统把这些分解的小程序进行处理分析来得到结果，其优点是不需要单独在数据中心旁设置庞大的硬件配套，缺点则是数据需要远距离地传递，在处理时滞上有一定劣势。

## 6.2 边缘计算参考架构 3.0

在边缘计算参考架构 2.0（2017 年）的基础上，2018 年 11 月边缘计算产业联盟与工业互联网产业联盟联合发布了边缘计算参考架构 3.0。该版本继续以 ISO/IEC/IEEE 42010：2011（已废止）

架构定义国际标准为指导，经过补充完善形成了商业视图、使用视图、功能视图、部署视图等内容。本节将以边缘计算参考架构 3.0 为基础来介绍边缘计算的参考架构。

## 6.2.1　边缘计算参考架构 3.0 概述

### 1. 边缘计算参考架构的组成

边缘计算参考架构 3.0 基于模型驱动工程（Model-Driven Engineering，MDE）的方法进行设计，如图 6-3 所示。

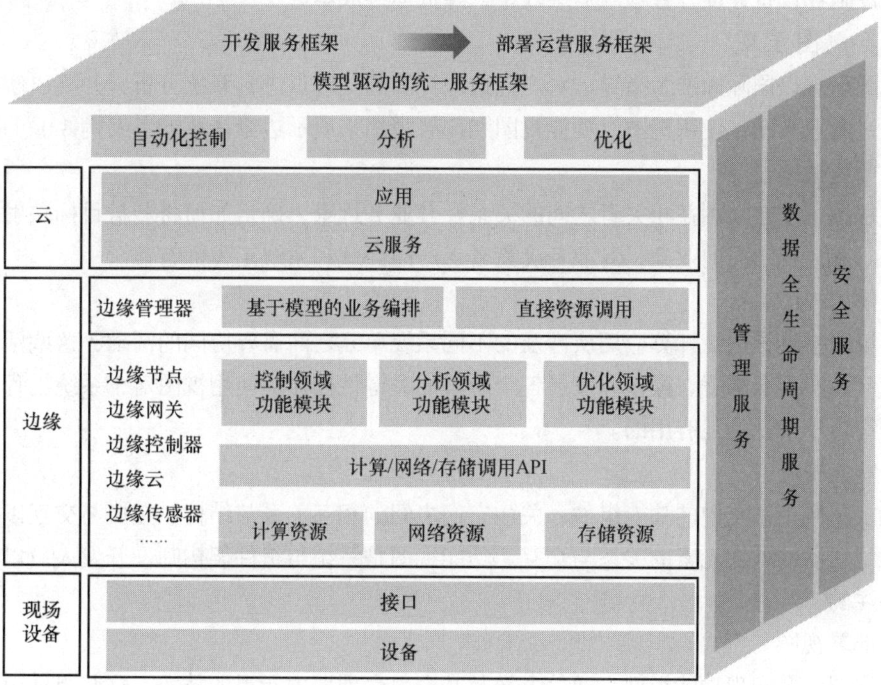


图 6-3　边缘计算参考架构 3.0

基于模型可将物理世界和数字世界的知识模型化，从而实现以下目标。

（1）物理世界和数字世界的合作。

（2）跨产业的生态合作。

（3）减少系统异构性，简化跨平台移植流程。

（4）有效支撑系统的全生命周期活动。

边缘计算参考架构 3.0 主要包括如下内容。

（1）边缘计算参考架构 3.0 将系统分为 3 层，即云层、边缘层和现场设备层。边缘层位于云层与现场设备层之间，向下支持各种现场设备的接入，向上与云端数据中心连接。

（2）边缘层包括两个部分，即边缘节点和边缘管理器。边缘节点是硬件实体，是承载边缘计算业务的核心；边缘管理器是软件，其主要功能是对边缘节点进行统一管理。

（3）边缘节点根据业务侧重点和硬件特点主要可以分为以下几个部分。

① 边缘网关：负责数据包处理与网络协议转换。

② 边缘控制器：支持实时闭环控制业务。

③ 边缘云：负责大规模数据处理。

④ 边缘传感器：设置在现场的各种传感器、执行器、用户终端设备等，负责信息采集和处理。

（4）边缘节点一般具有计算、存储和网络资源，边缘计算系统对资源的使用有两种方式：一种方式是直接对计算、存储、网络资源进行封装，提供调用接口，边缘管理器以代码下载、网络策略配置、数据库操作等方式使用边缘节点资源；另一种方式是将边缘节点的资源按功能封装成功能模块，边缘管理器通过模型驱动的业务编排方式组合和调用功能模块，实现边缘计算业务的一体化开发和敏捷部署。

（5）边缘计算必须提供统一的管理服务、数据全生命周期服务和安全服务，以便处理各种异构的基础设施和设备，提升管理与运维效率，降低运维成本。

2. 多视图呈现

多视图呈现以国际标准为指导，对产业边缘计算的关注点进行系统分析，并提出解决措施和框架，通过商业视图、使用视图、功能视图和部署视图来展示边缘计算参考架构 3.0。

（1）商业视图

商业视图用于建立利益相关者之间的关系及其业务远景，确定如何将利益目标映射到基本系统功能中。商业视图面向业务，对业务决策者、产品经理和系统工程师有益。

（2）使用视图

使用视图描述了边缘计算应用所涉及的不同系统单元之间需要协同的活动，这些活动描述了系统的设计、实现、部署、操作和发展各个阶段的关键性操作。使用视图对于系统工程师、产品经理和最终客户来说是很有用的。

（3）功能视图

功能视图侧重系统中的功能组件，关注它们之间的相互关系与结构、接口与交互以及系统与支持该系统活动的外部元素的关系与交互。功能视图是系统与组件架构师、开发人员以及系统集成商所关注的。

（4）部署视图

部署视图涉及实现功能组件、通信方案及其全生命周期内所需的技术。这些组件由使用视图中的活动协调，并支持商业视图中的功能。部署视图是系统与组件架构师、开发人员、系统集成商以及系统操作员所关注的。

## 6.2.2 商业视图

商业视图从商业角度出发，聚焦利益相关者的愿景、价值观和目标，并将利益目标映射到基本系统功能中，最终获得自动化控制、分析和优化等边缘计算系统的核心需求。

为了确定、评估并解决边缘计算的商业化问题，引入应用场景、价值、关键目标、基本功能、系统需求等概念，并确定它们之间的逻辑关系，如图 6-4 所示。

（1）应用场景是企业决策者对未来发展方向的具体表达，描述了边缘计算的典型应用领域。

（2）价值是确定企业决策者设定的应用场景的合理性，即场景推导出价值，价值再验证应用场景。

（3）关键目标是用于实现价值的可量化技术指标，价值推导出关键目标，关键目标是价值的交付。

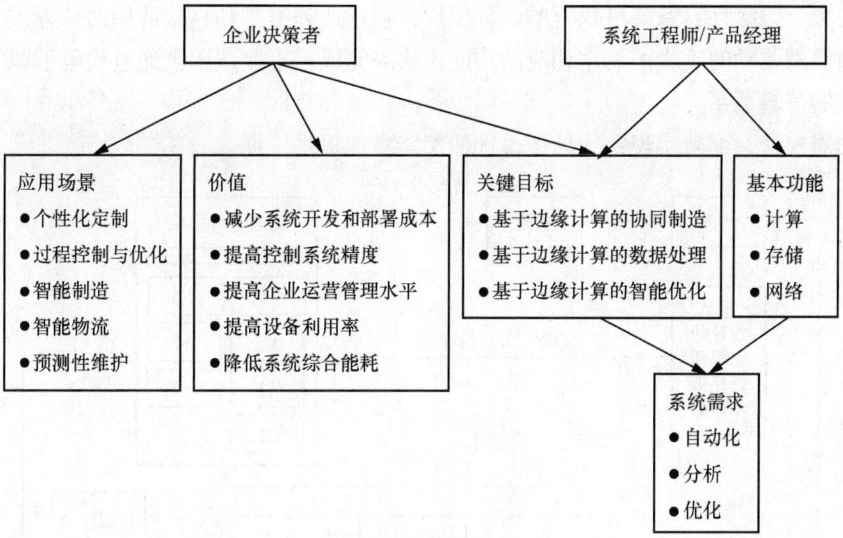


图 6-4　边缘计算的商业视图

（4）基本功能是边缘计算参考架构 3.0 根据关键目标对网络基础资源能力提出的基本要求，主要包括对计算、存储、网络能力的要求。

（5）系统需求是由关键目标和基本功能推导出的系统基本需求模块，边缘计算参考架构可以归纳出 3 个需求，即分布式自动化、分析和优化。

企业决策者关注的生产过程优化、个性化定制、提高企业运营管理水平以及关键目标等问题，旨在降低生产成本，提高企业生产效率，实现协同制造和智能优化；系统工程师/产品经理关注的是关键目标和基本功能。关键目标是系统工程师/产品经理要实现的开放目标，基本功能是确认开发目标的合理性技术，即关键目标推导出基本功能，基本功能支持关键目标。系统需求是商业视图的主要部分，同时是商业视图和使用视图的衔接部分。商业视图的关键目标和基本功能推导出使用视图的系统需求，系统需求反过来支持关键目标和基本功能。

### 6.2.3　使用视图

边缘计算的使用视图用于指导如何实现可靠、复杂的边缘计算系统应用与功能。参与边缘计算系统的各个生命周期的多类用户对能够实现其预期目标的业务流程进行定义，为后续的系统设计和实施提供指导。图 6-5 所示为边缘计算的使用视图。

边缘计算的使用视图主要包括以下内容。

（1）角色：边缘计算的全生命周期内涉及的多种用户类型，即系统的业主、设计师、工程师、操作员、维护员等，对边缘计算系统进行管理、定义、设计、实现、操作监控和维修保养。

（2）权限：从系统安全的角度，限定不同角色的人员对边缘计算系统的访问权限。

（3）边缘计算系统：系统在不同生命周期阶段的设计、部署、结构、行为、状态、维护和运行等。

（4）场景：用户定义的各类业务流程的需求情景，包括个性化定制、过程控制与优化、预测性维护等。边缘计算强调边缘智能，场景的核心元素包括时间、空间、触发条件、结果和约束。

（5）流程：由节点和有向连接描述的流程图，其中节点代表任务，有向连接代表任务之间的逻辑次序。

（6）业务：边缘计算系统可执行的任务模块，包括业务编排和直接调用两种方式。其中，业务编排按照模型驱动的流程图调用相应的功能模块来完成；直接调用则通过代码下载等方式，完成流程规定的逻辑关系。

（7）功能模块、部署实现：为后续设计的功能实现提供依据。

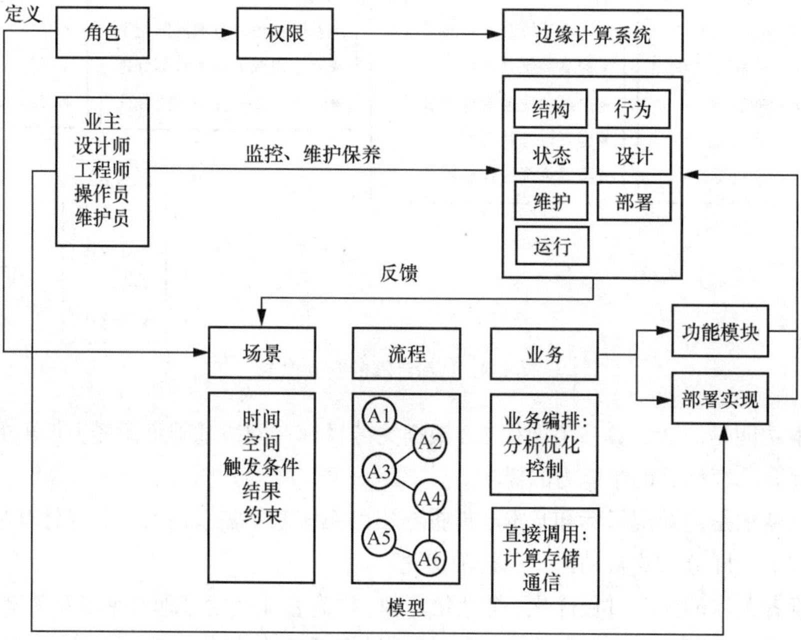


图 6-5　边缘计算的使用视图

## 6.2.4　功能视图

边缘计算的功能视图包含 4 个层次：基础资源、功能领域、边缘管理、边缘服务，如图 6-6 所示。

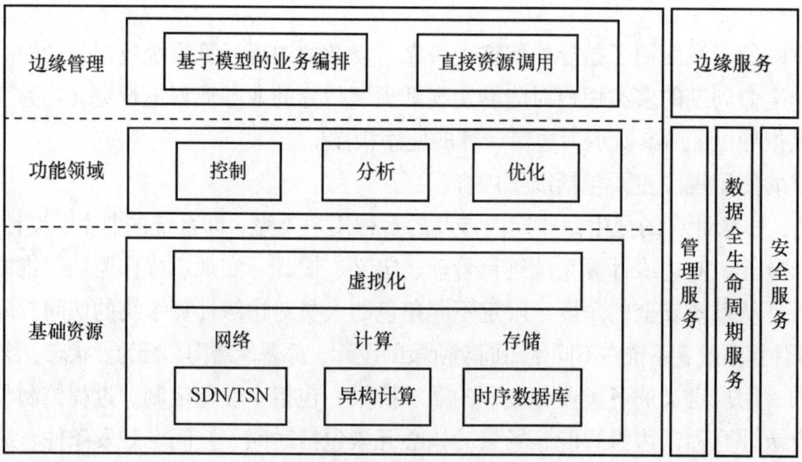


图 6-6　边缘计算的功能视图

### 1. 基础资源

基础资源包括网络、计算和存储 3 个基础模块，以及虚拟化。

（1）网络

边缘计算的业务执行离不开通信网络的支持。TSN 和 SDN 是边缘计算网络部分的重要基础资源。为了提高网络连接需要的传输时间确定性与数据完整性，国际标准组织 IEEE 制定了 TSN 系列标准，针对实时优先级、时钟等关键服务定义了统一的技术标准，它是工业以太网连接未来的发展方向。

目前，SDN 逐步成为网络技术发展的主流，其设计理念是将网络的控制平面与数据转发平面进行分离，并实现可编程化控制。将 SDN 应用于边缘计算，可支持百万级海量网络设备的接入与灵活扩展，提供高效、低成本的自动化运维管理。

（2）计算

异构计算（Heterogeneous Computing，HC）是边缘侧关键的计算硬件架构。近年来，物联网应用的普及使得信息量爆炸式增长，而且 AI 技术应用增加了计算的复杂度，这些对计算能力都提出了更高的要求。计算要处理的数据种类也日趋多样化，边缘设备既要处理结构化数据，也要处理非结构化数据。由于边缘计算节点包含大量不同类型的计算单元，因此成本成为关注点。为此，业界提出将不同指令集和不同体系架构的计算单元协同起来的异构计算方法，以充分发挥各种计算单元的优势，实现性能、成本、功耗、可移植性等方面的均衡。

（3）存储

物联网感知数据是按照时间序列存储完整的历史数据，这类数据对时间顺序的依赖性很强。同一数据在不同时刻会有不同的意义和价值。时序数据库（Time Series Database，TSDB）是存放时序数据（包含数据的时间戳等信息）的数据库，并且支持时序数据的快速写入、连续性、多维度的聚合查询等基本功能。为了确保数据的准确性和完整性，时序数据库需要不断插入新的时序数据，而不是更新原有数据。

（4）虚拟化

虚拟化技术降低了系统开发和部署的成本，已经开始从服务器虚拟化向嵌入式系统虚拟化的方向发展。虚拟化是指将物理的计算、存储与网络资源转换为虚拟的计算、存储与网络资源，并将它们放置在统一的资源池中，典型的虚拟化技术包括虚拟机与虚拟机管理器。

### 2. 功能领域

边缘计算的功能模块具有控制、分析和优化 3 种功能。

（1）控制功能

控制功能模块结构如图 6-7 所示。

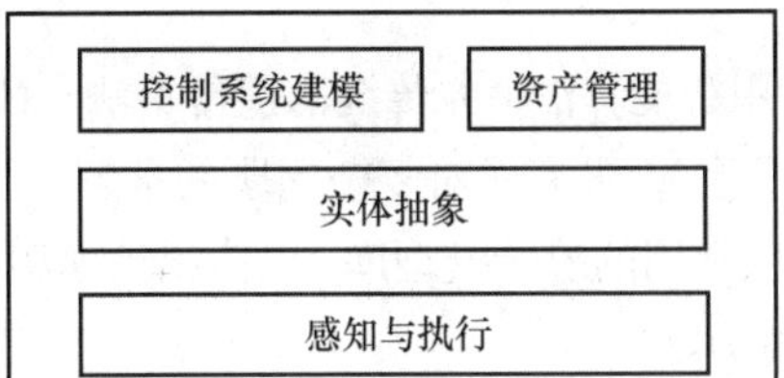


图 6-7　控制功能模块结构

在工业互联网边缘计算场景中，控制是重要的核心功能。控制系统要求对环境可感知且执行要全面、实时和准确。因此，大规模复杂控制系统对控制器的计算能力和实时响应能力要求严格，利用边缘计算增强本地计算能力，降低由云集中式计算带来的响应延迟是面向大规模复杂控制系统的有效解决方案。

控制功能主要包括对环境的感知与执行、实体抽象、控制系统建模、资产管理等。

① 感知与执行：感知是指从传感器中读取环境信息；执行是指向执行器中写入由环境变化引起的相应操作。感知与执行的物理实现通常由一组专用硬件、固件、设备驱动程序和API组成。

② 实体抽象：在一个更高的层次通过虚拟实体表征控制系统中的传感器、执行器、同级控制器和系统，并描述它们之间的关系，其中还包含系统元素之间消息传递过程中消息的语义。通过实体抽象，一方面易于控制系统上下文表征，理解感知信息和执行信息的含义；另一方面虚拟实体将系统硬件软件化和服务化，从而使得系统构建过程中可以纵向将硬件、系统功能和特定应用场景组合，增加开发的灵活性，提高开发效率。

③ 控制系统建模：通过解释和关联从环境（包括传感器、网络设备）中获取的数据，达到理解系统的状态、转换条件和行为的目的。建模的过程是从定性了解系统的工作原理及特性到定量描述系统的动态特性的过程。

④ 资产管理：对控制系统操作的管理，包括系统上线、配置、执行策略、软硬件更新以及其他系统全生命周期管理。

（2）分析功能

分析功能模块结构如图6-8所示，主要包括流数据分析、视频图像分析、智能计算和数据挖掘等。

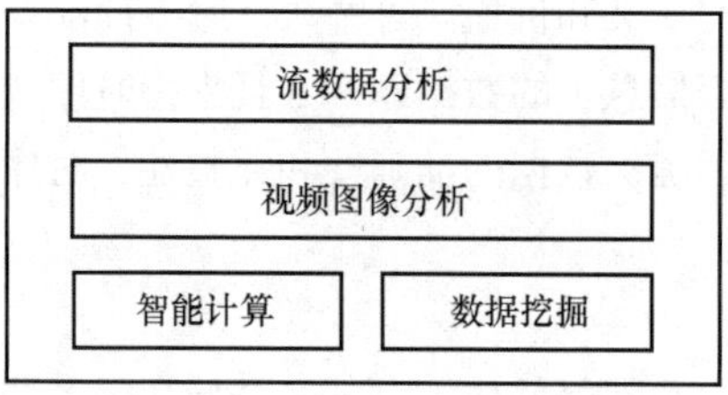


图6-8　分析功能模块结构

① 流数据分析：可对数据进行即时处理，快速响应事件并满足不断变化的业务条件与需求。针对流数据具有的大量、连续、快速、随时间变化快等特点，流数据分析需要能够过滤无关数据，进行数据聚合和分组，快速提供跨流关联信息，将元数据、参考数据和历史数据与上下文的流数据相结合，并能够实时监测异常数据。

② 视频图像分析：对于海量非结构化的视频数据，在边缘侧可提供实时的图像特征提取、关键帧提取等基础功能。

③ 智能计算：在边缘侧应用智能算法（如传统的遗传算法、蚁群算法、粒子群算法，与人工智能相关的神经网络、机器学习等），可完成对复杂问题的求解。

④ 数据挖掘：在边缘侧提供常用的统计模型库，支持统计模型、机理模型等模型算法的集成，支持轻量的深度学习等模型训练方法。

（3）优化功能

边缘计算优化功能涵盖场景应用的多个层次，优化功能模块结构如图6-9所示。

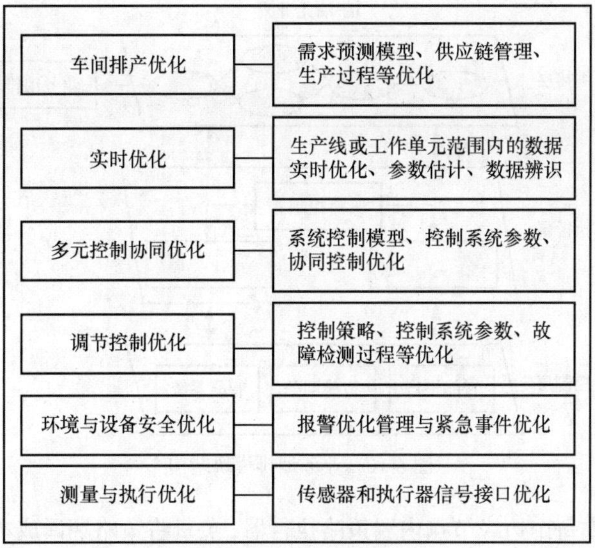


图 6-9　优化功能模块结构

① 测量与执行优化：对传感器和执行器信号的接口进行优化，减少通信数据量，保障信号传递的实时性。

② 环境与设备安全优化：对报警事件进行优化管理，尽可能早地发现问题并做出响应；优化紧急事件处理方式，简化紧急响应条件。

③ 调节控制优化：对控制策略、控制系统参数（如 PID 算法）、故障检测过程等进行优化。

④ 多元控制协同优化：对预测控制系统的控制模型、多输入多输出（Multiple-Input Multiple-Output，MIMO）控制系统的参数矩阵以及多个控制器组成的分布式系统的协同控制进行优化。

⑤ 实时优化：对生产线或工作单元范围内的数据进行实时优化，以实现参数估计和数据辨识等功能。

⑥ 车间排产优化：主要包括需求预测模型优化、供应链管理优化、生产过程优化等。

### 3. 边缘管理

边缘管理包括基于模型的业务编排以及直接资源调用，且采用相同配置模式来进行管理，包括分配版本号、保存配置变更信息等。下面以模型为例来展示边缘管理功能。

（1）基于模型的业务编排

边缘计算参考架构 3.0 基于模型的业务编排，通过架构、功能需求、接口需求等模型定义，支持模型和业务流程的可视化呈现，支持基于模型生成多语言的代码；通过集成开发平台和工具链集成边缘计算领域模型与垂直行业领域模型；支持模型库版本管理。业务编排模块一般分为 3 层，即业务编排层、策略执行层和策略控制层，如图 6-10 所示。

① 业务编排器。业务编排器负责定义业务组织流程，一般部署在云端（公有云/私有云）或本地（智能系统上）。业务编排器提供可视化的工作流定义工具，支持增删改查（CRUD）操作。业务编排器能够基于和复用开发服务框架已经定义好的服务模板、策略模板进行业务编排。在下发业务流程给策略控制器前，业务编排器能够完成工作流的语义检查和策略冲突检测等工作。

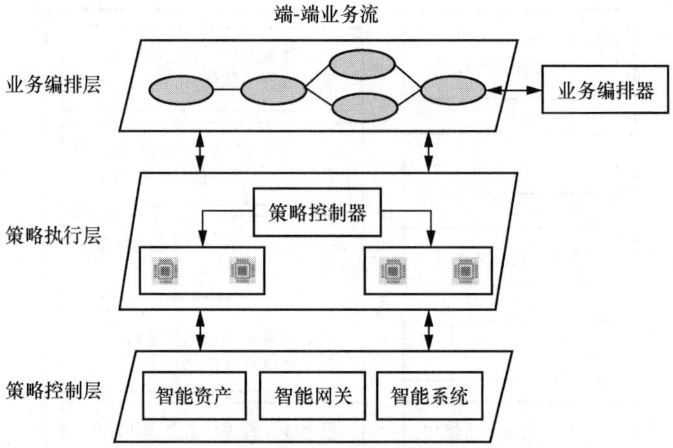


图 6-10　业务编排模块结构

② 策略执行器。在每个边缘节点内置策略执行器，负责将策略翻译成本设备命令并在本地调度执行。边缘节点既支持由策略控制器推送策略，也支持主动向策略控制器请求策略。策略可只关注高层次业务需求，而不对边缘节点进行细粒度控制，从而保证边缘节点的自主性和本地事件响应处理的实时性。

③ 策略控制器。为了保证业务调度和控制的实时性，在网络边缘侧部署策略控制器，以实现本地就近控制。策略控制器按照一定策略，结合本地的边缘功能模块所支持的服务与能力，将业务流程分配给本地的一个或多个边缘功能模块以完成具体实施工作。考虑到边缘计算领域和垂直行业领域需要不同的知识与系统实现，策略控制器的设计和部署通常需要分域。由边缘计算领域的策略控制器负责对安全、数据分析等边缘计算服务进行部署。对于涉及垂直行业业务逻辑的部分，由垂直行业领域的策略控制器进行分发调度。

（2）直接资源调用

直接资源调用是指通过代码管理、网络管理、数据库管理等方式直接操作或调用相应资源，来完成对应的管理任务。

① 代码管理包括对功能模块或代码进行存储、更新、检索、增加、删除及版本控制等操作。

② 网络管理是指可在高层上对大规模计算网络和工业现场网络进行维护与管理，实现对网络资源的控制、规划、分配、部署、监控和编排。

③ 数据库管理是指针对数据库的建立、调整、组合、数据安全性控制、完整性控制、故障恢复和监控等进行全生命周期的操作。

## 4. 边缘服务

边缘计算参考架构 3.0 中的边缘服务包括管理服务、数据全生命周期服务和安全服务。

（1）管理服务

边缘计算参考架构 3.0 支持面向终端设备、网络设备、服务器、存储设备、数据、业务与应用的隔离、安全、分布式架构的统一管理服务。

（2）数据全生命周期服务

边缘计算参考架构 3.0 支持面向工程设计、集成设计、系统部署、业务与数据迁移、集成测试、集成验证与验收等全生命周期服务。

边缘数据是在网络边缘侧产生的数据，包括机器运行数据、环境数据以及信息系统数据等，具有高通量（瞬间流量大）、流动速度快、类型多样、关联性强、分析处理实时性要求高等特点。

数据全生命周期主要包括数据预处理、数据分析、数据分发与策略执行和数据可视化与存储等环节，如图 6-11 所示。

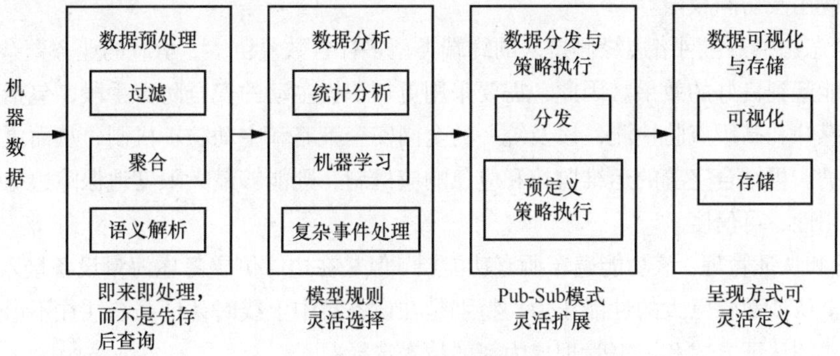


图 6-11　数据全生命周期环节

① 数据预处理：对原始数据进行过滤、清洗、聚合、质量优化（剔除坏数据等）和语义解析等操作。

② 数据分析：对静态数据进行统计分析，利用机器学习模型对数据进行分析和对复杂事件进行处理。

③ 数据分发与策略执行：基于预定义规则和数据分析结果，在本地进行策略执行，或者将数据转发给云端或其他边缘节点进行处理。

④ 数据可视化与存储：采用时序数据库等技术可以大大节省存储空间并满足高速的读写操作需求。利用 AR、VR 等新一代交互技术逼真呈现数据。

（3）安全服务

安全的设计需要覆盖边缘计算架构的各个层级，不同层级需要不同的安全特性。同时，需要有统一的安全态势感知、身份和认证管理，以及统一的安全运维体系，才能最大限度地保障整个架构安全可靠。安全服务主要包含节点安全、网络安全、数据安全、应用安全、安全态势感知、身份和认证管理等。

① 节点安全：需要提供基础的边缘计算安全、端点安全、软件加固和安全配置、安全与可靠的远程升级、轻量级可信计算、硬件安全开关等功能。安全与可靠的远程升级能够及时完成漏洞修复，同时避免升级后系统失效（也就是常说的“变砖”）。轻量级可信计算用于计算和存储与资源受限的简单物联网设备相关的数据，解决最基本的可信问题。

② 网络安全：包含防火墙（Firewall）、入侵检测和防护（IPS/IDS）、分布式拒绝服务（DDoS）防护、虚拟专用网络/传输层安全协议（VPN/TLS）功能，也包括一些传输协议的安全功能重用（如 REST 协议的安全功能）。其中，DDoS 防护在物联网和边缘计算中特别重要，近年来，越来越多的物联网攻击是 DDoS 攻击，攻击者通过控制安全性较弱的物联网设备（如采用固定密码的摄像头）来集中攻击特定目标。

③ 数据安全：包含数据加密、数据隔离和销毁、数据防篡改、隐私保护（数据脱敏）、数据访问控制和数据防泄露等。其中，数据加密包含数据在传输过程中的加密、在存储时的加密；边缘计算的数据防泄露与传统的数据防泄露有所不同，边缘计算的设备往往是分布式部署的，需要

考虑这些设备被盗以后，相关数据即使被获得重要信息也不会泄露。

④ 应用安全：主要包含白名单、应用安全审计、恶意代码防范、Web 应用防火墙（WAF）、沙箱等安全功能。其中，白名单是边缘计算架构中非常重要的功能，由于终端的海量异构接入，业务种类繁多，传统的 IT 安全授权模式不再适用，往往需要采用最小授权的安全模型（如白名单功能）管理应用及访问权限。

⑤ 安全态势感知：网络边缘侧接入的终端类型多样且数量巨大，承载的业务繁杂，被动安全防御往往不能起到良好的效果。因此，需要采用更加积极主动的安全防御手段，包括基于大数据的安全态势感知和高级威胁检测，以及统一的全网安全策略和主动防护机制，从而更加快速地进行响应和防护。再结合完善的运维监控和应急响应机制，则能够最大限度地保障边缘计算系统的安全性、可用性、可信度。

⑥ 身份和认证管理：该功能遍布所有功能层，但是在边缘侧要考虑海量设备接入的诉求，传统集中式安全认证面临巨大的性能压力，特别是在设备集中上线时认证系统往往不堪重负。去中心化、分布式的认证方式和证书管理成为新的技术选择。

### 6.2.5 部署视图

边缘计算的部署视图按距离由近及远可分为现场层、边缘层和云计算层，如图 6-12 所示。

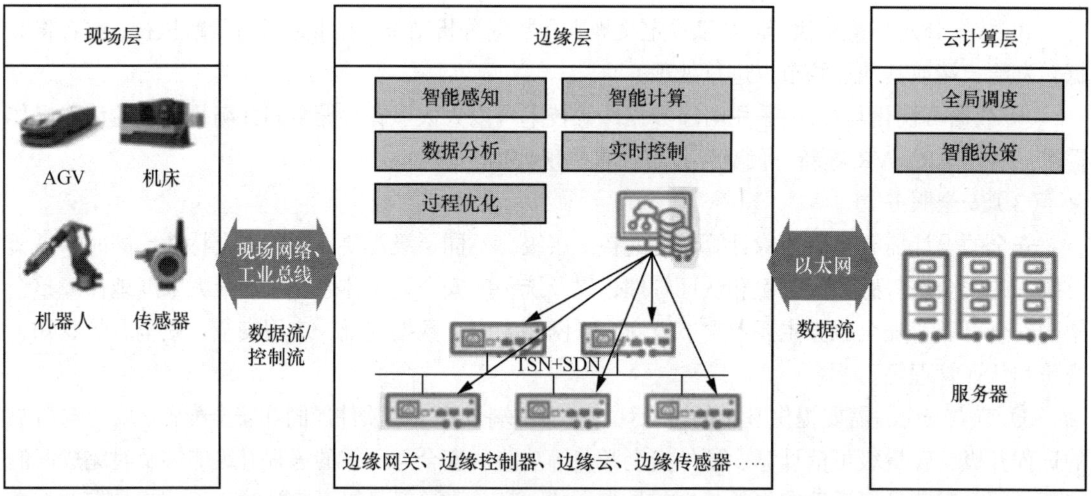


图 6-12　边缘计算的部署视图

#### 1. 现场层

现场层包括 AGV、机床、机器人、传感器等现场节点。这些现场节点通过各种类型的现场网络、工业总线与边缘层中的边缘网关等设备相连接，实现现场层和边缘层之间数据流与控制流的连通。

网络可以使用不同的拓扑结构，边缘网关等设备用于将一组现场节点彼此连接以及连接到广域网络。它能对集群中的每个边缘实体进行直接连接，允许来自边缘节点的数据流入和到边缘节点的控制命令流出。

2. 边缘层

边缘层是边缘计算 3 层架构的核心，用于接收、处理和转发来自现场层的数据流，提供智能感知、智能计算、数据分析、实时控制和过程优化等时间敏感服务。边缘层包括边缘网关、边缘控制器、边缘云、边缘传感器等计算存储设备以及 TSN 交换机、SDN 交换机等网络设备，封装了边缘侧的计算、存储和网络资源。

目前边缘层的部署有 3 种类型，分别是云边缘、边缘云和云化网关。

（1）云边缘

云边缘形态的边缘计算是云服务在边缘侧的延伸，逻辑上仍是云服务，主要提供依赖于云服务或需要与云服务紧密协同的服务。例如，华为云提供的智能边缘平台（IEF）解决方案与云原生的边缘计算平台 KubeEdge、阿里云提供的 Link IoT Edge 解决方案、AWS 提供的 Greengrass 解决方案等均属于此类。其中，KubeEdge 是华为云开源的智能边缘项目，它将云原生和边缘计算结合，旨在推进云原生技术在智能边缘领域的生态建设和普及。

（2）边缘云

边缘云形态的边缘计算是指在边缘侧构建中小规模云，边缘服务能力主要由边缘云提供；集中式数据中心侧的云服务主要提供边缘云的管理调度能力，MEC、CDN、华为云提供的 IEC 解决方案等均属于此类。

（3）云化网关

云化网关形态的边缘计算是指以云化技术与能力重构原有嵌入式网关系统，云化网关在边缘侧提供协议、接口转换、边缘计算等能力，部署在云侧的控制器提供针对边缘节点的资源调度、应用管理、业务编排等能力。

3. 云计算层

云计算层从边缘层接收数据流，并向边缘层以及通过边缘层向现场层发出控制信息，从全局范围内对资源的调度进行优化，并提供智能决策功能。

# 6.3 边缘计算在工业互联网中的应用

## 6.3.1 工业互联网对边缘计算的需求

随着工业互联网的建设和应用的不断深入，在工业互联网的典型场景中需要超低网络时延以及海量、异构、多样性的数据接入，对数据中心的处理能力提出了新的要求，只有依靠“边缘计算+云计算”的新型数据处理模式才能有效应对。边缘计算在数据产生源的网络边缘处提供网络、计算、存储和应用能力的开放平台。针对工业互联网领域的需求，开展高性能和高可靠性的边缘计算技术研究与应用刻不容缓。

1. 边缘计算可促进工业互联网与 5G 网络的融合

随着我国“新基建”战略的不断推进，工业互联网处于蓬勃发展时期，目前超过 80%的工业制造企业正在使用或计划使用工业互联网。工业互联网将产生海量数据，如何有效地传输和处理这些数据已成为制约工业互联网发展与应用的因素。针对工业互联网业务的应用，5G 网络定义了海量机器类通信应用场景。由于 5G 网络具有速率高、覆盖广、安全性能高等优势，因此基于 5G

网络通信构建工业互联网边缘云网络集群，能够适应工业互联网应用场景大数据量和低时延的特性要求，促进工业互联网与 5G 网络架构深度融合发展。

2. 边缘计算可提升工业互联网的运行效率

边缘计算能够有效处理工业互联网所产生的海量、异构、多样性数据，其中工业互联网边缘计算主要应用于汇集生产线、机器人、传感器等终端信息，支撑一定区域范围内的信息分析、交互、处理等，可部署在办公、工厂和家庭区域，其主要应用场景包括智慧工厂、智慧办公等。通过在终端侧和网络边缘侧设置边缘计算节点，可对海量数据进行本地化处理，一方面降低了网络传输消耗和云中心计算的压力；另一方面通过降低响应时延提升了业务处理效率。基于边缘计算实现的关键技术，将全面提升工业互联网的发展水平和运行效率。

3. 边缘计算可提高工业互联网信息整合水平

当前工业互联网应用开发水平较低，终端采集数据和相关信息开发利用不足，工业互联网整体增值应用服务提供能力欠缺。将边缘计算设备部署在网络边缘，实时感知和采集包括网络信息、用户信息、终端信息等在内的各类边缘信息，并将这些信息转化为不同的服务能力，再通过统一接口设计向上层应用开放，将有助于提高工业互联网应用开发部署水平，助力应用服务增值能力的提高。基于边缘计算，能够进一步扩展工业互联网的适用场景，拓展基于工业互联网技术的新产品、新业态和新模式。

4. 边缘计算可为工业互联网相关标准提供支持

近年来，边缘计算在任务迁移、缓存策略、性能优化等理论方面已经开展了一系列的研究，并取得了一定的成果。然而，在真正落地实现、提供服务能力等方面，边缘计算还处于初级阶段。尤其是在边缘计算设备的平台架构、集群构建实现方面，技术和标准欠缺，实用的平台和成熟的设备还不多。边缘计算设备平台的体系架构设计、网络集群构建的实现方法、异构资源的统一开发环境和自适应管理方法，能够为工业互联网相关标准的形成提供有力支持。

## 6.3.2 边缘计算在工业互联网中的应用特点

工业生产属性体现在两个方面：一方面是工业生产现场的复杂性；另一方面是工业生产控制与执行系统对计算的实时性和可靠性要求。在工业生产对计算的实时性和可靠性要求方面，边缘计算提供了有效的解决方案。在部分工业生产场景中，计算处理时延不能超过 10 ms。如果数据分析与控制全部在云端完成，那么很难满足实时处理的需求。同时，工业生产要求计算具有“本地存活”的能力，不受网络传输带宽和负载的影响，即便出现断网、时延过高等情况，依然能做到实时计算，满足实际生产需求。由此可见，无论是在服务实时性方面，还是在服务可靠性方面，边缘计算都能满足工业互联网的要求。目前，在边缘计算的支持下，工业互联网正在与制造业实现深度融合，边缘计算在工业互联网中的应用呈现以下 5 个特点。

1. 连接性

连接性是边缘计算的基础特性。因为连接对象与场景具有多样性的特点，所以边缘计算的连接功能要丰富，如要具有多元化的网络接口、网络拓扑、网络协议、网络部署等。为了做到多元化连接，边缘计算要借鉴 TSN、WLAN、SDN、NFV、NB-IoT、5G 等领域最新的网络技术。

2. 数据第一入口

边缘计算作为物理世界到数字世界的桥梁，是数据的第一入口，拥有海量、实时、完整的数据，可基于数据的全生命周期对数据进行管理与价值创造，更好地支撑预测性维护、资产效率与管理等创新应用。但是作为数据第一入口，边缘计算也面临数据实时性、确定性、多样性等方面的挑战。

3. 约束性

边缘计算设备主要用于生产现场，必须具备防电磁、防灰尘、防爆炸、抗振动、抗电流/电压波动等特性，以应对恶劣的生产环境。此外，在工业互联网环境中，边缘计算设备的功耗要低、成本要低、占地空间要小。总之，边缘计算设备要通过软件和硬件集成优化来适应各种约束条件，为行业数字化多场景应用提供有力的支持。

4. 分布性

边缘计算本身就具有分布性，这就需要边缘计算支持分布式计算和存储，实现分布式资源的动态调度和统一管理，并支持分布式智能，具有分布式安全等功能。

5. 融合性

作为运营技术与信息通信技术融合和协作的重要载体，边缘计算需要为连接、数据、管理、控制、应用、安全等方面的协同和协作提供支持。

### 6.3.3 边缘计算在工业互联网中的应用场景

目前，全球制造商已开始广泛在边缘端使用人工智能来改造其制造流程，以此实现快速连接、实时业务、数据优化、应用赋能、安全保障等多方面的价值提升。具体来说，边缘计算在工业互联网中有以下应用场景。

1. 预测性维护

边缘计算系统中的传感器数据可用于早期异常检测，并预测机器何时会出现故障。如果机器需要维修，设备上的传感器会扫描缺陷并向管理层发出警报，以便尽早解决问题，避免停机。传感器数据、AI 和边缘计算的组合可准确评估设备状况，制造商可避免代价高昂的计划外停机。例如，化工厂中配备传感器的摄像机用于检测管道中的腐蚀情况，并在管道可能造成任何损坏之前向工作人员发出警报。

2. 质量控制

缺陷检测是制造过程的重要组成部分。当运行一条生产数百万产品的装配线时，需要实时捕获缺陷。使用边缘计算的设备可以在微秒内做出决定，立即发现缺陷，并提醒员工。这种能力为工厂提供了显著的优势功能，因为它可以减少浪费并提高生产效率。

3. 装备效能

制造商不断寻求改进工艺。当与传感器数据相结合时，边缘计算可用于评估设备的整体效能。例如，在汽车焊接过程中，制造商需要满足许多要求，以确保其焊接具有最高质量。利用传感器数据和边缘计算，公司可以实时监控产品质量，并在产品出厂前发现缺陷或安全风险。

4. 产量优化

在生产工厂中，了解生产过程中所用成分的准确数量和质量至关重要。通过使用传感器数据、人工智能和边缘计算，机器可以在任何参数需要更改时立即重新校准，以生产出质量更好的产品。不需要手动监督，也不需要将数据发送到中心位置进行审查。现场传感器能够实时做出决策，以提高产量。

5. 车间优化

制造商必须了解如何利用工厂空间来改进流程。例如，在汽车制造厂，若工人必须步行到不同的地点来完成任务，则效率低下。如果数据不可用，主管可能不知道这个瓶颈。传感器有助于分析工厂空间如何使用、谁在使用以及为什么使用。数据和关键边缘 AI 处理的信息被发送到中心位置，供主管审查，然后主管可以对工厂流程进行优化。

6. 供应链分析

越来越多的公司需要持续了解采购、生产和库存管理。通过人工智能和边缘计算自动化这些过程，公司可以更好地预测和管理其供应链。例如，具有自动化流程的 ELE CTR ONIC 制造公司可以立即通知全国其他生产厂商生产更多所需原材料，从而不影响生产。

7. 人员安全

在工业场景中，工人经常在制造现场操作重型机械和处理危险品。使用配备 AI 视频分析功能的摄像头和传感器网络，制造商可识别处于不安全条件下的工人，并快速干预以防止事故发生。边缘计算对于工人安全至关重要，因为需要实时做出救生决策。

总之，边缘计算作为近年来工业互联网领域引进的新技术，通过将计算、存储、网络、通信等资源下沉到网络边缘，近距离地为应用提供边缘智能服务，满足了工业互联网环境下智能接入、实时通信等关键需求，成为驱动工业数字化转型的关键技术。在可见的未来，边缘计算将通过提升人工智能驱动的运营效率和生产效率，持续改变制造业。

## 【实训演练】

微课

操作视频

### 实训　华为 Atlas 500 智能小站运行环境搭建

【实训目的】

超高速、低延时、高带宽是 5G 网络的典型特征，其大规模应用使得边缘计算有了越来越多的应用场景。目前，边缘计算技术已经非常成熟，并且企业界开发出许多具备强大 AI 功能的应用产品。

本次实训的目的是使读者初识华为 Atlas 500 智能小站（型号：3000，以下简称 A500-3000）产品，熟悉其性能、特点和应用场景，了解其 AI 应用运行环境的搭建方法。

【场景描述】

A500-3000 是华为面向边缘计算广泛的应用场景的轻量边缘设备，它具有超强计算性能、大容量存储、配置灵活、体积小、支持温度范围宽、环境适应性强、易于维护管理等特点，主要应用在智能视频监控、分析、数据存储等场景，可以广泛部署在各类边缘、中心机房，满足在社区、园区、商场、超市等复杂环境区域的应用。

华为云官方网站上有关于该边缘计算产品的详细介绍。

【实训步骤】

打开华为企业业务网站（https://e.huawei.com/cn/），了解 A500-3000 的特点、功能、逻辑结构、应用场景等。然后进行如下操作：在“学习与支持”菜单下，选择“产品文档”选项，选择“昇腾计算”选项，在“智能边缘硬件”菜单中选择“A500-3000”选项；在产品文档包菜单中单击“Atlas 500 智能小站 用户指南（型号 3000）18”选项，在打开的页面中，可以通过单击左侧的“简介”“硬件描述”“软件描述”等选项了解 A500-3000。

（1）单击“简介”下的“产品概述”，了解 A500-3000 的两种整机形态：不配置硬盘和配置硬盘，分别如图 6-13 和图 6-14 所示。

图 6-13　不配置硬盘的 A500-3000

图 6-14　配置硬盘的 A500-3000

（2）单击“简介”下的“产品特点”，了解 A500-3000 的产品特点，主要如下。

① 边缘场景易用性：实时性、低带宽、隐私保护、支持标准容器引擎、支持第三方算法和应用快速部署等。

② 20 路视频分析和存储能力：机顶盒大小支持 20 路视频分析能力（最大 20 路 1080 p 解码，22TOPS INT8 算力）；支持 12 TB 存储容量，16 路 1080 p@4 Mb 码流视频缓存 7 天，8 路 1080 p@4 Mb 码流视频缓存 30 天。

③ 极强环境适应和边缘环境部署能力：工业防护等级为 IP40；无风扇设计，支持−40～70℃宽温度工作环境。

④ 边云协同：支持选配 3G 或 4G 模块（无线回传）；云边协同，模型实时更新；可在云端统一进行设备管理和固件升级。

⑤ 可靠性高：系统内所有固件均有双镜像备份，故障时可自动进行主备区切换；支持软件、硬件故障检测与告警；提供双机解决方案，内置双机备份软件，支持两台 A500-3000 组成双机备份系统，单台 A500-3000 故障时自动发起倒换。

（3）单击“简介”下的“逻辑结构”，了解 A500-3000 的逻辑结构，效果如图 6-15 所示。处理器为华为自研海思 Hi3559A，可通过扩展 Atlas 200 AI 加速模块（可选），提供 16TOPS INT8 算力。

（4）单击“简介”下的“典型应用场景”，了解 A500-3000 的应用场景，包括平安城市、智慧安监、智慧交通、智能制造、智慧零售、智慧看护等。在这些应用场景中，典型架构如图 6-16 所示。

① 端：通过无线或有线连接 IPC（IP Camera）或其他前端设备。

② 边：边缘实现价值信息提取、存储和上传。

③ 云：数据中心模型推送、管理、开发和应用。

（5）班内分组并分工，各团队分别详细了解 A500-3000 的硬件描述、软件描述、产品规格、安装与配置等内容，然后进行小组自评和组间互评。

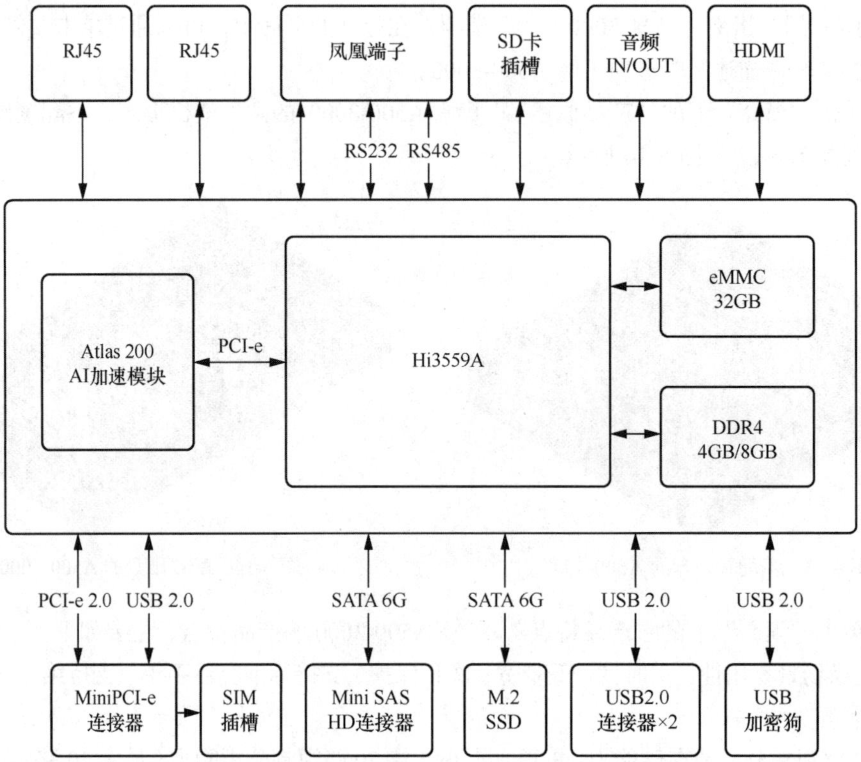


图 6-15　A500-3000 的逻辑结构

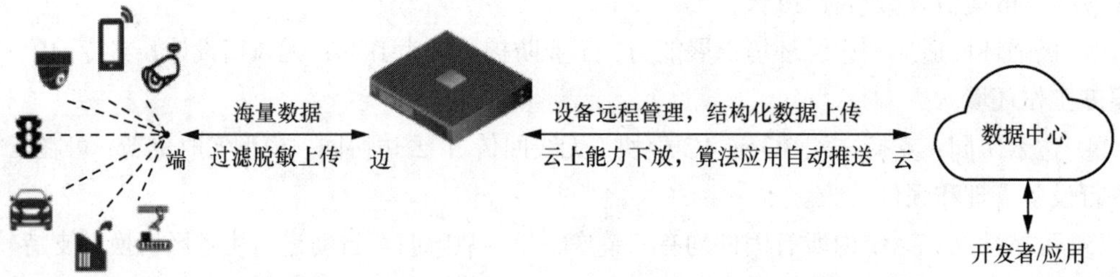


图 6-16　A500-3000 应用场景的典型架构

## 【项目小结】

本项目首先介绍了边缘计算的概念和特征，讲述了边缘计算发展过程中的 6 个模型，即分布式数据库模型、P2P 模型、CDN 模型、移动边缘计算模型、雾计算模型和海云计算模型，并且与云计算进行了比较；然后详细介绍了边缘计算参考架构 3.0 的组成部分，重点阐释了其中的 4 个视图，即商业视图、使用视图、功能视图和部署视图；最后介绍了边缘计算技术在工业互联网中的应用需求、特点和场景。此外，实训演练中对边缘计算设备的认知，能够加强读者对边缘计算概念的理解，使读者认识边缘计算技术对于发展工业互联网的重要性。

# 【练习题】

1. 名词解释

（1）边缘计算　（2）多接入边缘计算　（3）CDN 模型　（4）移动边缘计算
（5）雾计算　（6）商业视图　（7）功能视图　（8）数据第一入口

2. 单选题

（1）在边缘计算的各种定义中，都强调它是一种信息的（　　）。

A. 计算架构　　B. 计算模式
C. 计算模型　　D. 计算方法

（2）以下（　　）不是边缘计算的特征。

A. 数据处理实时性　　B. 业务数据可靠性
C. 数据存储延时性　　D. 应用开发多样性

（3）相较于云计算，边缘计算更适用于（　　）数据的处理与分析。

A. 全局性、实时、短周期　　B. 局部性、实时、长周期
C. 局部性、实时、短周期　　D. 全局性、实时、长周期

（4）在边缘计算参考架构 3.0 中，（　　）位于云层与设备层之间。

A. 边缘层　　B. 控制层
C. 数据层　　D. 管理层

（5）（　　）用于指导如何实现可靠、复杂的边缘计算系统应用与功能。

A. 商业视图　　B. 使用视图
C. 功能视图　　D. 部署视图

（6）边缘计算可促进工业互联网与（　　）的融合。

A. 以太网　　B. 光纤网
C. 云计算　　D. 5G 网络

3. 判断题

（1）边缘计算可以在靠近数据源的一端处理数据，不必将数据传输到云中心处理。（　　）

（2）分布式数据库模型是数据库技术和存储技术两者结合的结果。（　　）

（3）不管是边缘计算还是云计算，其实都是处理大数据的一种方式。（　　）

（4）在边缘计算参考架构 3.0 中，边缘计算提供统一的管理服务、数据全生命周期服务和传输服务。（　　）

（5）虚拟化是指将物理的计算、存储与网络资源转换为虚拟的计算、存储与网络资源，并将它们放置在统一的资源池中。（　　）

（6）边缘计算的部署视图按距离由近及远可分为数据层、边缘层和云层。（　　）

4. 填空题

（1）按照 OpenStack 社区的定义，边缘计算的目标是在靠近__________或__________的地方提供计算、存储和网络带宽。

（2）在 P2P 模型中，每台计算机（节点）具有相同的功能，没有__________之分，没有专

用__________，也没有专用__________。

（3）__________视图用于建立利益相关者之间的关系及其业务远景，__________视图描述了在边缘计算应用所涉及的不同系统单元之间需要协同的活动。

（4）数据全生命周期主要包括__________、__________、__________和__________等环节。

（5）边缘计算在工业互联网中的应用呈现了以下5个特点，分别是__________、__________、__________、__________和__________。

5. 简答题

（1）简述边缘计算的概念和特征。

（2）简要说明NoSQL分布式数据库的特点。

（3）云计算有哪些优势和劣势？它与边缘计算的区别和联系各是什么？

（4）简述功能视图中分析功能模块的功能。

（5）举例说明边缘计算在工业互联网中的应用场景。

## 【拓展演练】

边缘计算使物联网技术实现了前所未有的连接性、集中化和智能化，由此可以满足敏捷连接、实时业务、数据优化、应用智能、安全与隐私保护等方面的需求，是实现分布式自治、工业控制自动化的重要支撑。请上网查阅研究报告《边缘计算技术发展现状与对策》，探究边缘计算技术在世界发展的现状与趋势、在我国发展的现状与水平、目前面临的挑战、未来发展对策等内容。

# 项目7

# 工业互联网安全

## 【项目引入】

随着工业互联网技术的不断发展和应用，企业已经逐渐迈入数字化、智能化和网络化的新时代。工业互联网的应用给生产制造带来了更多的便捷和效益，但同时对企业的信息安全提出了新的挑战，需要给予高度重视。在工业互联网应用中，大量数据的采集、传输、处理和存储都离不开互联网等公共网络，数据泄露、被篡改、被窃取、被破坏等问题也随之出现。企业应根据工业互联网安全防护内容和安全标准，建立完整的网络安全规划和制度，建立健全的安全管理体系，确保企业网络安全得到有效的保障，同时加强行业企业之间的合作，共同构建一个更加安全、可靠和可持续发展的数字化生态系统。

## 【知识目标】

- 了解信息安全的概念和属性。
- 掌握工业互联网安全的概念。
- 了解工业互联网安全风险的来源。
- 理解工业互联网安全与传统网络安全的区别。
- 了解工业互联网安全防护的目标。
- 掌握工业互联网安全防护的内容和措施。
- 了解各国工业互联网安全标准。
- 掌握我国工业互联网相关安全标准体系。

## 【能力目标】

- 能画图并解释信息安全模型。
- 能描述工业互联网安全风险的来源。
- 能画图并说明工业互联网安全防护措施。
- 能描述《工业互联网安全标准体系（2021 年）》的主要内容。
- 能搭建网络安全虚拟平台。

## 【素质目标】

- 熟悉信息安全的重要性，增强信息安全意识。
- 通过了解工业互联网安全风险的来源，树立良好的工业控制系统的安全理念。
- 通过震网病毒攻击事件探究，增强危机意识。
- 通过国家网络空间安全战略探究，增强国家安全意识。
- 培养良好的团队协作能力和沟通能力。

## 【学习路径】

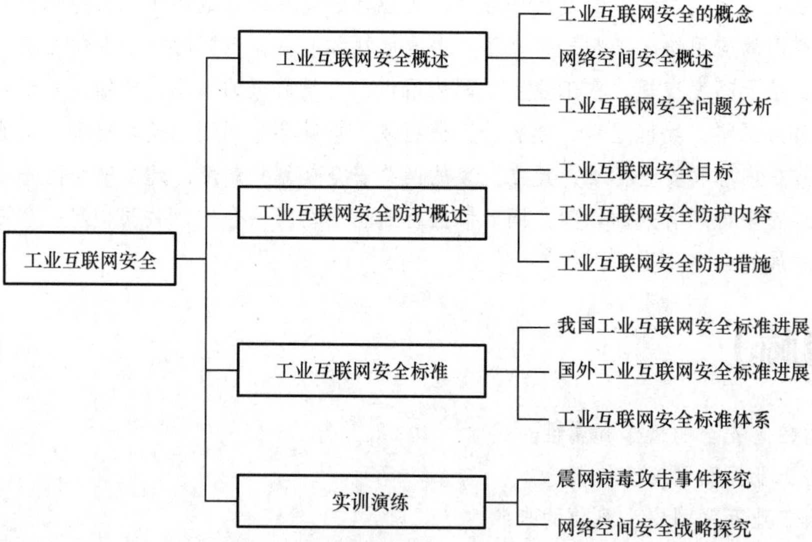


## 【知识准备】

# 7.1 工业互联网安全概述

安全体系作为工业互联网的重要体系之一，是工业互联网安全的重要保障。工业互联网安全涉及工业控制、互联网、信息安全 3 个交叉领域，面临传统网络安全和工业控制安全双重挑战。

## 7.1.1　工业互联网安全的概念

### 1. 信息安全的概念

信息安全是指信息系统（包括硬件、软件、数据、人、物理环境及其基础设施）受到保护，不受偶然的或者恶意的影响而遭到破坏、更改、泄露，系统连续可靠地运行，信息服务不中断，最终实现业务连续性。

在没有严格要求的情况下，信息安全的概念经常与计算机安全、网络安全、数据安全等概念交叉使用。因为计算机安全、网络安全以及数据安全都是信息安全的内在要求或具体表现形式，彼此相互关联、关系密切。

信息安全问题的根源一般可分为内因和外因。内因是指信息系统的复杂性导致漏洞的存在不可避免，也称脆弱性、脆弱点；外因是指环境因素和人为因素，也称威胁。威胁包括：自然灾害，意外事故，计算机犯罪，人为错误（如使用不当、安全意识差等），黑客攻击，内部泄密，外部泄密，信息丢失，信息战（如电子谍报、信息流量分析、窃取等），信息系统、网络协议自身缺陷等。另外，非技术的社会工程攻击也是信息安全面临的威胁，通常把基于非计算机的欺骗技术称为社会工程。社会工程的本质是一种通过对受害者心理弱点、本能反应、好奇心、信任、贪婪等心理陷阱进行诸如欺骗、伤害等取得自身利益的手法。常见的类型包括各种各样的网络钓鱼攻击、电话诈骗等。

脆弱点为安全事件的发生提供了条件，威胁利用脆弱点产生安全问题。安全事件发生的可能性，称为风险。

### 2. 信息安全的属性

信息安全的基本属性包括保密性（Confidentiality）、完整性（Integrity）和可用性（Availability），即 CIA 三要素。此外，还有可认证性（Authenticity）、不可否认性（Non-Repudiation）等安全属性。

（1）保密性

保密性也称机密性，是指信息仅被合法的实体（如用户、进程等）访问，而不被泄露给未授权实体的特性。实现保密性的方法一般是物理隔离、信息加密，或者是访问控制（对信息划分密级并为用户分配访问权限，系统根据用户的身份权限控制对不同密级信息进行访问）等。

（2）完整性

完整性是指信息在存储、传输或处理等过程中不被未授权、未预期或无意的操作破坏（如篡改、销毁等）的特性。不仅要考虑数据的完整性，还要考虑系统的完整性，即保证系统以无害的方式按照预定的功能运行，不被有意的或者意外的非法操作破坏。实现完整性一般分为预防和检测两种机制。预防机制通过阻止任何未经授权的行为来确保数据的完整性，如加密、访问控制。检测机制并不试图阻止完整性被破坏，而是通过分析数据本身或是用户、系统的行为来发现数据的完整性是否遭受破坏，常见的方法有数字签名、哈希（Hash）值计算等。

（3）可用性

可用性是指信息、信息系统资源和系统服务可被合法实体访问并按要求使用的特性。对信息资源和系统服务的拒绝服务进行攻击就属于对可用性的破坏。实现可用性的方法有应急响应、备份与灾难恢复等。

（4）可认证性

可认证性又称真实性，是指能够对信息的发送实体和接收实体的真实身份以及信息的内容进行鉴别的特性。可认证性可以防止冒充、重放、欺骗等攻击。实现可认证性的方法主要有数字签名、哈希函数、基于口令的身份认证、生物特征认证、生物行为认证以及多因素认证。

（5）不可否认性

不可否认性也称抗抵赖性，是指信息的发送者无法否认已发出的信息或信息的部分内容，信息的接收者无法否认已经接收的信息或信息的部分内容。实现不可否认性的方法主要有数字签名、可信第三方认证技术等。

### 3. 信息安全的原则

为了解决信息安全问题，确保资产免受威胁攻击，在保护资产安全时，应遵循以下几个原则。

（1）最小化原则

受保护的敏感信息只能在一定范围内被共享，履行工作职责和职能的安全实体，在法律和相关安全策略允许的前提下，仅为满足工作需要被授予其访问信息的适当权限，称为最小化原则。可以将最小化原则细分为知所必须原则和用所必须原则。

（2）分权制衡原则

在信息系统中，应该对所有权限进行适当划分，使每个授权主体只能拥有其中的一部分权限，使它们相互制约、相互监督，共同保证信息系统的安全。如果一个授权主体拥有的权限过大，无人监督和制约，就隐含权力滥用的安全隐患。目前信息系统机房要求至少有 3 个管理员实现分权制衡：网络管理员、应用（服务）管理员、安全管理员。

（3）安全隔离原则

隔离和控制是实现信息安全的基本方法，而隔离是进行控制的基础。信息安全的一个基本策略就是将信息的主体与客体分离，按照一定的安全策略，在可控和安全的前提下实施主体对客体的访问。

在信息安全原则的基础上，人们在生产实践过程中还总结出一些实施原则，是信息安全原则的具体体现和扩展，包括整体保护原则、谁主管谁负责原则、适度保护的等级化原则、分域保护原则、动态保护原则、多级保护原则、深度保护原则和信息流向原则等。

### 4. 信息安全模型

常见的信息安全模型是 PDRR 模型。PDRR 是指防护（Protection）、检测（Detection）、响应（Response）和恢复（Recovery）。这 4 个部分构成了一个动态的信息安全周期，如图 7-1 所示。

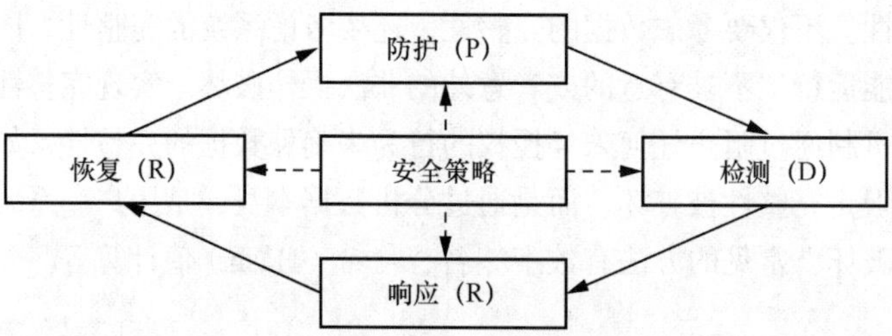


图 7-1　PDRR 信息安全模型

安全策略的每一部分由一组相应的安全措施来实现一定的安全功能。

（1）安全策略的第一部分是防护，根据系统已知的所有安全问题做出防护措施，如打补丁、访问控制、防火墙和数据加密等。

（2）安全策略的第二部分是检测，入侵者如果穿过了防护系统，检测系统就会检测入侵者的相关信息。

（3）安全策略的第三部分是响应，一旦检测出入侵，响应系统就开始采取相应的措施，即做出响应。

（4）安全策略的第四部分是恢复，在入侵事件发生响应后，把系统恢复到原来的状态。

每次发生入侵事件，防护系统都要进行更新，保证相同类型的入侵事件不会再次发生，所以整个安全策略包括防护、检测、响应和恢复，这 4 个部分构成了一个信息安全周期。

5. 工业互联网安全的概念

对于工业互联网安全，可以从工业和互联网两个视角进行分析。从工业视角看，工业互联网安全的重点是保护智能化生产的连续性和可靠性，关注智能装备、工业控制设备及系统的安全；从互联网视角看，工业互联网安全主要指保障个性化定制、网络化协同及服务化延伸等，以提供持续的服务能力，防止重要数据泄露。因此，从构建工业互联网安全保障体系考虑，工业互联网安全应包括 5 个重点，即设备安全、网络安全、控制安全、应用安全和数据安全。相关内容将在 7.2.2 小节介绍。

## 7.1.2　网络空间安全概述

1982 年，加拿大作家威廉·吉布森（William Gibson）在其短篇科幻小说《燃烧的铬》中创造了“网络空间”（Cyberspace）这一术语，指由计算机创建的虚拟信息空间。在网络空间中，客观世界和数字世界交融在一起，让使用它的人感知一个由计算机产生而现实中并不存在的虚拟世界。

网络空间包含 3 个基本要素：载体，即通信信息系统；主体，即网民、用户；构造一个集合，用规则管理起来。网络空间安全涉及在网络空间中的电子设备、电子信息系统、运行数据、系统应用中存在的安全问题，分别对应设备、系统、数据、应用 4 个层面。

2008 年，美国第 54 号国家安全总统令对网络空间进行了定义：网络空间是信息环境中的一个整体域，它由独立且互相依存的信息基础设施和网络组成，包括互联网、电信网、计算机系统、嵌入式处理器和控制器系统等。

我国对网络空间的定义为：网络、服务、系统、人员、过程、组织以及驻留或穿越其中的互联数字环境。网络空间安全涉及在网络空间中所存在的安全问题，既要保护信息通信技术系统及其所承载的数据免受攻击，也要防止、应对运用或滥用这些信息通信技术系统而波及政治安全、国防安全、经济安全、文化安全、社会安全等情况的发生。网络空间存在更加突出的信息安全问题。

2015 年 7 月 1 日正式实施的《中华人民共和国国家安全法》，对政治安全、国土安全、军事安全、文化安全、科技安全等 11 个领域的国家安全任务进行了明确。2017 年 6 月 1 日正式实施的《中华人民共和国网络安全法》是我国网络安全领域的第一部综合性基础法律，以网络运行安全为主，提出关键信息基础设施的运行安全，兼顾个人信息保护、网络信息内容管理，以及如何推动、促进网络安全产业发展。《中华人民共和国网络安全法》明确了网络空间主权的原则，明确了网络产品和服务提供者以及网络运营者的安全义务，进一步完善了个人信息保护规则，建立了关键信息基础设施安全保护制度，确立了关键信息基础设施重要数据跨境传输的规则。

如今，网络空间作为新的“全球公共空间”，被越来越多的国家视为陆、海、空、天之外的“第五空间”，是一个新型的军事空间、外交空间和意识形态空间，具有鲜明的主权特征。围绕这一领域的疆界、外交、安全、经济利益等问题，各国早已展开争夺。

### 7.1.3 工业互联网安全问题分析

随着智能制造、云制造、工业互联网等新技术的应用，在制造业生产能力大幅提升的同时，工业互联网安全问题逐渐凸显。由于工业互联网颠覆了传统的工业模式，封闭的生产线变开放，打破了过去人机物之间、工厂与工厂之间、企业上下游之间的隔离状态。相较于传统较封闭的工业生产体系，基于工业互联网的新发展模式更开放，这也意味着潜在的安全风险增加。此外，工业互联网广泛应用于工业、能源、交通、水利及市政等行业，重点领域包括电力、石油石化、钢铁、天然气、先进制造、水利枢纽、铁路、城市轨道交通、民航等与国计民生紧密相关的领域。由于关系到国家命脉，此类行业一旦发生安全事件，极易持续发酵，甚至对人身安全、社会发展和国家稳定造成重大影响。

1. 工业互联网安全风险来源

随着工业化和信息化的深度融合，工业互联网面临的安全威胁种类日益增多，面临的风险也不断提高。工业互联网安全风险主要来源于设备、控制、网络、应用、平台和数据等。

（1）设备安全

工业互联网中的前端设备是很重要的数据采集端。随着智能设备的数量日渐增多，且其自身安全防护手段薄弱，导致许多设备直接暴露于互联网，智能设备固件安全风险增加，更易成为工业互联网其他系统和网络的突破口。此外，许多智能设备的安全问题与厂商在开发生命周期中忽略公开漏洞的排查和修复密切相关，产品质量良莠不齐容易导致各智能设备自身存在的系统与应用暴露出各种漏洞而被攻击者恶意利用。

（2）控制安全

控制安全风险来源于工控系统中使用的工控主机、工控网络、工控设备及控制协议，可能存在输入验证，许可、授权与访问控制不严格，不当身份验证，配置维护不足，凭证管理不严，加密算法过时等问题。

许多工控系统在研发时缺乏安全性，导致自身存在设计漏洞，投入使用后未及时更新修复，造成可被利用的漏洞较多的情况。例如，企业利用陈旧的操作系统，且缺乏防护边界，容易被黑客攻击；厂家对系统和设备进行远程维护，导致生产网直接暴露在互联网上。

（3）网络安全

工业互联网的核心是“互联互通”，在此过程中便会面临网络连接中的安全风险。数控系统、PLC、应用服务器连接形成工业网络，工业网络与办公网络连接形成企业内部网络。此外，企业内部网络与外部网络也会进行连接。在这样的背景下，攻击者在研发、生产、管理、服务等环节都可能实现对工业互联网的网络攻击和病毒传播。

（4）应用安全

随着工业互联网不断催生新的商业模式和工业产业生态，工业互联网相关应用无论是数量还是种类都会出现迅速增长的情况。支撑工业互联网智能化生产、网络化协同、个性化定制、服务化延伸等服务的应用程序也面临着安全防护与检测要求，包括支撑各种应用的软件、App、Web 系统等。

（5）平台安全

工业互联网平台安全风险主要来自平台与企业接入过程中的数据采集、协议转换、边缘计算等行为，容易遭受数据篡改、数据窃取、终端漏洞被攻击等风险。

（6）数据安全

工业互联网数据种类和保护需求多样，数据流动方向和路径复杂，设计、生产、操控等各类数据分布在云平台、客户端、生产端等多种设备上，仅依托单点、离散的数据保护措施难以有效保护工业互联网中流动的工业数据安全。工业互联网承载着事关企业生产、社会经济命脉乃至国家安全的重要工业数据，一旦被窃取、篡改或流动至境外，将对国家安全造成严重威胁。

### 2. 工业互联网安全与传统网络安全比较

相较于传统网络安全，工业互联网安全具备以下 3 个差异特点。

（1）防护对象扩大，安全场景更丰富。传统网络安全更多关注网络设施、信息系统软硬件以及应用数据的安全，工业互联网安全扩展至工厂内部，包含设备安全、控制安全、网络安全、应用安全以及数据安全。

（2）连接范围更广，威胁延伸至物理世界。在传统网络安全中，攻击对象为用户终端、信息服务系统、网站等。工业互联网联通了工业现场与互联网，使网络攻击可直达生产一线。

（3）网络安全和生产安全交织，安全事件危害更严重。传统网络安全事件大多表现为利用病毒、木马、拒绝服务等攻击手段造成信息泄露或被篡改、服务中断等，影响工作生活和社会活动。而工业互联网一旦遭受攻击，不仅影响工业生产运行，还会引发安全生产事故，甚至给人民的生命和财产造成严重损失。若供给发生在能源、航空航天等重要领域，则将危害国家总体安全。

工业互联网安全与传统网络安全的对比如表 7-1 所示。

表 7-1　工业互联网安全与传统网络安全的对比

| 比较内容 | 工业互联网安全 | 传统网络安全 |
|---|---|---|
| 网络架构 | 复杂，泛在连接 | 简单，网络层级比较少 |
| 通信协议 | 控制协议>1000 种，大多缺乏安全机制 | TCP/IP，安全机制较为完善 |
| 网络时延 | 连续性、实时性要求高，控制网络时延为微秒级，控制周期为 20～500 ms | 要求低，响应时延为秒级 |
| 应用范围 | 关注工业互联网平台，保障范围广、环节多、难度大 | 保障传统行业网络平台、信息系统 |
| 保护数据 | 工业数据，流动方向和路径较为复杂 | 信息数据/网络数据 |
| 接入设备 | 多种工业设备，防护需求多样化 | 传统网络设备 |
| 安全后果 | 部分行业安全建设较为落后，严重时会触发物理安全、人身安全等事故，危害更严重 | 安全建设相对较成熟，安全后果在可控范围内 |

## 7.2 工业互联网安全防护概述

对于工业互联网安全，工业互联网产业联盟于 2018 年发布了《工业互联网安全框架》，从防护对象、防护措施及防护管理 3 个视角构建工业互联网安全框架。其中，防护对象视角提出了五大防护对象和防护内容，防护管理视角提出了工业互联网安全目标。2020 年，工业互联网产业联盟发布的《工业互联网体系架构（版本 2.0）》进一步提出了工业互联网安全功能框架和更易于企业应用部署的安全实施框架。上述两份文件给出了工业互联网的安全目标、安全防护内容和安全防护措施等内容，本节分别予以介绍。

### 7.2.1 工业互联网安全目标

为确保工业互联网的正常运转和安全可信，应对工业互联网设定合理的安全目标，并根据相应的安全目标进行风险评估和安全策略的选择实施。工业互联网的安全目标并非是单一的，需要结合工业互联网不同的安全需求进行明确。根据《工业互联网安全框架》，工业互联网安全包括保密性、完整性、可用性、可靠性、弹性和隐私安全 6 个目标。这些目标相互补充，共同构成了保障工业互联网安全的关键特性。

（1）保密性：确保信息在存储、使用、传输过程中不会泄露给非授权用户或实体。

（2）完整性：确保信息在存储、使用、传输过程中不会被非授权用户篡改，同时要防止授权用户对系统及信息进行不恰当的篡改，保持信息内、外部表示的一致性。

（3）可用性：确保授权用户或实体对信息及资源的正常使用不会被异常拒绝，允许其可靠而及时地访问信息及资源。

（4）可靠性：确保工业互联网系统在其寿命区间内以及在正常运行条件下能够正确执行指定功能。

（5）弹性：确保工业互联网系统在受到攻击或破坏后恢复正常功能。

（6）隐私安全：确保工业互联网系统内用户的隐私安全。

### 7.2.2 工业互联网安全防护内容

工业互联网从防护对象角度可分为工业数据、现场设备、网络基础设施、工业控制系统、工业互联网应用和工业互联网平台 6 个层级，即数据、设备、网络、控制、应用程序和平台 6 个防护对象，具体安全防护内容如图 7-2 所示。

（1）数据安全

数据安全包括生产操作数据安全、生产管理数据安全和工厂外部数据安全，涉及采集、传输、存储、处理等各个环节的数据及用户信息的安全。与工业互联网相关的数据按照其属性或特征，可以分为四大类：设备数据、业务系统数据、知识库数据、用户个人数据。根据数据敏感程度的不同，可将工业互联网数据分为一般数据、重要数据和敏感数据 3 种。随着工厂数据由少量、单一、单向朝着大量、多维、双向的转变，工业互联网数据体量不断增大、种类不断增多、结构日趋复杂，并出现数据在工厂内部与外部网络之间的双向流动共享。由此带来的安全风险主要包括数据泄露、非授权分析、用户个人信息泄露等。

对于工业互联网的数据安全防护，应采取明示用途、数据加密、访问控制、业务隔离、接入认证、数据脱敏等多种防护措施，覆盖包括数据采集、传输、存储、处理等在内的全生命周期的各个环节。

（2）设备安全

设备安全包括工厂内的智能传感器、工业机器人、智能仪表、智能产品等，具体涉及操作系统、应用软件安全与硬件安全两个方面。

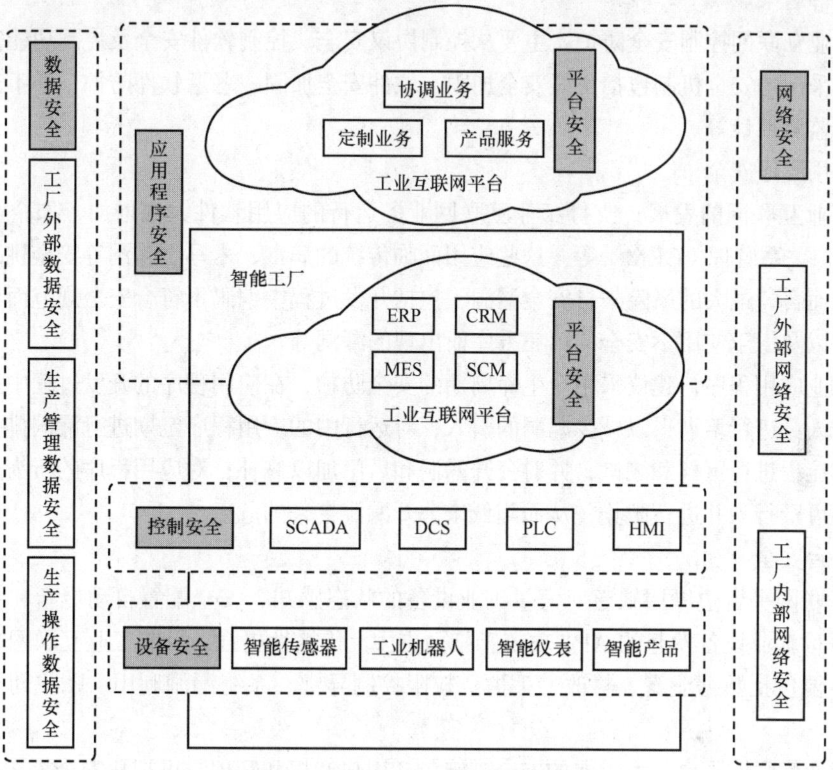


图 7-2　工业互联网安全防护内容

工业互联网的发展使得现场设备由机械化向高度智能化转变，并产生了“嵌入式操作系统+微处理器+应用软件”的新模式，这就使得未来海量智能设备可能会直接暴露在网络攻击之下，面临攻击范围扩大、扩散速度增加、漏洞影响扩大等威胁。

工业互联网设备安全具体应分别从操作系统、应用软件安全与硬件安全两个方面出发部署安全防护措施，可采用的安全机制包括固件安全增强、恶意软件防护、设备身份鉴别与访问控制、漏洞修复等。

（3）网络安全

网络安全包括承载工业智能生产和应用的工厂内部网络安全和工厂外部网络安全等。

工业互联网的发展使得工厂内部网络呈现出 IP 化、无线化、组网方式灵活化与全局化的特点，工厂外部网络呈现出信息网络与控制网络逐渐融合、企业专网与互联网逐渐融合以及产品服务日益互联网化的特点。这就造成传统互联网中的网络安全问题开始向工业互联网蔓延。此外，随着工厂业务的拓展和新技术的不断应用，今后还会面临 5G/SDN 等新技术引入、工厂内外网互联互通进一步深化等带来的安全风险。

（4）控制安全

控制安全包括 SCADA、DCS、PLC、HMI 等。

工业互联网使得生产控制由分层、封闭、局部逐步向扁平、开放、全局方向发展。其中，在控制环境方面表现为信息技术与操作技术融合，控制网络由封闭走向开放；在控制布局方面表现为控制范围从局部扩展至全局，并伴随着控制监测上移与实时控制下移。上述变化改变了传统生产控制过程封闭、可信的特点，造成安全事件危害范围扩大、危害程度加深、信息安全与功能安全问题交织等后果。

对于工业互联网控制安全防护，主要从控制协议安全、控制软件安全及控制功能安全 3 个方面考虑，可采用的安全机制包括协议安全加固、软件安全加固、恶意软件防护、补丁升级、漏洞修复、安全监测审计等。

（5）应用程序安全

随着工业互联网的发展，支撑工业互联网业务运行的应用软件大幅增加，如企业资源计划（ERP）、客户关系管理（CRM）等。这些应用面临传统的病毒、木马、漏洞等安全挑战。对于工业应用程序而言，最大的风险来自安全漏洞，包括开发过程中编码不符合安全规范而导致的软件本身的漏洞以及由于使用不安全的第三方库而出现的漏洞等。

对于工业应用程序，建议采用全生命周期的安全防护，在应用程序的开发过程中进行代码审计并对开发人员进行培训，以减少漏洞的引入；对运行中的应用程序定期进行漏洞排查，对应用程序的内部流程进行审核和测试，并对公开漏洞和后门加以修补；对应用程序的行为进行实时监测，以发现可疑行为并进行阻止，从而降低未公开漏洞带来的危害。

（6）平台安全

工业互联网平台边缘层缺乏对海量工业设备的状态感知、安全配置自动更新和主动管理，导致利用海量工业设备发起的 APT 攻击感染面更大、传播性更强。目前工业互联网平台面临的安全风险主要包括数据泄露、篡改、丢失、权限控制异常、系统漏洞利用、账户劫持、设备接入安全等。

对于工业互联网平台，可采取的安全措施包括用户授权和管理、虚拟化安全等。在用户授权和管理方面，工业互联网平台用户分属不同企业，需要采取严格的认证授权机制保证不同用户能够访问不同的数据资产。同时，认证授权需要采用更加灵活的方式，确保用户间可以通过多种方式将数据资产分模块分享给不同的合作伙伴。在虚拟化安全方面，虚拟化是边缘计算和云计算的基础，为避免虚拟化出现安全问题影响上层平台的安全，在平台的安全防护中要充分考虑虚拟化安全。虚拟化安全的核心是实现不同层次及不同用户的有效隔离，其安全增强可以通过采用虚拟化加固等防护措施来实现。

### 7.2.3 工业互联网安全防护措施

工业互联网安全防护以数据为核心，包括安全态势感知控制、安全防护数字模型、安全决策优化 3 个基本层次，以及一个由自下而上的信息流和自上而下的决策流构成的工业安全防护优化闭环，如图 7-3 所示。

（1）安全态势感知控制层

安全态势感知控制层构建安全态势的底层输入输出接口，包括感知、识别、控制和执行 4 类功能。

① 感知是指利用各类软硬件方法采集蕴含资产属性、状态及行为等特征的数据，如用温度传感器采集电机运行中的温度变化数据。

② 识别是指在数据与资产之间建立对应关系，明确数据所代表的对象，如需要明确定义哪一个传感器所采集的数据代表了特定电机的温度信息。

③ 控制是指将预期目标转化为具体控制信号和指令，如将工业机器人末端运动转化为各个关节处电机的转动角度指令信号。

④ 执行是指按照控制信号和指令来改变物理世界中的资产状态，既包括工业设备机械、电气状态的改变，又包括人员、供应链等操作流程和组织形式的改变。

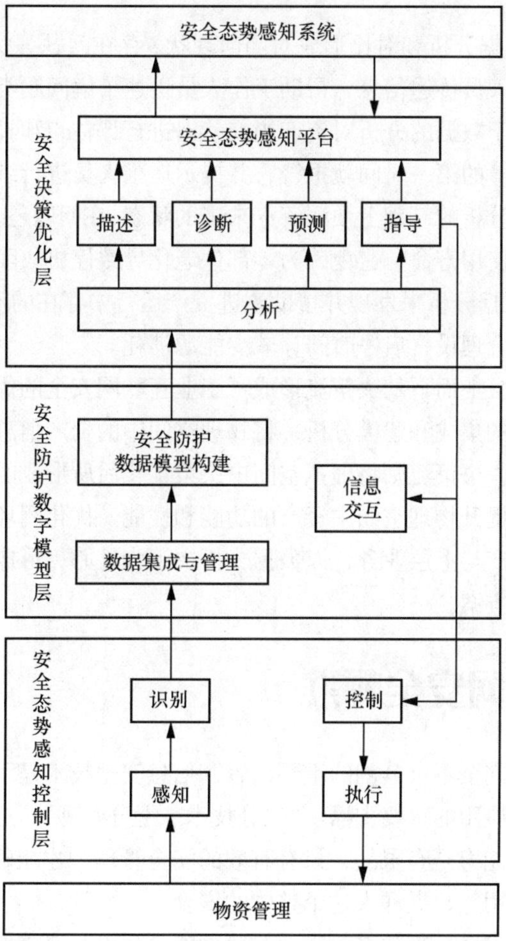

图 7-3　基于数据整合与分析的安全防护措施框架

（2）安全防护数字模型层

安全防护数字模型层用于强化数据、知识、资产等的虚拟映射与管理组织，提供支撑安全态势感知的基础资源与关键工具，包含数据集成与管理、安全防护数据模型构建、信息交互 3 类功能。

① 数据集成与管理将原来分散、杂乱的海量、多源、异构数据整合成统一、有序的新数据源，为后续分析优化提供高质量数据资源，涉及数据库、数据湖、数据清洗、元数据等技术产品应用。

② 安全防护数据模型构建是指综合利用大数据、人工智能等数据方法和物理、化学、材料等各类工业经验知识，对资产行为特征和因果关系进行抽象化描述，形成各类模型库和算法库。

③ 信息交互是指通过不同资产之间数据的互联互通和模型的交互协同，构建出覆盖范围更

广、智能化程度更高的“系统之系统”。

（3）安全决策优化层

安全决策优化层聚焦数据挖掘分析与价值转化，形成安全态势感知的核心功能，主要包括分析、描述、诊断、预测和指导。

① 分析功能：借助各类模型和算法的支持将数据背后隐藏的规律显性化，为描述、诊断、预测和指导功能的实现提供支撑，常用的数据分析方法包括回归分析、方差分析、聚类分析、假设检验、文本分析等。

② 描述功能：通过数据分析和对比形成对当前现状、存在问题等状态的基本展示，如在数据异常的情况下向现场工作人员传递信息，帮助工作人员迅速了解问题类型和内容。

③ 诊断功能：主要基于数据的分析对资产当前状态进行评估，及时发现问题并提供解决建议，如能够在数控机床发生故障的第一时间就报警，并提示运维人员进行维修。

④ 预测功能：在数据分析的基础上预测资产未来的状态，在问题还未出现的时候就提前介入，如预测风机核心零部件的使用寿命，避免因为零部件老化导致停机故障。

⑤ 指导功能：利用数据分析来发现并帮助改进资产运行中存在的不合理、低效率问题，如分析高功耗设备运行数据，合理设置启停时间，减少能源消耗。

自下而上的信息流和自上而下的决策流形成了工业互联网安全的优化闭环。其中，信息流从数据感知出发，通过数据的集成和建模分析，将物理空间中的资产信息和状态向上传递到虚拟空间，为决策优化提供依据。决策流则将虚拟空间中决策优化后所形成的指令信息向下反馈到控制与执行环节，用于改进与提升物理空间中资产的功能和性能。优化闭环就是在信息流与决策流的双向作用下，连接底层资产与上层业务，以数据分析决策为核心，形成面向不同工业场景的工业互联网安全态势感知解决方案。

## 7.3 工业互联网安全标准

信息安全管理是信息安全不可分割的重要内容，信息安全技术是手段，而信息安全管理是保障，是信息安全技术成功应用的重要支撑。“三分技术、七分管理”，这是强调管理的重要性。仅通过技术手段实现的安全能力是有限的，只有有效的安全管理，才能确保技术发挥其应有的安全作用，真正实现设备、应用、数据和人这个整体的安全。

建立健全工业互联网安全标准体系对工业互联网安全建设具有重要的指导意义。通过工业互联网安全标准体系建设，可有效提高工业互联网安全风险的管控能力，通过与等级保护等工作的结合，使工业互联网安全管理更加科学有效。同时，工业互联网安全标准体系的建立将使企业安全实施水平与国际先进水平接轨，从而加快工业互联网安全的落实。

### 7.3.1 我国工业互联网安全标准进展

自 2010 年以来，我国陆续开展工业控制系统信息安全相关标准的研究制定工作。截至本书完稿时，全国已有多个相关标委会开展了该领域标准执行工作。全国工业过程测量控制和自动化标准化技术委员会从自动化领域入手，借鉴 IEC 62443 等系列标准，研究制定了《工业通信网络 网络和系统安全 建立工业自动化和控制系统安全程序》《工业控制系统信息安全 第 1 部分：评估规范》《工业控制系统信息安全 第 2 部分：验收规范》等工业控制系统的安全标准。全国信息安全标准化技术委员会（TC260）作为全国信息安全领域标准化归口组织，归口管理全国信息安全领域的相关国家标准化工作。截至本书完稿时，已发布《信息安全技术 工业控制系统安全控制应用指南》等相关国家标准，同时立项国家标准十余项。自 2018 年以来，我国发布的部分工业互联网安全的相关标准如表 7-2 所示。

表 7-2 我国发布的部分工业互联网安全的相关标准

| 发布时间 | 标准名称 |
|---|---|
| 2018 年 1 月 | 《信息安全技术 关键信息基础设施安全检查评估指南》 |
| 2018 年 2 月 | 《工业互联网平台 安全防护要求》 |
| 2018 年 3 月 | 《电力信息系统安全检查规范》 |
| 2018 年 6 月 | 《信息安全技术 工业控制系统安全管理基本要求》 |
| 2018 年 6 月 | 《信息安全技术 工业控制系统信息安全分级规范》 |
| 2018 年 6 月 | 《信息安全技术 工业控制系统风险评估实施指南》 |
| 2018 年 6 月 | 《信息安全技术 工业控制系统现场测控设备通用安全功能要求》 |
| 2019 年 8 月 | 《信息安全技术 工业控制系统网络审计产品安全技术要求》 |
| 2019 年 8 月 | 《信息安全技术 工业控制网络监测安全技术要求及测试评价方法》 |
| 2019 年 8 月 | 《信息安全技术 工业控制系统漏洞检测产品技术要求及测试评价方法》 |
| 2019 年 8 月 | 《信息安全技术 工业控制系统产品信息安全通用评估准则》 |
| 2019 年 8 月 | 《信息安全技术 工业控制系统安全检查指南》 |
| 2019 年 8 月 | 《信息安全技术 工业控制网络安全隔离与信息交换系统安全技术要求》 |
| 2019 年 8 月 | 《信息安全技术 工业控制系统专用防火墙技术要求》 |
| 2021 年 12 月 | 《工业互联网安全标准体系（2021 年）》 |

除此之外，我国还针对传感器、数据传输、网络应用等方面，立项研究制定了相关标准，如针对视频监控安全，全国安全防范报警系统标准化技术委员会（TC100）已制定几项视频安防监控系统相关安全国家标准，含强制性标准和行业标准，包含管理、技术、测试验收等方面。

## 7.3.2 国外工业互联网安全标准进展

美国、欧盟、德国等发达国家和组织在新一代工业革命到来之际，加快了工业互联网安全、平台安全、数据安全、基础设施安全等方面的标准研究和制定工作，不断完善工业互联网安全标准体系，以满足新技术、新应用的需求。

（1）美国

2018 年 11 月，美国成立网络安全和基础设施安全局（CISA），负责网络和基础设施的安全，并将工控安全列为优先事项。CISA、能源部等政府机构注重与产业界的合作，加强工业、能源等领域的信息安全保障建设。同时，美国持续开展工业互联网安全领域的立法工作，为安全产业发展提供法律支撑，仅在 2019 年就通过了《物联网设备安全法案》《保障能源基础设施法》《利用网络安全技术保护电网资源法案》《供应链网络安全风险管理指南》，全面保障物联网、能源、电力、医疗等关键基础设施的信息安全。

（2）欧盟

欧盟注重加强网络安全资源整合，促进产业多方协作。欧盟网络与信息安全局（ENISA）发布的《工业 4.0 网络安全挑战和建议》，提出了工业物联网安全面临的 7 项主要挑战，据此指导工业信息安全建设，为欧盟“工业 4.0”发展奠定基础。欧盟成立了工控安全应急响应组，负责信息采集与共享、各类工控安全事件响应分析、行业安全态势分析、协调实施关键基础设施保护计划等工作；发布了《保护信息时代社会安全战略》《国家网络安全策略——为加强网络空间安全的国家努力设定线路》《欧盟网络安全战略》《关键基础设施保护计划》《网络和信息系统安全指令》《通用数据保护条例》等战略文件和法律法规。

（3）德国

德国作为传统制造强国，在国家层面大力推进“工业 4.0”战略，期望通过数字化、网络化、智能化手段来提高工业效率，巩固其在全球制造业中的龙头地位。2015 年，德国政府牵头，联合相关协会、企业启动建设升级版“工业 4.0 平台”，将数据安全作为 5 个主题之一；先后发布了《工业 4.0 安全指南》《工业 4.0 中的 IT 安全》《跨企业安全通信》《安全身份标识》等指导性文件，提出了以信息物理系统平台为核心的分层次安全管理思路。德国联邦信息安全局（BSI）出台了《2019 年工业控制系统安全面临的十大威胁和反制措施》等多份工控安全实施建议文件，具体指导企业做好工业信息安全防护工作。

（4）日本

2016 年，日本提出了以 AI 技术为基础、以提供个性化产品和服务为核心的“超智能社会 5.0”概念，“互联工业”是其中的重要组成部分；同年成立工业网络安全促进机构（ICPA），专门抵御关键基础设施的网络攻击。2019 年 4 月，日本经济产业省（METI）发布了《网络 / 物理安全对策框架》及其配套的一系列行动计划，用于确保新型供应链的整体安全，全面梳理产业所需的安全对策。同时，日本积极实施供应链网络安全强化、网络安全经营强化、安全人才培养、安全业务生态系统建设等配套行动计划。

（5）韩国

2019 年，韩国颁布《国家网络安全基本规划》，要求增强网络修复和存活的能力，指导改善信息通信网络和信息基础设施的安全环境，加大对新一代安全基础设施的研发和推广力度，有效提升关键基础设施的安全性。同时，韩国政府提出制订人才培养计划，组织开展研发活动，构建创新安全产业生态圈。

### 7.3.3 工业互联网安全标准体系

2021 年 12 月 9 日，在工业和信息化部网络安全管理局指导下，工业互联网产业联盟、工业信息安全产业发展联盟、工业和信息化部商用密码应用推进标准工作组共同发布了《工业互联网安全标准体系（2021 年）》，主要内容如图 7-4 所示。

《工业互联网安全标准体系（2021 年）》包括分类分级安全防护、安全管理、安全应用服务 3 个类别、16 个细分领域以及 76 个具体方向，对切实发挥标准规范引领作用、加快建立网络安全分类分级管理制度、强化工业互联网企业安全防护能力、推动网络安全产业高质量发展具有重要支撑作用。

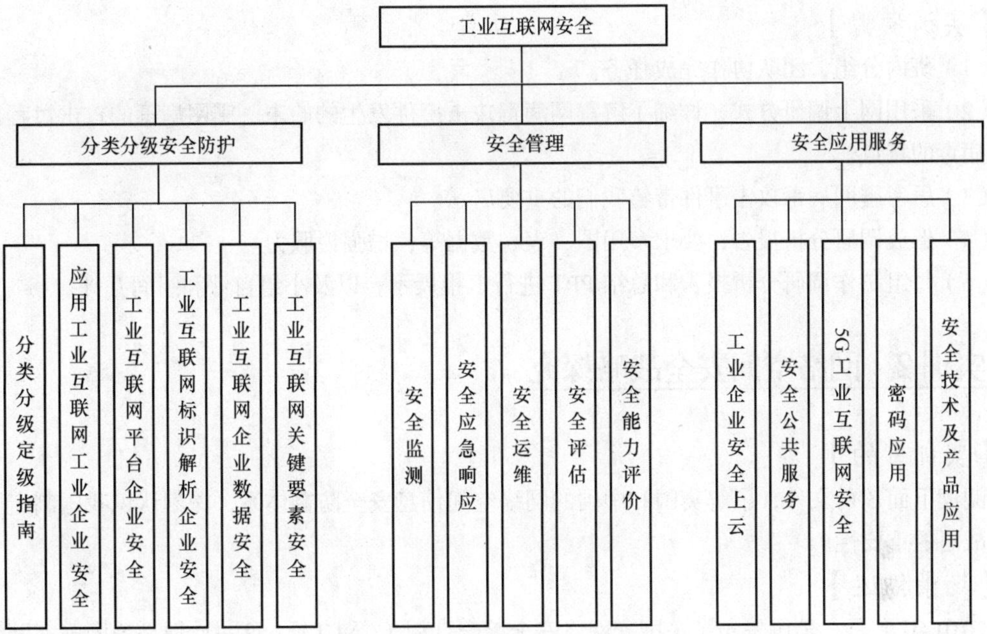


图 7-4　《工业互联网安全标准体系（2021 年）》总体框架

# 【实训演练】

## 实训 1　震网病毒攻击事件探究

【实训目的】

通过探究震网病毒攻击事件，深刻认识工业领域的安全威胁和网络攻击危害性，提高安全观念和安全意识。

【场景描述】

2010 年 6 月，震网病毒攻击首次被发现，这是已知的第一个以关键工业基础设施为目标的蠕虫病毒，其感染并破坏了伊朗纳坦兹核设施，并最终使伊朗布什尔核电站推迟启动。

2014 年，美国人出版了《零日漏洞：震网病毒全揭秘》。该书是目前关于震网病毒入侵伊朗纳坦兹核设施事件的读物，也为人们揭开了零日漏洞攻击的神秘面纱。

2016 年，美国导演执导的纪录片《零日》讲述了震网病毒攻击伊朗纳坦兹核设施的故事，揭露了网络武器的巨大危险性。

在传统工业与信息技术融合不断加深、传统工业体系的安全核心从物理安全向信息安全转移的趋势和背景下，伊朗纳坦兹核设施遭受震网病毒攻击事件尤为值得我们思考。这是一起极不寻常的攻击，究其原因有 3 个：一是传统的网络攻击追求影响范围的广泛性，而这一攻击具有极其明确的目的，即攻击特定工业控制系统及特定的设备；二是传统的攻击大都利用通用软件的漏洞，而这一攻击则完全针对行业专用软件，使用了多个全新的零日漏洞（新发现的漏洞，尚无补丁和防范对策）进行全方位攻击；三是这一攻击能够精巧地渗透到内部专用网络中。

【实训步骤】

（1）班内分组，团队协作完成任务。

（2）采用网上调研方式，详细了解震网病毒攻击事件发生的始末、震网病毒的攻击过程以及震网病毒的特点。

（3）思考震网病毒攻击事件带给我们的重要启示。

（4）形成调研分析报告，要求多用图、表、数据等，增强说服力。

（5）每组制作调研分析报告和总结 PPT 进行汇报展示，以及小组自评和组间互评。

## 实训 2　网络空间安全战略探究

【实训目的】

阅读下面 3 份文件，了解美国和中国的网络空间信息安全防御体系，深刻认识我国制定国家安全战略的重要性。

【场景描述】

2010 年 1 月，美国发布了《国家网络安全综合计划（CNCI）》，这一计划是美国国家网络信息安全的中长期发展战略，旨在保护美国的网络安全，防止美国遭受各种恶意或敌对的电子攻击，并能对敌方展开在线攻击。

2014 年 2 月，美国商务部国家标准与技术研究院（NIST）发布了《提升关键基础设施网络安全框架（1.0 版）》，并于 2018 年 4 月发布了 1.1 版，旨在加强电力、运输和电信等关键基础设施部门的网络空间安全。

2016 年 12 月 27 日，中国发布了《国家网络空间安全战略》，文件阐明了中国关于网络空间发展和安全的重大立场，指导中国网络安全工作，维护国家在网络空间中的主权、安全、发展利益。

【实训步骤】

（1）班内分组，团队协作完成任务。

（2）采用网上调研方式，阅读上述文件。

（3）重点阅读我国《国家网络空间安全战略》，理解网络空间、国家关键信息基础设施等术语的内涵；以复杂的国际竞争形势为背景，认识我国制定《国家网络空间安全战略》的重要性，并总结其带给我们的启示。

（4）形成调研分析报告，采用比较法，增强说服力。

（5）每组制作调研分析报告和总结 PPT 进行汇报展示，以及小组自评和组间互评。

# 【项目小结】

本项目首先介绍了信息安全的概念、属性、原则和模型，在此基础上给出了工业互联网安全的概念，并介绍了网络空间安全的典型案例和工业互联网安全风险的主要来源，比较了工业互联网安全与传统网络安全；然后介绍了工业互联网安全的目标、防护内容和防护措施；最后介绍了工业互联网安全标准，包括国外和国内的进展以及我国的工业互联网安全标准体系。通过网络安全虚拟平台搭建、震网病毒攻击事件和网络空间安全战略探究实训加强读者对工业互联网安全的理解与认识。

## 【练习题】

1. 名词解释

（1）信息安全 （2）可认证性 （3）不可否认性 （4）工业互联网安全

（5）网络空间 （6）工业互联网可用性 （7）数据安全 （8）控制安全

2. 单选题

（1）信息安全的基本属性不包括（　　）。

A. 可用性　　B. 实时性

C. 保密性　　D. 完整性

（2）最常见的信息安全模型为（　　）模型。

A. PDRR　　B. PRDR

C. RPDR　　D. DRPR

（3）以下（　　）不是工业互联网安全风险的来源。

A. 设备　　B. 平台

C. 应用　　D. 算法

（4）工业互联网安全目标有（　　）个。

A. 4　　B. 5

C. 6　　D. 7

（5）《工业互联网安全标准体系（2021 年）》包括（　　）个类别和（　　）个细分领域。

A. 3， 6　　B. 6，6

C. 6，16　　D. 3，16

3. 多选题

（1）信息安全的模型中包括（　　）。

A. 检测　　B. 认证

C. 防护　　D. 识别

（2）工业互联网安全应包括（　　）。

A. 数据安全　　B. 设备安全

C. 网络安全　　D. 服务安全

（3）网络安全包括承载工业智能生产和应用的（　　）。

A. 工厂内部网络安全　　B. 局域网安全

C. 广域网安全　　D. 工厂外部网络安全

（4）基于数据整合与分析的安全防护措施框架中，安全决策优化层的功能包括（　　）。

A. 指导　　B. 分析

C. 预测　　D. 描述

（5）《工业互联网安全标准体系（2021 年）》包括的类别有（　　）。

A. 安全管理　　B. 安全应用服务

C. 安全决策优化　　D. 分类分级安全防护

4. 判断题

（1）信息安全与计算机安全、网络安全、数据安全等相互关联、关系密切。（　）

（2）安全隔离原则是信息安全的原则之一。（　）

（3）工业互联网安全目标有 5 个，分别是工业互联网的可靠性、保密性、完整性、可用性、隐私和数据保护。（　）

（4）完整性是衡量工业互联网业务在投入使用后实际使用的效能。（　）

（5）工业互联网可用性指工业互联网业务在一定时间内、一定条件下无故障地执行指定功能的能力或可能性。（　）

5. 填空题

（1）信息安全的安全属性主要包括______、______、______、可认证性和不可否认性等。

（2）工业互联网有 5 个安全目标，分别是______、______、______、______和______。

（3）工业互联网安全从防护对象视角可分为______、______、______、______和______。

（4）工业互联网安全以数据为核心，包括______、______和______3 个基本层次。

（5）我国《工业互联网安全标准体系（2021 年）》包括______、______和______3 个类别。

6. 简答题

（1）画图并解释信息安全模型的内容。

（2）简述工业互联网安全与传统网络安全的区别。

（3）简述工业互联网安全的防护对象。

（4）简述工业互联网安全的防护措施。

（5）列出《工业互联网安全标准体系（2021 年）》的主要内容。

## 【拓展演练】

制定工业互联网安全标准体系对于系统推进工业互联网的应用具有十分重要的意义。为深入贯彻落实《国务院关于深化“互联网+先进制造业”发展工业互联网的指导意见》《加强工业互联网安全工作的指导意见》《工业互联网创新发展行动计划（2021—2023 年）》等文件要求，加快基础共性、关键技术、典型应用等产业亟须标准制定，在工业和信息化部网络安全管理局指导下，2021 年 12 月工业互联网产业联盟、工业信息安全产业发展联盟、工业和信息化部商用密码应用推进标准工作组共同发布了《工业互联网安全标准体系（2021 年）》。请上网查阅该文件，探究有关工业互联网安全分类分级、细分领域和具体方向等内容。

# 项目8

# 工业互联网行业应用

## 【项目引入】

随着信息技术的快速发展和普及，工业互联网作为一种新兴的生产模式和经济形态，近年来得到迅速发展和广泛应用，推动着传统制造业向智能制造转型升级。尤其是在重工、物流、电力、港口、钢铁等行业，工业互联网具有广阔的应用前景和巨大的发展潜力。工业互联网的应用和发展，不仅会对企业产生重大影响，而且会对整个产业链和经济社会造成深远的影响，并带来巨大的变化和机遇。随着数字化、智能化、信息化技术的不断推进和应用，工业互联网为企业提供了更多、更优的解决方案，使传统的产业获得可以改变现有业务模式、升级产品和服务以及提高市场竞争力的机遇。

## 【知识目标】

- 了解工业互联网在重工行业的应用，熟悉智慧工厂。
- 了解工业互联网在物流行业的应用，熟悉“货到人”分拣系统。
- 了解工业互联网在电力行业的应用，熟悉泛在电力物联网应用架构。
- 了解工业互联网在港口行业的应用，熟悉无人集卡远程驾驶系统。
- 了解工业互联网在钢铁行业的应用，熟悉钢铁企业的智能制造系统。

## 【能力目标】

- 能描述工业互联网在重工行业的应用场景。
- 能描述穿梭式货架的主要优点。
- 能画图并描述泛在电力物联网应用架构。
- 能描述无人集卡远程驾驶系统的3个核心能力。

- 能描述钢铁工业流程的复杂性和其中工业互联网的应用场景。

## 【素质目标】

- 增强认真学习工业互联网知识的意识。
- 树立开展工业互联网应用的良好理念。
- 培养良好的团队协作能力和沟通能力。

## 【学习路径】

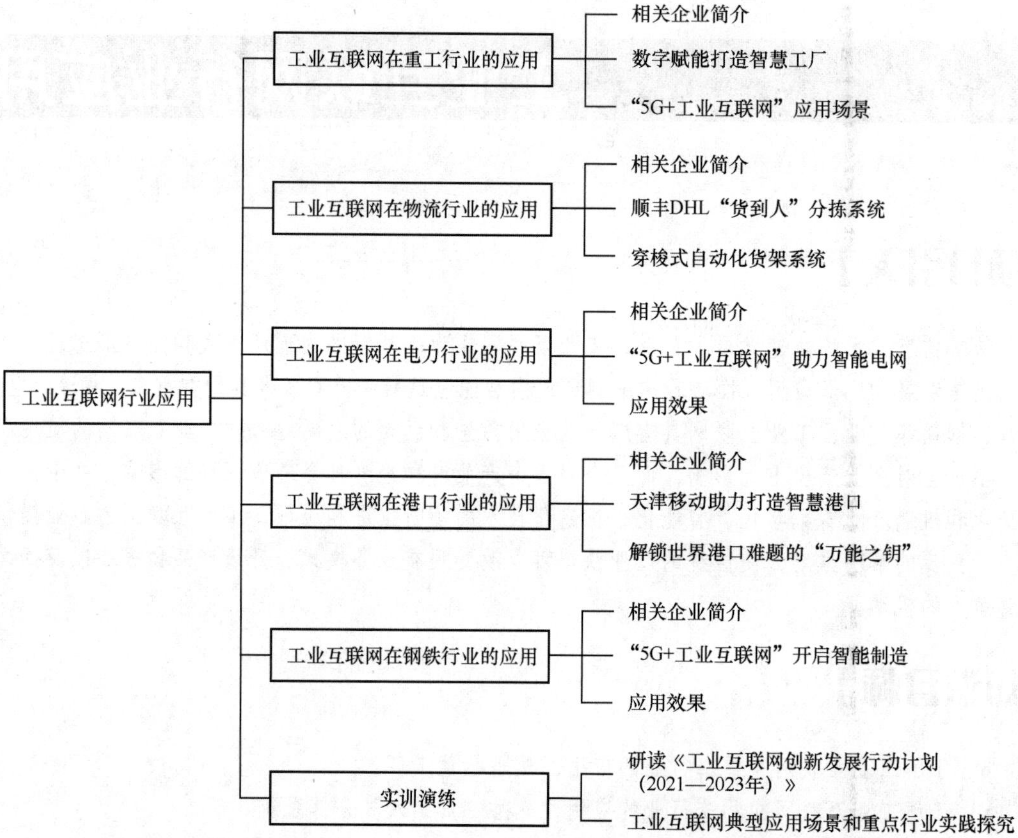


## 【知识准备】

# 8.1 工业互联网在重工行业的应用

### 8.1.1 相关企业简介

三一重工股份有限公司（后文简称三一重工），由三一集团有限公司创建于1994年，通过打破国人传统的“技术恐惧症”、坚持自主创新而迅速崛起。2003 年 7 月 3 日，三一重工在 A 股上市。2011 年 7 月，三一重工以 215.84 亿美元的市值荣登英国《金融时报》全球 500 强。2012 年 1 月，三一重工收购德国普茨迈斯特，一举改变全球行业竞争格局。

三一重工产品包括混凝土机械、挖掘机械、起重机械、桩工机械、筑路机械等。其中，混凝土机械设备目前为全球第一，挖掘机、大吨位起重机、旋挖钻机、路面成套设备等主导产品已成为中国第一。自 1994 年成立以来，三一重工取得了持续快速发展，是全球领先的工程机械制造商，也是全球最大的混凝土机械制造商，并于 2020 年以 98705 台挖掘机的销量，首夺全球挖掘机销量冠军。

“灯塔工厂”项目由达沃斯世界经济论坛与管理咨询公司麦肯锡合作开展遴选，被誉为“世界上最先进的工厂”，具有榜样意义的“数字化制造”和“全球化 4.0”示范者，代表当今全球制造业领域智能制造和数字化的最高水平。2021 年 9 月 27 日，在正式发布的新一期全球制造业领域“灯塔工厂”名单中，三一重工北京桩机（后文简称三一桩机）工厂成功入选，成为全球重工行业首家获得认证的“灯塔工厂”。图 8-1 所示为三一桩机“灯塔工厂”内部实景。

图 8-1　三一桩机“灯塔工厂”内部实景

“灯塔工厂”广泛采用视觉识别、工艺仿真、重载机器人等前沿的工业技术和数字技术，极大地提高了人机协同效率，提高了生产效率，降低了制造成本，改善了生产工艺。三一重工以“灯塔工厂”建设为核心，以数据采集与应用、工业软件建设与应用、流程四化为抓手，实现管控精细化、决策数据化、应用场景化。三一重工推广应用机器人、自动化系统、物联网、视觉识别、AI 等技术，提升制造工艺水平、生产效率，大幅降低制造成本；依托 SCM 项目实施及 MES 升级优化实现制造管理过程数字化；运用智能检测和大数据分析等技术，实现质量检测过程中的数字化、在线化。

目前，三一桩机工厂是全球最大的桩工机械制造基地，也是全球重工业智能化程度最高、人均产值最高、单位耗能最低的工厂之一。背后依托的数字化转型新基座，是由树根互联打造的自主可控的工业互联网操作系统——“根云平台”，可支撑全局的智能化运维。

### 8.1.2 数字赋能打造智慧工厂

作为重型装备，桩工机械的生产模式属于典型的离散制造，多品种、小批量、工艺复杂，各零部件加工过程相互独立，互不配合，生产线之间无法衔接。同时，工厂生产设备繁多，内网主要使用 Wi-Fi、老旧五类线、光纤，布线复杂，往往牵一发而动全身，部署和调整周期长，成本高。设备、生产等各类信息的互联互通，成为这一传统制造"大象"的"任督二脉"。而且桩工机械生产面临的更大挑战在于工件复杂，又大、又重、又长，如 170 多种钻杆中最长的有 27 m，重达 8 t，20 多种动力头中最重的达 16 t。

5G 和工业互联网时代的到来，让三一桩机工厂找到了突破口。在三一桩机工厂里，由树根互联打造的"根云平台"成为撬动质量变革、效率变革和动力变革的支点。依托由树根互联打造的"根云平台"，实现生产制造要素全连接，整个工厂已成为深度融合互联网、大数据和人工智能的"智慧体"。2019 年，三一桩机工厂改造项目启动，全面引入 5G 技术，探索 5G 技术与工业领域的深度融合。通过部署上行容量在 100 kbit/(s·m$^2$) 以上、单终端达 300 Mbit/s 以上、时延在 20 ms 左右的 5G 虚拟专网，三一桩机工厂将 8 个柔性工作中心、16 条智能化产线、375 台生产设备、上千台水电油气仪表实现全连接，让工业制造全流程实现高效互联互通。三一桩机工厂以 5G 连接为"神经"，就像打通"任督二脉"一般，把"肌肉""骨骼""大脑"协调起来，组成了智能制造的有机整体。

打通"任督二脉"的"大象"，已经具备了在数字化转型道路上奔跑的基本条件，如何跑起来是三一桩机工厂要考虑的关键。依托 5G 技术大带宽、广连接、低时延、高可靠等特性，很多受限于传统网络不稳定、速度慢、时延高等而无法实现的功能，在三一桩机工厂一一落地。

目前，在这家工厂里，小到一块钢板的分拣，大到十多吨桅杆的装配，已全部由机器人自动化完成。通过"智能大脑"工厂控制中心（FCC），订单可快速分解到每条柔性生产线、每个工作岛、每台设备、每个工人，实现从订单到交付的全流程数据驱动。沿着数据流程，产品能够"了解"自己被制造的全过程和细节。该工厂里还有"双手""慧眼""飞毛腿"等高效协同分解任务，共同维持智慧工厂的飞速运转。在工厂内，基于"5G+AR"设备的"人机协同"技术已得到广泛应用。物料分拣、销轴装配等传统劳累工作、危险工作不再需要人力操作，全部由机器人高效完成。

### 8.1.3 "5G + 工业互联网"应用场景

在三一桩机工厂中，随处可见 5G 与工业互联网赋能的数字化转型场景。

（1）"机器视觉+工业机器人"的组合，给三一桩机工厂安上了一双"慧眼"。借助 2D/3D 视觉传感技术、AI 算法以及高速的 5G 网络，工厂实现了智能工业机器人在大型装备自适应焊接、高精度装配等领域的深入应用，并解决了"16 t 动力头无人化装配""厚 40 mm、宽 60 mm 钻杆方头多层单道连续焊接"等多个难题。

（2）双 AGV 联动重载物流，让物料搬运拥有"飞毛腿"。在精准授时、低时延的 5G 无线工业专网的保证下，行业首创重载 AGV"双车梦幻联动"，实现 27 m 超长、超重物料的同步搬运和自动上下料，堪称聪明的物料搬运"飞毛腿"。

（3）人机协同让机器人也能成为“老师傅”。通过强大的人机协同，充分融合人的灵活性和机器人的大负荷双重优势。机器人 AI 还能免编程学习熟练工人的技能和手法，并作为教具“以老带新”，最终实现技能传授和工厂“老师傅”工匠精神的传承。

（4）由树根互联打造的“根云平台”也在日夜不停地计算。工厂里 36000 多个数据点不断采集数据，通过数据可视化技术在大屏幕上实时显示，并结合 AI 分析与大数据建模，为每道工序、每个机型甚至每把刀具等匹配最优参数，优化生产节拍，算出设备作业效率最优解。

（5）通过工匠技能和实践经验的参数化及软件化，借助激光传感技术以及自适应算法，在工厂内实现了机器人在重型装备厚管的柔性焊接，解决了工匠技术传承难、重型装备厚管人工焊接效率低、质量一致性差等管理难题。

高度柔性生产让生产潜能得到极大发挥。相比改造前，三一桩机工厂在同样的厂房面积下产值翻了一番，总体生产设备作业率从 66.3%提升到 86.7%，平均故障时间下降 58.5%。目前，该工厂可生产近 30 种机型，“柔性智造”水平全球领先，实现了“大象跳舞”。2020 年，三一桩机工厂的人均产值已达到 1072.8 万元。

随着以树根互联“根云平台”为代表的新型信息基础设施的广泛部署，工业互联网逐渐成为新一轮工业革命下强大的新型生产力。在未来，以树根互联“根云平台”为数字化转型新基座的“灯塔工厂”将作为成功范本，为更多产业链伙伴、行业乃至整个“中国智造”开路引航，照亮数字新航道。

# 8.2 工业互联网在物流行业的应用

## 8.2.1 相关企业简介

### 1. 华为云

华为云成立于 2005 年，隶属华为公司，将华为在信息与通信技术（ICT）领域 30 多年的技术积累和产品解决方案开放给客户，提供稳定可靠、安全可信、可持续发展的云服务。华为云致力于为用户提供一站式云计算基础设施服务，让云无处不在，让智能无所不及，共建智能世界的云底座。华为云立足于互联网领域，提供包括云主机、云托管、云存储等基础云服务、超算、内容分发与加速、视频托管与发布、企业 IT、云计算机、云会议、游戏托管、应用托管等服务和解决方案。

华为云产品和服务严格按照行业规范，在行业固有技术的基础上做了改进和创新，引入了多项华为独有的新技术，通过降低成本、弹性灵活、安全防护、高效管理等优势惠及用户。

（1）降低成本

华为云通过按需付费的方式提供远低于传统模式价格的产品和服务，让客户不必为服务器等设施做一次性资金投入，不必缴纳放置服务器的机柜费用，也不必为带宽使用签订长期协议，完全即需即用。

（2）弹性灵活

华为云提供弹性计算资源，提高服务器、带宽等资源利用率。当业务量上升时，不需要为服务器等资源的采购到位等待数十天，只需要几分钟即可开通几台至数百台云主机。业务量经过峰值期而下降，也不必担心资源浪费，多余资源会被自动释放回收。

（3）安全防护

华为云是经过行业认证和授权的、安全持久的专业云计算平台，采用数据中心集群架构设计，从网络接入到管理配备7层安全防护，云主机采用如SAS磁盘、独立磁盘冗余阵列（RAID）技术以及系统卷快照备份，确保云主机的稳定性和安全性。存储方面是通过用户鉴权、访问控制、传输安全以及MD5码完整性校验来确保数据传输网络和数据存储、访问的安全性。

（4）高效管理

华为云采用基于浏览器的图形化管理平台——华为云管理平台，通过互联网轻松实现远程对华为云产品或服务的体验、下单、购买、账户充值、账户管理、资源维护管理、系统监控、系统镜像安装、数据备份、故障查询与处理等功能。

近年来，华为云在物流行业被广泛应用，为不同规模的物流客户提供各种灵活的云端解决方案，利用云计算、大数据、物联网和人工智能等数字化技术构建具有竞争力的物流解决方案，强化数据连接，打通生产、运输、仓储、分销等供应链信息流，降低多个环节的物流成本并提高物流效率，助力物流业务向数字化、智能化转型升级。

2. 顺丰DHL

顺丰是国内的快递物流综合服务商，经过多年发展，已初步建立为客户提供一体化综合物流解决方案的能力，不仅提供配送端的物流服务，还延伸至价值链前端的产、供、销、配等环节，从消费者需求出发，以数据为牵引，利用大数据分析和云计算技术为客户提供仓储管理、销售预测、大数据分析、金融管理等一系列解决方案。

顺丰还是一家具有网络规模优势的智能物流运营商。经过多年的潜心经营和前瞻性的战略布局，顺丰已形成拥有“天网+地网+信息网”三网合一、可覆盖国内外的综合物流服务网络，其直营网络相对国内同行网络控制力强、稳定性高，是独特稀缺的综合性物流网络体系。顺丰整合了德国邮政DHL集团在华供应链业务，为客户提供优质的集成供应链解决方案。

顺丰DHL作为行业领先的物流供应商，拥有多个自有和租赁物流园区，上海康桥物流园区便是其中之一。近年来，随着行业趋势的逐步变革，顺丰DHL在储存策略、运输配送策略、信息系统等方面进一步升级。为了适应物流行业的激烈竞争，以及更好地巩固行业地位，2019年6月，顺丰DHL与华为智慧园区建立初步合作意向并做出很多前瞻性尝试。

顺丰DHL物流园区面临的挑战如下。

（1）缺乏全局统一的运营中心。园区缺乏对运行状态的全面、直观的管理手段，园区内人员、车辆、泊位、仓库等运营状态信息不全面，缺乏全局统一的运营中心，难以实现园区运营可视、可管。

（2）泊位管理自动化水平不高。泊位按项目分配，调度手动处理，对于货车进入/离开泊位缺乏自动化管理手段。

（3）能耗管理自动化水平不高。存在温控库温度没有及时上报、包装车间依赖经验手动调节温度等问题。

（4）出入管理程序烦琐。自有人员/车辆、外来人员/车辆出入管理以人工模式为主，到访人员需要到园区门卫和公司前台多次手动签单，程序烦琐。

（5）仓库叉车难于管理。叉车采用租用模式，来自多个厂家，有些叉车的数据无法采集，而且存在保修处理不及时、检修记录不全面、更换配件周期长等问题。

（6）园区安保技防不足。区/仓库安防以人防为主，技防水平不高；核心安防区域需要多班轮值，安保人员投入较多。

针对以上挑战，顺丰 DHL 与华为云制定了“建连接”“汇数据”“+智能”的建设思路，并规划了“1 个中心+4 个场景+10 类需求”的建设内容。1 个中心指的是一个智能运营中心（IOC）大屏实时呈现仓库运营状态、温度状态、叉车实时运行状态、安防监控状态、车辆调度情况等，真正实现数字孪生；4 个场景是指综合安防场景、便捷通行场景、资产管理场景、泊位管理场景；10 类需求指的是视频巡逻、人车布控、访客管理、车辆识别自动放行、资产管理、资产盘点、轨迹追踪、资产超区域报警、智能调度和泊位状态可视化等。

随着工业互联网的快速发展，大量物流设施通过传感器接入互联网。同时，有大量托盘、集装箱、仓库和货物接入互联网，实现了实时同步相关物流信息，为智慧物流的部署奠定了基础。为了让物流畅通无阻，顺丰 DHL 联合华为云一起行动，以上海康桥物流园区为孵化场，借助华为智慧园区沃土数字平台以及全栈 ICT 能力，结合顺丰 DHL 的物流行业积累和创新实践，打造智慧新园区。

### 8.2.2　顺丰 DHL“货到人”分拣系统

“货到人”一般分为两种方式：一种是 AGV 机器人驮着整个货架来到拣选员的面前供其进行操作；另一种是 AGV 机器人从货架上选取货品所在的料箱送至拣选员处。两种“货到人”的方式各具特色，前者适合多种非标品的共同操作，但存储能力较低，所需 AGV 机器人数量多；后者存储能力强，所需 AGV 机器人数量少，一般适用于单一标品的独立操作。

随着仓储物流环节的柔性化、智能化，智能仓储机器人的需求正不断扩大，而在料箱搬运、拣选场景中，料箱式“货到人”系统成为重要助力。在顺丰 DHL 某服装品牌自动化仓库中，9 台机器人替代人工，通过在仓库内高效协同作业，可以完成该服装品牌中国区的库存管理和订单业务，大幅提升了仓库效率并实现信息化管理。顺风 DHL“货到人”系统如图 8-2 所示。

图 8-2　顺丰 DHL“货到人”系统

料箱式“货到人”系统支持 4 m 高的货架存取，相比传统人工货架提升了 80%的存储密度。每平方米平均存储 10 个标准料箱，大大提升了存储空间。AGV 机器人一次可搬运 4 个料箱，在仓库内快速实现物料存储、搬运、拣选、分拣的自动化。根据客户需求，每天可完成 1 万件货物的自动入库和自动出库。目前仓库内仅有 7 人，而没有使用自动化系统前需要 30 人保持仓库运转。

仓库区域内运行 9 台机器人，一次可携带 4 个料箱。料箱上贴有二维码，地面上也贴有二维码，方便机器人在存储、行走时进行数据计算及路径规划。据了解，该系统每小时可完成 2500 多件服装的入库，入库效率相比人工大大提高；每小时可完成近 700 件服装的拣选，出库效率也大幅提升。由“人找货”到“货到人”的升级不仅大幅提升了作业效率及准确性，还通过机器作业替代人工搬运作业有效缩短人员走动距离，大大降低了劳动强度。

“货到人”分拣系统具有十分明显的优势，以前限于自动化实现的难度和高昂的成本而难以推广。随着人工成本的不断攀升，以及工业互联网的普及和应用，“货到人”拣选技术有了全面应用的现实基础。该系统的具体优势如下。

（1）拣选高效

以拆零拣选为例，“货到人”分拣系统每小时完成 800～1000 订单行，是传统拆零拣选的 8～15 倍，这对于大型物流配送中心动辄数百人的拣选队伍来说，无疑具有巨大的优势。配合电子标签、射频（RF）终端、称重系统等辅助拣选系统，“货到人”分拣系统具有非常高的准确性。传统拣选系统的准确率一般在 99.5%～99.9%，而“货到人”拣选系统的误差可控制在万分之五以内。

（2）存储高效

“货到人”分拣系统由于采用立体存储和密集存储方式，因此可以大大提高存储密度。采用立体存储，空间利用率可以达到 45% 以上。如果采用密集存储技术，空间利用率更是可以达到 60% 以上，是传统方式的 4～5 倍。考虑到大型物流配送中心的作业面积可达 5 万 $m^2$ 以上，空间利用率大幅提升，其经济效益将非常显著。

（3）降低劳动强度

“货到人”分拣系统的另一个重要优势是大幅降低作业人员的劳动强度，是物流系统“以人为本”设计理念的具体体现。基于自动化立体库作业的整件“货到人”拣选，可以大幅减少人工搬运，尤其是托盘的搬运。传统的“人到货”拆零拣选作业，由于作业场地很大，完成一个班次的作业往往需要走很长的路。而“货到人”拆零拣选作业几乎没有行走路程，其作业平台充分考虑人体的舒适度，有的可对平台高度进行随意调节，以适应不同身高作业人员的需求，劳动强度大大降低。

### 8.2.3 穿梭式自动化货架系统

穿梭式自动化货架系统是一种高效率、高密度的存储系统，它通过使用穿梭车来完成货物的存储和取出。穿梭车可以在货架之间移动，将货物从货架上取下或放回货架，从而实现高效率的存储和取货。

在上海外高桥保税区，有顺丰 DHL 服务于某洋酒品牌的另一座现代化仓库。该洋酒仓占地 7000 $m^2$，设两个出入口：一个为进货口；另一个为出货口。与传统人工仓明显不同的是，这里配备的是穿梭式自动化货架系统——由货架、台车以及叉车组成的高密度存储系统。穿梭式自动化货架通过穿梭车在存储通道里作业，存取效率与安全性都高于传统货架，如图 8-3 所示。

图 8-3　顺丰 DHL 的穿梭式自动化货架系统

进货的流程是：将一标准托盘货品放到穿梭式自动化货架底层的台车上，然后利用手中的遥控器来操控台车，将货品放入指定位置。出货的流程与此相反，先遥控台车将货架深处的托盘移动至货架最前端，再用叉车将托盘从货架上取下，最后装入货车。

穿梭式自动化货架系统的主要优点如下。

（1）高密度存储

穿梭式自动化货架系统可以实现高密度存储，因为它可以使用货架的高度，也可以在货架之间移动，以最大化利用存储空间。

（2）高效率

穿梭式自动化货架系统可以实现高效率的存储和取货，因为它使用穿梭车来完成货物的存储和取出，而穿梭车可以在货架之间移动，以最小化存储和取货时间。

（3）自动化

穿梭式自动化货架系统可以实现自动化存储和取货，因为穿梭车可以通过计算机控制来完成货物的存储和取出，从而减少人工干预。

（4）灵活性

穿梭式自动化货架系统可以根据不同的存储需求进行定制，因为它可以使用不同类型和尺寸的货架，以适应不同类型和尺寸的货物。

（5）安全性

穿梭式自动化货架系统可以提高货物的安全性，因为穿梭车可以精确地将货物从货架上取下或放回货架，从而减少货物损坏的可能性。

华为云与顺丰 DHL 还合作构建了高效的园区泊位管理、资产定位等解决方案。通过数据深度挖掘分析、实时数据呈现、管理建议指导、统计报告等形成一体化产品；通过创新 RFID 技术实现了资产追踪、仓库实时 3D 展示（数字孪生）、车辆调度状态统计展示、危险作业警示。在突破了传统办公性质园区的同时，华为云与顺丰 DHL 的合作帮助企业在仓储、运输、配送等环节全面提升效率，实现物流管理的数字化、信息化和智能化，为行业提供具有实际价值的物流解决方案。

# 8.3 工业互联网在电力行业的应用

## 8.3.1 相关企业简介

1. 国网青岛供电公司

国网青岛供电公司是国家电网公司大型供电企业之一，承担着青岛市 7 区 3 市的供电服务，供电区域面积 1.06 万 $km^2$，供电客户 367 万户，青岛电网内统调电厂总装机容量 329 万 kW，电网供电能力 800 万 kW，管辖 35～220 kV 变电站 183 座、线路 6601 km，地区高用电负荷达 635 万 kW。

2. 中国电信青岛分公司

中国电信集团有限公司青岛分公司（后文简称中国电信青岛分公司）是中国电信集团有限公司（后文简称中国电信）全资子公司，于 2003 年 3 月成立。中国电信授权中国电信青岛分公司使用中国电信的商誉和无形资产。中国电信青岛分公司在青岛市范围内为政府、企事业单位，以及商业楼宇、住宅小区等用户，提供市内、国内、国际固定电话、数据传输、互联网、宽带接入等综合电信服务和宽带应用等增值电信业务，以及与上述业务相关的系统集成、技术开发、技术服务、信息咨询、工程设计施工等相关服务。中国电信青岛分公司采用最新电信技术组建青岛城域网，网络整体结构简洁高效，用户接入、转接次数大大减少，有效地降低了网络故障率，保证了网络稳定性。

3. 华为公司

华为公司全称是“华为技术有限公司”，于 1987 年正式注册成立，是一家生产、销售通信设备的民营通信科技公司。华为公司是全球领先的 ICT 解决方案供应商，专注于 ICT 领域，坚持稳健经营、持续创新、开放合作，在电信运营商、企业、终端和云计算等领域构筑了端到端的解决方案优势，为运营商客户、企业客户和消费者提供有竞争力的 ICT 解决方案、产品和服务，并致力于实现未来信息社会、构建更美好的全连接世界。2022 年 2 月，华为公司的华为 FusionPlant 工业互联网平台入选 2021 年跨行业、跨领域工业互联网平台清单。

## 8.3.2 “5G+工业互联网”助力智能电网

2019 年国家电网年度工作报告中首次明确提出泛在电力物联网，并将其列为与坚强智能电网同等重要的重点工作。泛在电力物联网指的是围绕电力系统各环节，充分应用“大云物移智”（大数据、云计算、物联网、移动互联网、人工智能）等现代信息技术和先进通信技术，实现电力系统各环节万物互联、人机交互，具有状态全面感知、信息高效处理、应用便捷灵活特征的智慧服务系统，它广泛连接内外部、上下游资源和需求，打造能源互联网生态圈，适应社会形态，打造行业生态，培育新兴业态。泛在电力物联网应用架构如图 8-4 所示。

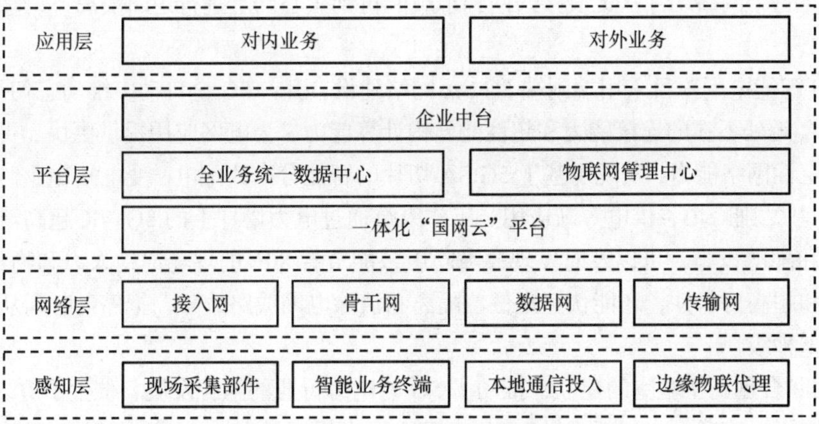


图 8-4　泛在电力物联网应用架构

在电网应用 5G 的过程中，变电站等基础电力设施设备仍存在 5G 信号覆盖能力不足、运营商 5G 信号覆盖成本高等问题，极大地限制了 5G 在电网的规模化应用。如何实现电力 5G 应用需求站点及设施的 5G 信号覆盖，确保网络及信号的稳定性是我们现阶段面临的重要课题之一，也是 5G 应用实现“从 1 到 N”突破的关键所在。

为推动 5G 应用规模化发展，加快 5G 规模化应用，国网青岛供电公司以电网需求为导向，以创新为引领，不断探索 5G 在能源互联网中的应用，深化 5G 与电网技术的融合，加强 5G 在电网应用中的典型示范，形成由点到面的规模效应，全面发挥 5G 构建以新能源为主体的新型电力系统的技术支撑作用。

2019 年 8 月，中国电信青岛分公司、国网青岛供电公司和华为公司共同组建 5G 应用联合创新实验室，共同推进 5G 在智能电网、能源互联网体系中的建设，加强包括 5G 在内的新一代信息技术的研发和应用，加快智能电网、能源互联网的体系建设，提高国网青岛供电公司的管理效率与生产力，同时提升服务水平。

2019 年 10 月，三方建成 4 个合作项目示范基地，并聚焦智能分布式配电、配电态势感知、输配电网络监控、5G 基站削峰填谷 4 个专题开展研究。三方已在青岛崂山金家岭、奥帆中心、国网大厦和西海岸古镇口 4 个合作项目示范基地部署 5G 网络及 MEC 解决方案，合计部署 30 余个 5G 站点和 MEC 解决方案，并完成动态切片管理系统的部署。

2020 年 7 月 11 日，中国电信宣布由国网青岛供电公司、中国电信青岛分公司和华为公司联合开发的青岛 5G 智能电网项目一期工程正式交付投产，这标志着目前国内规模最大的 5G 智能电网正式建成。

国网青岛供电公司作为 5G 创新应用的前沿电力企业，依托 5G 和工业互联网技术，在多项目上达成了国内率先完成的目标，例如 5G+无人机智能巡检系统、5G+带电作业机器人等系统研发和试点应用；电网 SPN 与中国移动 SPN 试点对接技术验证；5G+毫秒级精准负荷控制实测及带电实测实验等。

### 8.3.3　应用效果

网络切片服务是一种按需组网的方式，可以让运营商在统一的基础设施上分离出多个虚拟的端到端网络，每个网络切片从无线接入网到承载网再到核心网上进行逻辑隔离，以适配各种各样的应用。

青岛 5G 智能电网项目采用端到端 5G SA 网络建设，引入 5G 全自动多维动态切片解决方案，结合 5G MEC 无处不在的连接能力和超性能异构计算能力，为电网应用提供更快、更细、更准的差异化和确定性网络能力，实现了基于 5G SA 切片的智能分布式配电、变电站作业监护及电网态势感知、5G 基站削峰填谷供电等新应用。工作人员通过电力塔杆上的 5G+4K 超高清摄像头来监控输电线路和配电设施，可以及时发现故障隐患，能节省 80%的现场巡检人力和物力。借助 5G 的超低时延和超高可靠性，还能快速定位、隔离和清除电网线路故障，把停电时间从分钟级缩短到秒级甚至毫秒级。

5G 应用联合创新实验室的建立，推动了 5G 与电力行业的融合发展，催生了更多 5G 应用，使工业互联网可以实现更多创新成果。在青岛建立国内规模最大的 5G 智能电网实验网的过程中，中国电信青岛分公司积累了丰富的网络建设经验。该项目的实施也推动了产业链的协同发展，并且探索了不同类型的 5G 新商业模式。该项目的网络架构、建网流程等方面的成功经验正被积极推广复制到其他“5G+工业互联网”应用中。在“5G+智慧电力”的创新开发过程中，形成了 5G 产业生态链，为未来类似项目的推进打下了良好的基础。“5G+智慧电力”项目针对不同的网络服务能力，探索出不同类型的 5G 新商业模式，可打造企业用户、运营商、设备商等多方互利共赢的局面，对其他 5G 商业项目的落地起到了示范作用。

青岛 5G 智能电网项目先后获得山东省移动互联网及 5G 应用创新科技大赛一等奖、入选全球《5G 确定性网络产业白皮书》和《GSMA 5G 独立组网驱动应用案例集》，获得第三届全球网络自动化峰会“5G 自动化最佳创新商业项目奖”等荣誉。国网青岛供电公司不断探索 5G 新商业模式，对全行业起到广泛的借鉴和示范作用，推动 5G SA 的全球商用进程。

## 8.4 工业互联网在港口行业的应用

### 8.4.1 相关企业简介

天津港位于天津市海河入海口，地处渤海湾西端，背靠雄安新区，位于京津冀城市群和环渤海经济圈的交会点上，是我国北方最大的综合性港口，天津港航拍如图 8-5 所示。天津港辐射东北、华北、西北等内陆腹地，连接东北亚与中西亚，是京津冀的海上门户，是中蒙俄经济走廊东部起点、新亚欧大陆桥重要节点、21 世纪“海上丝绸之路”战略支点。天津港主营业务包括港口装卸、港口物流、其他相关港口服务（如金融服务、理货服务、代理服务、劳务服务、后勤服务、物资供应等），连续多年跻身世界港口十强。

截至 2019 年，天津港港口岸线总长 32.7 km，水域面积 336 $km^2$，陆域面积 131 $km^2$。天津港由北疆港区、东疆港区、南疆港区、大沽口港区、高沙岭港区、大港港区 6 个港区组成。2022 年，天津港集团完成货物吞吐量 4.71 亿 t，集装箱吞吐量突破 2100 万标准箱。

（1）航班航线

2019 年 7 月天津港官网显示，天津港与世界上 180 多个国家和地区的 500 多个港口有贸易往来，集装箱班轮航线达到 120 条，每月航班 550 余班，连通世界各主要港口。2019 年 7 月 8 日，

“地中海古尔松”在天津港首航；2022 年 7 月 6 日，天津港开通“达飞—太平—宏海东南亚航线”；2022 年 7 月 14 日开通“海丰东南亚航线”和“地中海东南亚航线。

图 8-5　天津港航拍

（2）客货运量

2021 年 12 月 18 日，天津港年集装箱吞吐量首次突破 2000 万标准箱；2022 年第一季度，天津港集装箱吞吐量完成 462.7 万标准箱，同比增长 3.5%，创历史同期最好成绩；2022 年 6 月 1 日，天津港组织发运 2022 年第 300 列中蒙班列；2023 年第一季度，天津港集团完成货物吞吐量 1.14 亿 t，同比增长 4.71%，集装箱完成 504.7 万标准箱，同比增长 9.09%，创首季吞吐量历史新高。

（3）智慧港口

天津联通公司携手天津港匠心打造“5G+工业互联网”智慧港口，采用“边生产、边改造”的建设方式，相继攻克世界性智慧港口建设诸多难题，落地了智能无人集卡、岸桥远程控制、智能理货、智能加解锁站等创新应用场景，成为全球首个获批建设的港口自动驾驶示范区，实现全球首个无人集卡场景下陆侧“一键着箱”，实现国内首家集装箱智能理货系统内外理一体化运行，建成全球首台集装箱地面智能解锁站，建成全球首个集装箱设备任务集成管理系统 ETMS。2022 年 8 月 10 日，天津港作为智慧、绿色的世界一流港口，入选“2022 年 5G 十大应用案例”。

我国将打造新亚欧大陆桥和实施“一带一路”倡议作为深化对外开放的重点，而天津港正处于亚欧大陆桥桥头堡的位置，同时是“一带一路”沿线的重要战略城市。随着东北振兴、中部崛起、西部大开发战略的实施，天津港所辐射的腹地经济不断发展，“北京经济圈”“京津冀城市群”“天津自贸试验区”等相关概念的提出，使得天津港处于带动北方乃至中国发展的重要战略地位。

## 8.4.2　天津移动助力打造智慧港口

智慧港口是以信息物理系统为框架，通过高新技术的创新应用，使物流供给方和需求方沟通融入集疏运一体化系统的现代化新型港口，智能监管、智能服务、自动装卸、无人驾驶等成为其主要呈现形式。

传统集装箱码头面临劳动力成本高、劳动强度大、人力短缺等难题，自动化改造已成为全球港口共同的诉求。与此同时，5G、人工智能、大数据、物联网、自动驾驶等新兴技术的日趋成熟，为港口自动化提供了新的动力。为了将天津港打造成世界一流的绿色、智慧、枢纽港口，输出智慧港口的“中国样板”，天津移动在C段集装箱码头构建以“5G行业专网+北斗高精度定位网+车路协同网+智能管控平台+N大应用场景”为总体架构的工业互联网，如同安装上一个“超级大脑”，让港口“活”起来。

打造全自动化集装箱码头，高度精准、安全可靠的定位是首要前提，一切港口设施和作业流程的自动化都需要一个强大精确的“准星”，在这一点上，5G与北斗卫星导航系统的强强联合当仁不让。通过在港口部署2.6 GHz+700 MHz双频段5G专网，天津港C段集装箱码头实现了5G网络的全面、深度覆盖。利用5G网络高速率、大带宽、低时延、广连接的特性，北斗高精度定位数据被快速、实时不间断地传输至各类智能设备上，做到“令行禁止”。同时，北斗高精度定位技术将港口区域定位增强至动态5 cm定位精度，满足智慧港口的无人驾驶、智能化吊装、自动化闸口等自动化应用对高精度位置的要求。

在5G+北斗高精度定位的保驾护航之下，天津港C段集装箱码头依托车路协同网成功实现无人集卡远程驾驶。在远程操控室内，车辆的位置、速度、姿态、加速度、角速度等运动信息及感知信息都被精准实时地呈现在智能管控平台上，辅助无人集卡动作决策和自主驾驶，如图8-6所示。

图 8-6　天津港无人集卡正在自动装卸集装箱

无人集卡远程驾驶系统主要具备规划决策与调度运营、全景信息服务、高动态信息服务3个核心功能。规划决策与调度运营可对无人集卡的全局和局部规划决策与行为进行预警，同时面向具体场景进行智能调度。全景信息服务通过汇聚环境端、车端和行人端的传感数据进行感知融合，实时输出局部交通系统全景数据，为无人集卡提供全景信息服务。高动态信息服务通过路侧感知设备、边缘云等基础设施，为自动驾驶提供低延时和高可靠的高精度地图、动态交通信息和高动态融合感知全景数据。这种车路云协同设计大大提升了车辆之间的感知协同能力，即使是在十字路口等车辆较多、协同环境复杂的场景下，也可以做到让车辆井然有序地通过。

基于 5G+北斗高精度定位+AI 等新一代信息技术，智能管控系统还搭载了 5G 智慧闸口、5G 智能理货、5G 自动化垂直装卸、5G 无人水平运输、5G 智能化拆解锁等应用场景，实现集智能设备、智能操作、智能决策、智能管理于一体的全自动化智慧港口解决方案，成功打造一条高水平全自动化集装箱码头作业链。

### 8.4.3 解锁世界港口难题的“万能之钥”

传统集装箱码头自动化改造何以被称为世界港口难题，究竟难在哪里？正所谓“一张白纸好画图”，新建码头可以有全新的设计，然而传统集装箱码头的自动化改造面临许多难点，其中一个主要难点就是传统集装箱码头整体被设计为水平岸线结构，但目前适应全自动化的码头通常是垂直岸线设计，如何让水平岸线的传统集装箱码头搭载上“智慧”的快车，“5G+工业互联网”成为解锁这个难题的“万能之钥”。

在智能管控平台的总体指挥调度下，天津港 C 段集装箱码头的一切作业设施齐齐“改装上阵”，以适应水平岸线的设计向自动化改造“看齐”。通过“5G+北斗高精度定位网+车路协同网”，天津港 C 段集装箱码头无人集卡以水平岸线规划路线，配合双悬臂自动化轨道吊，成功实现单小车桥吊小车一对多、平行轮胎吊和轨道吊堆场全自动化、低成本的无人驾驶集卡车队水平运输、地面集中智能化集装箱拆解锁站系统以及基于新一代集装箱码头的智能管控系统。天津港 C 段集装箱码头采用的这种工艺更贴近传统的人工码头，具有应用范围广、智能化程度高、运营效率更优、投资成本更低、绿色发展更佳等优势。

在华为 5G 赋能之下，天津港成功解决水平岸线传统集装箱码头自动化改造这一世界港口难题，方案轻量化可复制，相比传统码头，生产效率提升 15%，人员配备减少 60%，适用于 95%的传统码头改造升级，开创性探索出一条智慧港口建设新路径，以数字化技术和实体经济的深度融合成为解锁世界港口难题的“万能之钥”。

## 8.5 工业互联网在钢铁行业的应用

### 8.5.1 相关企业简介

1. 宝山钢铁股份有限公司

宝山钢铁股份有限公司（以下简称宝钢股份）是全球领先的现代化钢铁联合企业，是《财富》世界 500 强中国宝武钢铁集团有限公司（以下简称武钢股份）的核心企业，致力于为客户提供超值的产品和服务，为股东和社会创造最大价值，实现与相关利益主体的共同发展。

2000 年 2 月，宝钢股份由上海宝钢集团公司独家创立；同年 12 月，在上海证券交易所上市。2017 年 2 月，完成换股吸收合并武钢股份后，宝钢股份拥有上海宝山、武汉青山、湛江东山、南京梅山等主要制造基地，在全球上市钢铁企业中粗钢产量排名第二、汽车板产量排名第一、硅钢产量排名第一，是全球碳钢品种较为齐全的钢铁企业之一。

宝钢股份坚持走“创新、协调、绿色、开放、共享”的发展之路，拥有享誉全球的品牌、世界一流的制造水平和服务能力。该公司注重创新能力的培育，积极开发应用先进制造和节能环保技术，建立了覆盖全国、遍及世界的营销和加工服务网络。该公司自主研发的新一代汽车高强钢、取向硅钢、高等级家电用钢、能源海工用钢、桥梁用钢等高端产品处于国际先进水平。展望未来，宝钢股份将秉承和落实中国宝武“成为全球钢铁业引领者”的愿景与“共建高质量钢铁生态圈”的使命，坚持精品发展、绿色转型和智慧升级，深入探索钢铁企业与现代都市的共融共生之道，积极与员工、用户、投资者和社会公众共享企业发展所收获的丰硕成果，奋力书写新时代钢铁报国、钢铁强国的崭新篇章。

2. 宝钢湛江钢铁有限公司

宝钢湛江钢铁有限公司（以下简称宝钢湛江钢铁）是宝钢股份的子公司，是宝钢股份为满足我国华南市场及东南亚地区的钢材需求，在广东钢铁环保搬迁和上海钢铁产业结构调整基础上设立的现代化大型国有控股钢铁企业，于 2011 年 4 月 18 日注册成立，位于广东省湛江市东海岛。宝钢湛江钢铁所在的东山基地也是宝钢股份旗下 4 个基地（宝山基地、青山基地、东山基地和梅山基地）中最新、最具国际竞争力的生产基地，依托先进的生产设备与管理水平，大力推广 5G、工业互联网、智能制造等新技术，以人均年产 1800 t 钢铁领先全国。

## 8.5.2 “5G+工业互联网”开启智能制造

坐在办公室内即可远程操作机械臂实现“一键炼钢”；通过 AR 智能头盔，把现场巡检情况实时直播到监控室或运维部门，发现故障可以远程协助处理……这些都是在宝钢湛江钢铁管控中心实时发生的。在一个超长的大屏幕上，展现的是高炉、码头运输带等所有设备的运转情况，工作人员坐在管控中心内，就可以通过厂区内千余个摄像头拍摄的实时画面，对全厂进行监控和管理，同时在操作台上进行远程操控。这一切的实现，离不开覆盖全厂区的 5G 高速网络。从 2019 年 1 月开始，中国联通广东分公司与宝钢湛江钢铁联合启动了 5G 应用示范项目，开始“5G+工业互联网”在钢铁行业应用的重要先行探索。

智能制造是一种面向服务、基于知识运用的人机物协同制造模式，将各种制造资源链接在一起形成统一的资源池，根据客户个性化需求和情境感知，在人、机、物共同决策下做出智能的响应，为客户提供定制化的、按需使用的、主动的、透明的、可信的制造服务。随着全球制造业的发展，智能制造已成为制造业的核心竞争力。

钢铁工业是大型复杂流程工业，并且处于制造业整个链条的中间环节，具有大量的数据、丰富的场景和广泛的连接特点。近年来，宝钢湛江钢铁积极响应国家政策，对钢材生产总量进行了限制，但厂区对劳动力的需求有增无减，对技术的要求也更高。遵循“增产不增人”的原则，宝钢湛江钢铁开启了“全面自动化”之路，努力实现智能制造模式。

实际上，在 5G 出现之前，宝钢湛江钢铁通过使用有线网络、无线网络、Wi-Fi、3G/4G 网络进行厂区连接，但测试结果都不理想。冶金工厂环境复杂，部署有线网络较为困难且成本高；钢结构、高粉尘环境导致无线信号衰减严重，强电磁干扰场景多，网络覆盖难度大；Wi-Fi 抗干扰、可移动性差，3G/4G 网络带宽不足、时延高，难以满足工业生产应用需求。

中国联通广东分公司了解到这些痛点后，积极利用自身的网络资源优势，携手宝钢湛江钢铁技术团队进行了半年的现场勘查与技术沟通，并结合地理位置以及行业特殊性，最终确定了以核心网下沉的形式为其打造 5G 工业专网，开展 5G 内外网改造建设。

2019 年 3 月首个 5G 基站开通，5 月 5G 实验网开通，6 月风机监控、机械臂远程操控、智能头盔、行车监控等应用陆续上线试行，9 月完成 MEC 下沉……宝钢湛江钢铁 5G 建设目标逐步明晰，即构建 1 张 5G 工业无线专网，赋能数据采集、监控管理和生产控制三大类工业应用场景，实现工厂生产、设备、物流、能环、安全五大核心要素的效能提升，支撑智慧钢厂建设。

2020 年 6 月 19 日，中国联通广东分公司与宝钢湛江钢铁举行“5G 工业专网签约暨启动仪式”。中国联通广东分公司将国内首张工业级 5G 独立核心网的通信卡交付宝钢湛江钢铁并宣布专网开通上线。专网开通后，可达平均网络时延低于 15 ms、下行速率 650 Mbit/s、上行速率 150 Mbit/s，相当于宝钢湛江钢铁搭建了一条“无线信息高速公路”，助力其实现设备运行监测、生产工艺革新、安全预警监管等技术升级。

## 8.5.3 应用效果

在中国联通的大力支持下，炼钢厂风机在线检测诊断、硅钢移动操控、机械臂远程作业、焦炉 4 个车作业监控等一批 5G 应用陆续上线使用，助力宝钢湛江钢铁实现操作室一律集中、操作岗位一律机器人、设备运维一律远程、服务环节一律上线。

（1）在离散设备方面，风机是炼钢生产区域的关键设备，以往风机状态主要靠人工巡检和传感器离线监测。通过 5G 专网实现对 16 台风机进行在线监测与诊断，采集包括振动、视频、音频等 206 个数据点的内容，点检效率提升 81%。

（2）在移动设备方面，通过 5G 网络对车间进行覆盖，车间服务器与宝钢湛江钢铁 L1 生产网络联通，利用移动终端就可以随时随地监控设备状态、操控设备。

（3）机械臂远程操控可以通过 5G 专网，实现上海—湛江跨域联动。从上海宝山基地远程控制宝钢湛江钢铁基地机器人，实现高危作业场景下的远程集中操控作业。

（4）围绕安全生产，炼焦区内的温度高达 70～80℃，在以往的操作中，工人需要穿上厚重的防护服，工作一段时间后，就要从车间出来补充水分。如今，这类高温危险场景采用 5G 技术进行无人化操作，通过高清视频回传实现车间内吊车的远程操作，有效提升了工作效率。

（5）针对设备巡检和高危作业场景，中国联通广东分公司与宝钢湛江钢铁合作研发了智能头盔，内置高性能 AI 芯片，集成高清摄像头、麦克风以及卫星定位等传感设备，具备高清视频实时回传、多点音频视频互动、AR 远程辅助、可视化应急调度等功能，大大提升了巡检效率、故障排除成功率和精确度。

据悉，截至 2020 年 10 月，中国联通在厂区内已建设并开通了 25 个 5G 基站，实现了门岗人脸识别、无人机巡逻、厚板移动办公、堆取料机无人化、通勤车人脸识别考勤、智能广告宣传等试应用。宝钢湛江钢铁还获评广东省首批“5G+工业互联网应用示范园区”、第三届“绽放杯”5G 应用征集大赛全国总决赛一等奖。

钢铁工业作为工业战略性基础行业，推动着全球工业化发展进程。面向未来，中国联通将继续发挥资源优势，与宝钢湛江钢铁进一步深入合作，全面发力建设 5G 智慧工厂，推动更多 5G 制造场景应用落地。

# 【实训演练】

## 实训 1　研读《工业互联网创新发展行动计划（2021—2023 年）》

【实训目的】

研读《工业互联网创新发展行动计划（2021—2023 年）》，能了解相关工程的内容和行动计划。

【场景描述】

自《国务院关于深化“互联网+先进制造业”发展工业互联网的指导意见》印发以来，在各方共同努力下，中国工业互联网发展成效显著，2018—2020 年起步期的行动计划全部完成，部分重点任务和工程效果超预期，网络基础、平台中枢、数据要素、安全保障作用进一步显现。2021—2023 年是中国工业互联网的快速成长期。为深入实施工业互联网创新发展战略，推动工业化和信息化在更广范围、更深程度、更高水平上融合发展，工业和信息化部工业互联网专项工作组制定了《工业互联网创新发展行动计划（2021—2023 年）》。

【实训步骤】

（1）班内分组，团队协作完成任务。

（2）采用网上调研方式，阅读《工业互联网创新发展行动计划（2021—2023 年）》。

（3）重点阅读文件中与本书相关的内容，如“专栏 2：工业互联网标识解析体系增强工程”与项目 5 中的内容相关，“专栏 3：工业互联网平台体系化升级工程”与项目 3 中的内容相关，“专栏 10：工业互联网安全综合保障能力提升工程”与项目 7 中的内容相关，等等。

（4）不同小组可以选取不同的专栏进行重点阅读，领会各项工程的重要意义。

（5）形成研读分析报告，阐述相关工程的内容和行动计划。

（6）每组制作调研分析报告和总结 PPT 进行汇报展示，以及小组自评和组间互评。

## 实训 2　工业互联网典型应用场景和重点行业实践探究

【实训目的】

阅读关于“5G+工业互联网”的典型应用场景和重点行业实践，了解工业互联网在各个行业的应用，深刻认识推广应用工业互联网技术的重要意义。

【场景描述】

为系统总结发展成效，向更多行业和企业应用“5G+工业互联网”提供具有借鉴意义的模式和经验，工业和信息化部信息通信管理局会同各省（自治区、直辖市）工业和信息化主管部门、通信管理局，经地方推荐、企业报送、专家评审等环节，于 2021 年先后发布两批共 20 个“5G+工业互联网”典型应用场景和 10 个重点行业实践。

2021 年 5 月，第一批“5G+工业互联网”典型应用场景和重点行业实践发布，包括协同研发设计、远程设备操控、设备协同作业、柔性生产制造、现场辅助装配、机器视觉质检、设备故障诊断、厂区智能物流、无人智能巡检、生产智能监测 10 个典型应用场景，以及电子设备制造业、装备制造业、钢铁行业、采矿行业、电力行业 5 个重点行业实践。

2021 年 11 月，第二批“5G+工业互联网”典型应用场景和重点行业实践发布，包含生产单元模拟、精准动态作业、生产能效管控、工艺合规校验、生产过程溯源、设备预测维护、厂区智能理货、全域物流监测、虚拟现场服务、企业协同合作 10 个典型应用场景，以及石化化工行业、建材行业、港口行业、纺织行业、家电行业 5 个重点行业实践。

【实训步骤】

（1）班内分组，团队协作完成任务。

（2）采用网上调研方式，阅读相关文件。

（3）不同小组可以选取不同的应用场景和行业实践，分析相应的现状和发展趋势。

（4）形成调研分析报告，阐述应用工业互联网技术的重要意义。

（5）每组制作调研分析报告和总结 PPT 进行汇报展示，以及小组自评和组间互评。

## 【项目小结】

本项目介绍了工业互联网在一些行业中的应用案例，重点介绍了智慧工厂、“货到人”分拣系统、穿梭式自动化货架系统、智能电网、智慧港口、智能制造等内容。通过研读《工业互联网创新发展行动计划（2021—2023 年）》并结合工业互联网的典型应用场景和重点行业实践探究实训，读者可加强对工业互联网应用重要性和现实意义的理解与认识。

## 【练习题】

1. 名词解释

（1）灯塔工厂　（2）“货到人”分拣　（3）穿梭式自动化货架

（4）泛在电力物联网　（5）智慧港口　（6）智能制造

2. 单选题

（1）三一桩机工厂依托（　　）平台，实现了生产制造要素全连接。

A. 5G　B. 工业互联网

C. Wi-Fi　D. 根云

（2）“货到人”分拣系统一般可以将误差控制在（　　）以内。

A. 百分之五　B. 千分之五

C. 万分之五　D. 十万分之五

（3）国网青岛供电公司已在 4 个合作项目示范基地部署了 5G 网络及（　　）解决方案。

A. MEC　B. CEM

C. EMC　D. MCE

（4）天津智慧港口使用（　　）高精度定位系统。

A. GPS　B. BDS

C. GIS　D. 5G

（5）中国联通以（　　）下沉的形式为宝钢湛江钢铁打造 5G 工业专网。

A. 无线网　B. 有限网

C. 核心网　D. 专用网

3. 多选题

（1）“货到人”分拣系统有十分明显的优势，包括（　　）。

A. 弹性灵活　　B. 拣选高效

C. 存储高效　　D. 降低劳动强度

（2）国网青岛供电公司与（　　）合作，全力打造智能电网。

A. 中国电信青岛分公司　　B. 华为公司

C. 中国移动青岛分公司　　D. 中国联通青岛分公司

（3）智慧港口的主要呈现形式包括（　　）。

A. 自动装卸　　B. 智能监管

C. 无人驾驶　　D. 智能服务

（4）2021 年 5 月，第一批“5G+工业互联网”典型应用场景包括（　　）。

A. 设备协同作业　　B. 安全应用服务

C. 柔性生产制造　　D. 现场辅助装配

（5）2021 年 11 月，第二批“5G+工业互联网”重点行业实践包括（　　）。

A. 港口行业　　B. 建材行业

C. 纺织行业　　D. 钢铁行业

4. 判断题

（1）机器视觉和工业机器人的组合是 5G 与工业互联网在三一重工中的应用场景之一。（　　）

（2）在穿梭式自动化货架系统中，货架可以随意移动，从而实现高效率的存储和取货。（　　）

（3）泛在电力物联网充分应用“大云物移智”等现代信息技术。（　　）

（4）打造全自动化集装箱码头，高度精准、安全可靠的定位是首要前提。（　　）

（5）钢铁工业是大型复杂流程工业，并且处于制造业整个链条的首部环节。（　　）

5. 填空题

（1）依托 5G 技术__________、__________、__________、__________等特性，很多受限于传统网络无法实现的功能，在三一重工桩机工厂一一落地。

（2）经过潜心经营和前瞻性的战略布局，顺丰已形成拥有“__________+__________+__________”三网合一、可覆盖国内外的综合物流服务网络。

（3）“大云物移智”指的是__________、__________、__________、__________和__________。

（4）天津港作为智慧港口，落地了__________、__________、__________、__________等创新应用场景。

（5）为遵循“__________”的原则，宝钢湛江钢铁开启了“__________”之路，努力实现智能制造模式。

6. 简答题

（1）简述 5G 与工业互联网在三一重工工厂的应用场景。

（2）简述穿梭式自动化货架的主要优点。

（3）画图说明泛在电力物联网应用架构。

（4）简述无人集卡远程驾驶系统的核心能力。

（5）简述宝钢湛江钢铁应用“5G+工业互联网”的效果。

## 【拓展演练】

当前，我国产业界推进 5G 与工业互联网融合创新的积极性不断提升，“5G+工业互联网”内网建设改造覆盖的行业领域日趋扩大，应用范围向生产制造核心环节持续延伸，叠加倍增效应和不断释放巨大应用潜力。但是，5G 与工业互联网融合创新仍处于起步期，产业基础有待进一步夯实，路径模式有待进一步探索，发展环境有待进一步完善。为推动“5G+工业互联网”512 工程加速落地，高质量推进 5G 与工业互联网融合创新，工业和信息化部于 2019 年 11 月制定了《“5G+工业互联网”512 工程推进方案》。请上网查阅该文件，探究有关工业互联网提升“5G+工业互联网”网络关键技术产业能力、提升“5G+工业互联网”创新应用能力、提升“5G+工业互联网”资源供给能力等内容。

# 参考文献


[1] 刘韵洁. 工业互联网导论[M]. 北京：中国科学技术出版社，2021.

[2] 夏志杰. 工业互联网：体系与技术[M]. 北京：机械工业出版社，2017.

[3] 孔宪光. 工业互联网技术及应用[M]. 武汉：华中科技大学出版社，2022.

[4] 曾衍瀚，顾钊铨，曹忠，等. 从零开始掌握工业互联网（理论篇）[M]. 北京：人民邮电出版社，2022.

[5] 魏毅寅，柴旭东. 工业互联网：技术与实践[M]. 北京：电子工业出版社，2021.

[6] 张忠平，刘廉如. 工业互联网导论[M]. 北京：科学出版社，2021.

[7] 张明文，高文婷，郑木汗，等. 工业互联网数字孪生技术应用初级教程[M]. 哈尔滨：哈尔滨工业大学出版社，2022.

[8] 卜向红，杨爱喜，古家军. 边缘计算：5G 时代的商业变革与重构[M]. 北京：人民邮电出版社，2019.

[9] 张骏. 边缘计算方法与工程实践[M]. 北京：电子工业出版社，2019.

[10] 霍如，谢人超，黄韬，等. 工业互联网网络技术与应用[M]. 北京：人民邮电出版社，2020.

[11] 张炎，潘科，许云林. 工业互联网标识解析：建设与应用[M]. 北京：机械工业出版社，2022.

[12] 吴英. 边缘计算技术与应用[M]. 北京：机械工业出版社，2022.

[13] 工业控制系统安全国家地方联合工程实验室. 工业互联网安全百问百答[M]. 北京：电子工业出版社，2020.

[14] 施巍松. 边缘计算[M]. 北京：科学出版社，2018.

[15] 王智民. 工业互联网安全[M]. 北京：清华大学出版社，2020.

[16] 程晓，文丹枫. 工业互联网：技术、实践与行业解决方案[M]. 北京：电子工业出版社，2020.

[17] 纪越峰，等. 现代通信技术[M]. 3 版. 北京：北京邮电大学出版社，2010.

[18] 陈刚，田建波，陈永祥，等. 全球导航定位技术及其应用[M]. 北京：中国地质大学出版社，2016.

[19] 刘暐，李国芹. 传感器原理及应用技术[M]. 北京：北京理工大学出版社，2019.

[20] 王迎帅. 工业互联网创新实战：技术、产业融合、案例分析全案[M]. 北京：电子工业出版社，2021.